荷戟独彷徨

李苏鸣 著

——方幼璇传略

海峡出版发行集团 | 海峡文艺出版社

图书在版编目(CIP)数据

荷戟独彷徨:方幼璇传略/李苏鸣著. 一福州:海
峡文艺出版社,2021.9
ISBN 978-7-5550-2714-0

Ⅰ.①荷… Ⅱ.①李… Ⅲ.①方幼璇(1891—
1929)—传记 Ⅳ.①K825.2

中国版本图书馆 CIP 数据核字(2021)第 172776 号

荷戟独彷徨
　　　——方幼璇传略

李苏鸣　著

责任编辑　余明建
出版发行　海峡文艺出版社
经　　销　福建新华发行(集团)有限责任公司
社　　址　福州市东水路 76 号 14 层
发 行 部　0591—87536797
印　　刷　福州德安彩色印刷有限公司
厂　　址　福州市金山工业区浦上标准厂房 B 区 42 幢
开　　本　720 毫米×1010 毫米　1/16
字　　数　274 千字
印　　张　18
版　　次　2021 年 9 月第 1 版
印　　次　2021 年 9 月第 1 次印刷
书　　号　ISBN 978-7-5550-2714-0
定　　价　68.00 元

如发现印装质量问题,请寄承印厂调换

　　方幼璇（1891-1929），本名绍虞，号
玮，闽县（今福州）人。幼承家学，钟情
翰墨。清末民初大变局时，先后就读于福
建陆军小学堂、南京第四陆军中学堂、保
定陆军军官学校、北平陆军大学校，接受
完整正规的军事教育。1907年加入同盟
会。军旅生涯中先后参加光复镇江、攻克
江宁和援闽、东征、北伐战争。曾任被誉
为"铁军"的第四军第十师参谋长、叶挺
部第二十四师副师长等职。1929年5月20
日在白坭战斗中阵亡，被追赠中将军衔。
生前著有《三民主义之研究》《摄影研究》
等著作，有少量书画和摄影作品传世。

| 序 |

李苏鸣将军以新著《荷戟独彷徨》飨我，并邀作序。此著以方幼璇将军的生平为经，缕述他戎马一生的历程，让人从一斑窥全豹，概览辛亥年前后二十年间中国社会政坛、军界的风云变幻，读者阅此自会有思考与判断。作者以一个人的经历反映民国初建时的一段历史是有意义的，也是有意味的。

方幼璇（1891-1929），生于医家，幼受国学教育，1906年入福建陆军小学堂，1908年入南京第四陆军中学堂。1911年夏进保定陆军军官学校入伍生队，同年10月武昌起义爆发，参加镇江起义，嗣后又参加攻打南京天堡城战役。后回闽参加训练福建学生北伐军。1912年10月，重回保定陆军官校，1914年10月毕业，回福建在省都督府任职，受军阀李厚基冷落。1917年考上北平陆军大学，暑假间又弃学赴粤，投入孙中山领导的"护法运动"，参加援闽粤军作战，直指福建军阀李厚基的统治。1918年11月，北洋军阀政府与广州孙中山军政府"南北议和"，护法运动失败。方幼璇避居上海自隐养晦，同时化名参加在沪的福建自治运动，追随孙中山先生的三民主义理想，为推翻军阀统治而努力。他协助黄展云等人最终于1922年11月驱逐了李厚基，但因福建政局混沌，军阀和民军争夺地盘，反复无常，方幼璇协助整顿民军的愿望落空。

1924年4月，方幼璇偕战友到广州，投奔孙中山领导的革命政府，在新组建的粤军第一师第一团任团附，协助团长蒋光鼐在肇庆指导驻军训练，讲授三民主义理论，为东征作准备。东征中，统率仅训练三个月的新兵，歼灭号称善战之叛军。首次与共产党人合作战斗，体会到共产党人的勇敢战斗精神和发动群众的显著成效。

1926年，广东政局纷乱，叛变和反动事件频发，匪患猖獗。方幼璇投身粤军第一师，以顽强战斗力参加第二次东征，接连开展平叛、剿匪活动。在驻防北海期间，一方面继续撰写《三民主义之研究》论著，一方面参与组织粤南各地农民运动，指导农会建设，帮助改善民生，实践三民主义宗旨。

方幼璇经历了战火洗礼，接受严酷的战争考验和实战锤炼，成长为成熟的作战指挥员和军事谋略家。北代开始后，随第四军第十师陈铭枢所部北进，一路势如破竹，横扫吴佩孚部众，攻克长沙，占领平江，与叶挺独立团联合血战汀泗桥，攻下入鄂天险门户，接着，又攻下第二道防线，勇夺贺胜桥。吴佩孚军全线溃败，退守武汉三镇。北伐军激战攻城，最终以困城逼降吴军，北伐军第四军第十师荣膺"铁军"称号，方幼璇晋升为师参谋长。紧接着，又参加了江西征战。

在北伐战争的激烈进行中，戎马倥偬，方幼璇仍然思考着三民主义的实践，对之进行深入研究，坚持写作，精神十分可贵。

1927年是不平凡的一年。"宁汉分裂"，国共分途，蒋介石发动政变，共产党武装起义。面对野心家的背叛与反动，革命者奋起抗击，方幼璇陷入苦闷彷徨之中，面临两难选择。他真诚信仰三民主义，也亲眼看到共产党人的革命风骨，无法理解标榜"革命"的国民党新军阀的倒行逆施，其处境正如鲁迅先生所言，"两间余一卒，荷戟独彷徨"。因迷惘而彷徨，在彷徨中他曾想逃避，却又无法割舍革命理想与袍泽情谊，终被说动回归十一军任军部高级参谋。他随军在粤北五华县与自己先前的北伐铁军战友遭遇作战。新军阀的混战，导致同室操戈、兄弟阋墙，令方幼璇情何以堪。

在钦廉军伍之中，方幼璇终于完成《三民主义之研究》写作，他在书稿中指出，"中国提倡民权，可以鉴欧美，不可效欧美"，"应按照中国的社会情形，迎合世界潮流，简略一种办法，社会才会有改良，国家才会有进步"。在此他虽未提出简明的办法为何，但已显示出他的真知灼见。这时他已厌倦了国民党新军阀的内斗，不满蒋介石的独裁，1929年5月，决心辞职返乡，追随黄展云，探索实践三民主义理想。可惜未曾成行即又被召回最后的战场，踏上不归路。

本书作者李苏鸣与他的外伯公方幼璇一样，也是一位资深军人，他爱好写作，发表过多部著述。出于相同的军旅情怀与对先辈的敬重，在多年间，他检索和披阅了大量历史资料，从浩繁的载籍中披沙淘金，撷取有关方幼璇的文字记载，哪怕只言片语也不放过。全然因于作者的勤勉努力与深入挖掘，始能在传主隐没90余年之后，重新以文字形式呈现在读者面前。

世事沧桑，改变的不仅是社会面貌，更有评价历史人物的价值标准和方法角度。今日人们已然共识，"没有共产党就没有新中国"，"只有社会主义能够救中国"，这是百年探索的结论，也是百年实践的证明。不知有多少先哲名贤为此付出了终身的努力和高昂的代价。方幼璇先生也是其中的一员。作为热血青年、理想才俊，独具深沉的家国情怀，身受系统的军事教育，亲历长期的军旅生涯，坚执孙中山先生的三民主义宗旨，精研笃行，锲而不舍。他以生命的代价，献身于自己并不了悟的政治时局与时代潮流。作为职业军人，他忠于自己的职守；作为政治理想，他服膺于三民主义。面对混沌的政局他不知所措，面对混战的军阀他无所适从。他虽有对叶挺等共产党人的精神赞佩，却无缘接受共产主义的思想教化，所以迷惘于军伍目标，彷徨于袍泽情谊，明于正邪善恶之分，却暗于是非真伪之辨，社会的发展已到了需要分辨大是大非，判别主义道路的时代，而方幼璇却困于情感，诚如古人所言"此情可待成追忆，只是当时已惘然"。所以，作者李苏鸣以"荷戟独彷徨"作为方幼璇将军传略的书名，我以为是恰当的，是点睛之笔，道出了那个时代作为正直又有才华军人的苦闷心情与尴尬处境。这是个人的不幸，也是时代的悲哀。

作为职业军人，有一战成名之勇，百战不殆之智，一旦失计则万劫不复。方幼璇将军智勇双全，才艺双绝，生不逢时，死有余荣。其哀荣仅在袍泽之群，亲戚之众，与百姓鲜有干系。陶潜诗曰："亲戚或余悲，他人亦已歌。死去何所道，托体同山阿。"如此而已。古人云"春秋无义战"。粤桂军阀之战，"洒向人间都是怨"，百姓饱受苦难，军人亦获其殃。

方将军戎马一生，最终大愿难偿，抱恨终天。正如作者所说："他笃信三民主义，又是一个传统的旧军人，他一生的追求和彷徨，尤其是他悲剧性的人生结局，是一代旧民主人士的生动缩影。"方将军苦心孤诣写作三民主义研究未能发表确为憾事，其实即使面世也于事无补，因为当时的中国需要更加正确主义的引领和彻底革命的实践。抚今思昔，让人在叹惜方将军遭时不偶的同时，更珍惜今日来之不易的盛世明时。古人有"盖棺论定"之说，又有"知人论世"之则，方将军身受敬重，死尽哀荣，其人已有定论，但若"论世"应有所待。阅读本书，料想仁者会有自身的感悟。是为序。

卢美松

2020 年 12 月于福州

　　（作者系著名文史学家，曾任福建省地方志编纂委员会副主任、编审，福建省文史研究馆馆长等。）

目　录

荷戟独彷徨

楔子

　　"大江东去，浪淘尽，千古风流人物。"在延绵不绝的人类历史长河中，有多少陈年往事沉落于波翻浪涌之中，湮没于淤泥积沙之下，最终在时代湍流的裹挟中付诸东逝、杳无踪迹。然而，发端于19世纪20年代的摄影技术，却使如梭岁月中诸多故景旧观和匆匆过客得以定格于某一瞬间，以光影成像留下了历史文化的一幅幅真实写照。

　　2008年11月9日，《广州日报》在"认照片寻故地"栏目中刊登了一幅摄于1947年的老照片。据该报介绍，这幅照片由澳门历史学者陈树荣先生捐赠，现为广州博物馆藏品。

　　本期《广州日报》上有一篇与这幅照片相关的文章，题为《越秀山上石碑因何而建》，文中写道："从这张照片上可以看到，当时的仲元图书馆（现越秀公园内，广州博物馆美术馆展区）的左下方是有一座亭子和一座石碑的，如今这座亭子依然在越秀公园

◎2008年11月9日《广州日报》

内的同一位置，是不少游客歇脚的地方，但旁边这座碑却早已不见了踪影。'这座碑以前是做什么的，究竟什么时候不见的，怎么不见的，我们目前也还

不是很清楚，希望老百姓能为我们多提供一些线索。'广州博物馆馆长程存洁表示。"①

摄影技术固然可以真实记录过往的历史景观，但在自然演进的鬼斧神工和社会变革的暴风骤雨中，许多物化的或文化的形态都可能湮灭得无影无踪，无论曾经是伟岸的还是渺小的。如同当年越秀山那座曾与雄劲、孤高的刺柏比肩而立的纪念碑，早已沉寂于历史的尘封之中，甚至茹古涵今、稽远钩沉的当代博物馆也一时难溯其源、难考其据。

◎1936年广东省银行贰角面值纸币样张

仲元图书馆及其西南侧原有的纪念碑、现存的纪念亭，位于越秀公园镇海路旁，共同构成一个纪念性、标志性的建筑群，是越秀山的一隅典型景观。不同年代的一些摄影家曾从不同角度将这一坐落于越秀绿荫中的建筑群创制成精美的摄影艺术作品，并通过一些媒体和介质保存下来。比如，1936年广东省银行拟发行的20分面值纸币就采用了这样一幅纪念性建筑群的照片。

当然，这些画面大都是以仲元图书馆为主体的。仲元图书馆系为纪念曾任粤军总参谋长兼第一师师长的邓仲元（1886-1922）而建，落成于1930年。也正是因为纪念碑和纪念亭位于仲元图书馆一侧，与图书馆在环境布局上构成同一群落，在建筑形态上相得益彰，既有各自的独立性，又恰到好处地衬托和补益了仲元图书馆中西合璧的特色、庄重内敛的风格，因而使得它们有了与主体建筑进入同一个取景框的更多机会，也因此留下了一些珍贵的传世影像资料。

这个纪念性建筑群的照片还曾出现在民国时期《旅行杂志》（中国旅行社印行）1948年10月号（第22卷）的封面上，照片的作者是摄影家陈其英。当

①《广州日报》2008年11月9日 A4（要闻）。

年这份杂志是经中华邮政登记的第一类新闻纸类刊物，在上海出版发行，在全国有一定影响力。本期《旅行杂志》目录显示，这幅照片的题名为《越秀山一角》，但是，照片未附任何说明性文字，当然也没有关于纪念碑、纪念亭于何时、据何事、为何人而建的记述。

◎1948年1月号《旅行杂志》封面

尽管以上几幅照片的取景范围、摄影距离和角度大体相同，但从仲元图书馆与纪念碑、亭的错落关系看，摄影者的站立位置有所不同。这些由不同摄影者摄自不同时间的照片，表现的主题是一致的。遗憾的是从这些照片中无法辨识纪念碑及其座基上的碑文。

不过，在上述这期《旅行杂志》问世13年前的1935年，由广州禺山中学校学生自治会学术股出版委员会编辑的《禺山学生》杂志第2期第8页，曾以图文并茂的方式对那座纪念碑作过明确的注释，标明耸立于越秀山上、仲元图书馆旁的纪念碑，是"方公幼濬纪念碑"（经考，其中"濬"为"璿"之误，而"璿"为"璇"的异体字），当然，与之相伴的便是为纪念方幼璇而同时落成的"方公亭"。

那么，方幼璇究竟何许人也？为什么他的纪念碑和纪念亭能耸立于越秀名山之胜地？那座纪念碑又是建于何时毁于何时？《广州日报》"认照片寻故地"栏目提出的这些问题看似历史谜团，但是，当代著名寿山石文化专家、特级名艺人方宗珪先生对此却早已了然于心，因为照片中的碑亭所纪所念的历史人物方幼

◎ 1935 年第 2 期《禺山学生》杂志刊登越秀山方幼濬（璿）纪念碑照片

璇，就是方宗珪先生的祖父。

方幼璇（1891-1929），本名绍虞，号玮，出生于福建闽县（今福州市）。先后就读于福建陆军小学堂、南京第四陆军中学堂、保定陆军军官学校、北平陆军大学校。1907年加入中国同盟会。在其军旅生涯中参加过光复镇江、攻克江宁和援闽、东征、北伐战争。曾任被誉为"铁军"的第四军第十师参谋长、叶挺部第二十四师副师长、福建兵工厂厂长、第十一军军部高级参谋、第二十六师副师长等职。"编遣"后任第三师戴戟部第八旅副旅长。1929年5月20日在花县白坭战斗中阵亡，被追赠中将军衔。生前著有《三民主义之研究》《摄影研究》等著作，有少量书画和摄影作品传世。

查阅民国时期的广州《市政公报》，其中有一份由时任广州市市长林云陔于1929年10月24日发布的第697号训令：

"训令工务局准总部函请拨粤秀山红棉小径前之旷地，建筑方副旅长阵亡纪念碑，地点仰查议由。""为令饬事现准，国民革命军讨逆军第八路总指挥部经字第3496号公函，开迳启者，现据本部建筑方副旅长阵亡纪念碑筹备委员李枚叔等呈称，窃职等奉谕筹建方副旅长阵亡纪念碑，遵即积极进行。现经择定本市粤秀山南红棉小径前之旷地为建碑地点，恳请迅函市府商拨给用等情，据此查所拟建碑地点尚属适合相应检同图式乙纸，函请。""贵府照拨并希见复，以便从速进行，至纫公谊等由附送图式一纸，准此合将原送图式令发仰该局长即便从速查议，具复以凭核夺毋延，此令。计发图式一纸。"①

据以上资料可知，方幼璇纪念碑、亭系由国民革命军讨逆军第八路总指挥部向广州市府提出建设请求，市长林云陔发布训令，准予在粤秀山南红棉小径之前空地建设纪念碑、亭，由广州市工务局负责组织施工。纪念碑、亭启动建设的时间应该是1929年底至1930年初。

据相关图片资料显示，1930年仲元图书

◎仲元图书馆已近落成，方幼璇纪念碑、亭建设处尚是一片平整待建的土地

馆落成时，方幼璇纪念碑、亭尚在建设之中。由此，推断此纪念碑、亭最早在 1930 年底或 1931 年初落成，纪念碑的名称为"方公幼璇纪念碑"。

在方宗珪先生的记忆中，奶奶赖卫珂曾经细心留存着当年相关部门送来征求意见的方幼璇纪念碑、亭设计图纸，但是，这套珍贵的图纸在"文革"中因被抄家而失落无踪。方宗珪家中也存有《广州日报》"认照片寻故地"栏目公布的那幅照片。不过，那幅照片的摄影时间可能要早于 1947 年。方宗珪的奶奶曾告诉他，照片是 30 年代初纪念碑、亭落成后，由广州方面派人摄影并送到家中的。

2003 年清明节那天，方幼璇的嫡孙方宗珪携家人第一次来到越秀山方幼璇纪念碑、亭遗址。仰首望去，纪念亭六根挺拔屹立的石柱藉以简约而坚固的仿木榫卯结构，撑起一方古朴肃穆的六角攒尖琉璃亭顶。据说亭子正南面琉璃挂落下，原来镶着一块刻着"方公亭"三个大字的石匾。纪念亭的西北角原建有方幼璇纪念碑，两个建筑物相得益彰，庄严肃穆。但是，纪念碑的整体和纪念亭上的石匾都已在后来的政治运动中被毁弃，原立碑处早已被一片绿地覆盖。

◎ 2003 年清明节，方宗珪（左 2）携家人在方幼璇纪念亭前留影

那是一个夕阳斜照的傍晚，石亭下几位老人怡然自得地吹拉弹唱，低回宛转、荡气回肠的粤剧唱腔飘荡在越秀山的余晖中，很容易让人

◎ 方幼璇纪念亭现状

触景生情。时过境迁，当下已经很少有人知晓这尊古亭曾经拥有的哀荣，因此才有了《广州日报》向广大读者征询答案的那些谜团。方宗珪伫立在祖父

的纪念碑前沉思良久，他想，如果年已鲐背的古亭尚有记忆，或许还能唤起那些沉浸久远的追忆。

这部题为《荷戟独彷徨》的传记，以1929年国民革命军第六十一师编辑出版的《方幼璇先生哀思录》相关内容为主要线索，以大量翔实的历史资料为佐证，客观记述了方幼璇短暂而曲折的一生。在风雨飘摇、急剧动荡的晚清和民国时期，方幼璇亲身经历了一系列重大历史事件，与许多重要历史人物有过密切交往；他在福建、广东、北京、上海、河北等地的生活环境，是近代中国政治、经济、文化的重要窗口；他所接受过的四级军校教育，是晚

◎ 当年纪念碑完工后，建造者赠送方幼璇夫人赖卫珂的照片

清至民国初期正规军事教育的典型缩影。因此，对方幼璇一生的客观记述，必然要将其置身于近代中国历史演进的潮流中和传统文化的背景下，用时代的、写实的眼光，来审视这位传统的、典型的民国军人，解读他复杂的心路历程，以期为后人描绘一个真实的、全息的方幼璇，包括他坚定不移的抉择和失望彷徨的避世，从他的人生经历中得到启迪、受到教益。对传记中重要事件的描述，都力图做到有大背景资料支撑、有亲历者回忆佐证。在查阅大量资料和深入研究过程中，也发现了部分新史料、印证了若干新观点，对一些鲜为人知的事件和地方民俗文化佚闻趣事也作了相应的记述。

下面，就让我们一起来品读和感悟民国将军方幼璇崎岖坎坷的人生履历。

第一章
夏体井方宅弄璋　塔影楼书斋求学

　　方幼璇自出生至少年时期，正值中国从封建社会向半殖民地半封建社会转型。在剧烈变革的社会环境中，有着良好教育条件的方幼璇既如饥似渴地吮吸着传统文化的乳汁，也如饮醍醐地滋补着西学东渐的营养。然而，真正令他感同身受且发奋图强的，则是中华民族的深重苦难和孙中山先生点燃的共和曙光。本章主要记述方幼璇的家世和他出生至书斋学业结束期间的情况。时间从1891年至1905年。

一、岐黄之期

　　光绪十七年（1891）暮春，刚刚降临的百谷之雨，悄无声息地浸润着碧绿的榕城，把残存的料峭春寒洗涤得无影无踪。和风细雨中，南门兜那几株宋植古榕慈祥地摇曳着老态龙钟的垂须，颤巍巍地抖落一串串甘霖珠玑。夏体井弄深处，方宅门口的中医堂门匾一尘不染，在温煦的阳光中熠熠生辉。庭院里纷纷扬扬的落蕊，温存地投入满园本草的怀抱。青竹绿梅争相舒展着枝桠，不停地轻触着窗棂边的柔纱薄幔，似乎在急切地张望着、期盼着……

　　辛卯三月廿四日（公历4月23日）卯时，方宅里传出一阵稚嫩而有力的婴啼声。在天井里焦虑守候了一夜的青年中医方仲璇（1870-1931），听到屋里传来接生婆忙碌中的欢呼："丈夫团、丈夫团！"（福州方言中"丈夫团"意为"男孩子"）。

方仲璇，字宝玑，虽然时年仅 21 岁，但承其父业专攻中医内科，尤以喉科见长，在福州中医界已颇有名气。听到接生婆的报喜，方仲璇松了一口气，转身向父亲方茂竹（1830–1913）坐诊的厅堂跑去："依爹，添丁了！游氏生了，是丈夫团！"

方仲璇的父亲方茂竹，又名长苞。他并非世袭中医，其上一辈原是做药材生意的。晚清时期，福州南台的上杭路有家馀亨药行，掌柜的就是方茂竹的父亲。

◎ 左图为方茂竹；右图为方仲璇

从北宋元祐年间（1086–1094）起，福州大庙山南麓、西麓经长期河沙冲积而形成的陆地，与其周边闽江泥沙冲积拓出的洲地相连，形成后代称为上杭、下杭的区域。上下杭是闽江沿岸各府商客从水路进入省垣的栖息地和交易处。这里来往商客云集，各类商行鳞次栉比，可谓市列珠玑、户盈罗绮。据《福州双杭志》记载，从清中期至民国时期，上下杭地区的药行有 40 余家。当时的药材经营商按规模和性质分为号、栈、店。"号"是资金雄厚的批发商或采办商，"栈"一般为二级批发商，"店"则通常为零售商[①]。馀亨药行就属于栈房一类，批零兼营，生意兴隆，当时的方掌柜也称得上家境颇丰。

天有不测风云，人有旦夕祸福。馀亨药行的兴旺并没有持续多久。经营药材的方掌柜没能为自己的痼疾找到灵丹妙药，丢下一家老小，撒手人寰。"馀亨"的顶梁柱倒了，药行经营难以为继，随之家境也逐渐败落，方家只好将药行转卖他人。为谋生计，尚未成年的方茂竹也从药行掌柜之子，成为南门一家中药铺的住店学徒。

勤奋好学、吃苦耐劳的方茂竹，跟着老药工从拾掇铺面和搬运、洗切、

①卢美松：《福建双杭志》第 52 页，方志出版社 2006 年版。

分装药材做起，很快就熟悉了各味药材的名称、药性和配伍，还暗自背下了不少名方。稍有闲暇，他就仔细观察药铺坐堂先生的望闻切诊，遇有自己了解的病症，就在心里默默配方，再与坐堂先生所开药方比对分析。日积月累，敏而好学的方茂竹逐渐得到坐堂先生真传，也成为独当一面的悬壶郎中。

◎ 方仲璇行医用过的脉枕、药钵、药称等

学有所成的方茂竹向中药铺老板告辞后，很快也把望闻切诊做得风生水起。后来，他在福州于山西麓白塔一侧的南门兜夏体井弄购置了三排两进并设有后花园的房产，挂起了中医堂的牌匾并兼营药铺。

夏体井弄是一条历史悠久的老巷。这里原筑有明代古城墙，城墙底下凿有一口井，井水甘甜，所以这里地名原来写作"下醴井"，"醴"字是"甘甜的泉水"的意思。1919年，福州著名篆刻家林承弼（？-1931后）曾为好友方仲璇刻过一枚"夏醴井"朱文长方章。

可能是因为"醴"和"体"的繁体字"體"偏旁相同，且读音也相近，人们便误将其简写为"下体井"，又因"下体"一词不雅，遂被后人改写为"夏体井"。在福州方言中，"体"和"底"音近，因此，有时也被写作"下底井"。在民国十一年（1922）刊印的《保定陆军军官学校同学录》中，该校步科一期一连学员方绍虞（幼璇）的家庭通信处，就写为"福州城内下底井"。

◎ 方仲璇遗印"夏醴井"，林承弼刻

当年的南门兜，是福州的城乡接合部。方茂竹的中医堂开业后，很快便吸引了茶亭街、洋头口一带缺医少药的平民。当时有一些品行不端的医者，在诊治和中药配伍时，往往舍简就繁，有意梯次遣药组方，吸引患者多次就诊以赚取诊疗费用。而方茂竹不但医术高超，而且医德良好，行医风格颇具特色。他把为病人提供有效、低廉、便捷的服务作为行医宗旨，力求就诊抓药简而约之，避免因繁缛程序给病人及其家属增添麻烦。方仲璇深受其父言传身教的影响，也十分注重精于医术、诚于医德。父子二人经营的方氏中医堂在坊间享有广泛声誉。

听到儿子方仲璇的禀报，正忙着为病人灼艾扶阳的老中医方茂竹，随手取过一张药方便笺，信笔写下"由灼"二字。

"乳名就叫'由灼'吧。"方茂竹一言九鼎。

"这个乳名好，谢谢依爹！"方仲璇毕恭毕敬地接过便笺。

对方茂竹为孙子所赐乳名，方仲璇心领神会。方氏家族的字辈排序为："兴、起、茂、廉、绍（由）、祖、宗、积、德、贤、良、忠、孝……"在福州方言中，"绍"和"由"音近，方氏家族使用这一字辈有时"绍""由"混用。儿子为"由"字辈理所当然；"灼"字从火，方茂竹给孙子起乳名时正在为患者灼艾扶阳，此字既有五行八字之蕴意，又有传承医术之期许。

后来，方仲璇又为儿子取名"绍虞"，字"幼璇"。"绍"既为字辈，也有"接续、继承"的含义，而"虞"则取其"快乐"之义。字中的"幼璇"之"幼"，则寓有"幼吾幼，以及人之幼"的期许；"璇"乃美玉之意。父子名字中同镶以"璇"，寄托着方氏家族对方幼璇子承父业的殷切期盼。

民国之前，许多人名字号同用，以致史料记载多有混淆。因此，需对传主之名字号再作梳理：传主本名方绍虞，字幼璇，乳名由灼，后来又自号玮。从相关历史资料看，他在不同时期相对集中使用其名或字或号，为了方便读者阅读，本书主要使用传世资料中较多出现的"方幼璇"来指称传主。

二、戎马先世

虽然方幼璇的曾祖父开过药行，祖父和父亲都是中医，但再往前探寻，方氏家族并非世传扁鹊卢医，在继继绳绳的方氏家谱中，更多的是戎马倥偬的过往身影。

方幼璇族人通常认为，本支系方氏是从河南固始入闽的。不过，要追溯方氏家族的戎马先世，还得从方姓的由来说起。

闽侯南通方庄方氏支系的源流，肇始于上古时代神农氏炎帝八世孙榆罔之子雷。雷因佐黄帝伐蚩尤有功，受封方山，其后裔以山为姓曰方。周宣王时，方雷63世孙方叔先后奉命征伐淮夷，击退北方少数民族猃狁的侵扰，又率兵讨伐楚国，建立了赫赫功勋，使衰落的西周王朝出现了中兴曙光。在诗经《小雅·采芑》中，诗人就方叔元老克壮其猷的功勋发出了由衷的咏叹：

薄言采芑，于彼新田，呈此菑亩。方叔涖止，其车三千。师干之试，方叔率止。乘其四骐，四骐翼翼。路车有奭，簟茀鱼服，钩膺鞗革。

薄言采芑，于彼新田，于此中乡。方叔涖止，其车三千。旂旐央央，方叔率止。约軝错衡，八鸾玱玱。服其命服，朱芾斯皇，有玱葱珩。

鴥彼飞隼，其飞戾天，亦集爰止。方叔涖止，其车三千。师干之试，方叔率止。钲人伐鼓，陈师鞠旅。显允方叔，伐鼓渊渊，振旅阗阗。

蠢尔蛮荆，大邦为仇。方叔元老，克壮其犹。方叔率止，执讯获丑。戎车啴啴，啴啴焞焞，如霆如雷。显允方叔，征伐玁狁，蛮荆来威。

为表彰方叔的功劳，周宣王赐方叔食邑于洛邑（今洛阳），其后裔中的一支后来又辗转至河南固始居住。

可以想见，当年少的方幼璇在书斋里跟着先生摇头摆脑地吟咏《诗经》中这首颂扬自己祖先方叔驰骋疆场的诗歌时，心中一定比学兄学弟们多了几分骄傲和自豪。但是，方幼璇绝对不会想到，在他短暂的一生结束后，会有人把他与先贤方叔相提并论，誉其"名齐方叔""功业等荣"。比如，时任广东省政府主席的陈铭枢曾撰文称赞方幼璇："髫龄投笔，壮岁从戎。名齐方叔，勇迈终童（注：终童即汉武帝时出使南越遇害的终军）。"① 时任讨逆军

---

①陈铭枢：《祭文》，载《方幼璇先生哀思录》祭文部分第1页，国民革命军第六十一师1929年版。

第八路总指挥的陈济棠也在祭文中写道："在昔成周，方叔惩荆。生死虽异，功业等荣。西江浩淼，清峡峥嵘。江流峡峙，永表公名。"① 当然，这是后话。

那么，方幼璇家族这支方氏是何时因何故从河南固始南迁入闽的呢？方幼璇年幼时，祖父方茂竹就根据《方氏族谱》的记载，常给他念叨方氏先贤"唐乾宁间因随王入闽而家焉"的故事。这里所说的"王"是指王审知（862-925）。唐僖宗乾符年间（874-879），爆发了以王仙芝、黄巢为首的农民起义，各地农民纷纷响应。王审知参加起义军并随之转战福建，后在作战中被众官兵举荐为帅。昭宗景福二年（893），王审知率军攻克福州，开平三年（909）进封闽王。

居于河南光州固始的方姓族人文振公追随王审知起兵南下，辗转入闽后在闽聚族而居。其兄居兴化，任盐使；文振公居侯官二都墩业乡太平里白龙山。从此，从中原入闽的方氏家族便在这里繁衍生息。据《福州姓氏志》记载，侯官方姓始祖为方慎从，系宋景德二年（1005）进士，曾任侯官县令，从莆田迁侯官桂枝乡聚英坊。明嘉靖年间（1522-1566），方慎从后裔方百里由侯官光禄坊迁至南港方庄（今闽侯县南通镇瓜山一带），至今有 460 多年。②

说到闽侯方庄，说到福州光禄坊，当然不能不提到北宋时期的方寘。方寘是文振公第四代后裔，据《福州人名志》记载，方寘于宋皇祐年间（1049-1053）从军，领前锋官。他为人豁达识大体，治军严肃，凡有赏赐，全部分给士卒，将士乐于为其所用。方寘以征蛮寇侬智高、平定广南之功升为都护。上奏"边安七事"，主要内容：一、选将帅以镇蛮疆；二、清虚冒以招精壮；三、收民心以固本根；四、行屯田以减馈运；五、募土兵以代守戍；六、设烽塘以防蛮变；七、明赏罚以肃军威。仁宗嘉许采纳，累进官至少保、金紫

荷载独彷徨

①陈济棠：《祭文》，载《方幼璇先生哀思录》祭文部分第 2 页，国民革命军第六十一师 1929 年版。

②张天禄：《福州姓氏志》第 540 页，海潮摄影艺术出版社 2005 年版。

光禄大夫。据传，嘉祐七年（1062），仁宗将其所居坊赐名"光禄"。元祐年间（1086-1093）卒，朝廷赐予祭葬。[1]

方氏后世为纪念方寔，在方庄修建了"宋少保方公祠"。曾代理福建省主席的这支方氏后裔方声涛为公祠题匾"耕读世家"。曾任福建省省长的萨镇冰也题写匾额"表德褒功"并书楹联："祠宇重新继起冠裳荣六桂，丞赏不替孝思俎豆享千秋。"2006年11月21日，闽侯县人民政府将方公祠列为本县第六批文物保护单位，并立碑记曰："始建于宋代，现存建筑为1923年重建，坐东朝西，砖石木混构，依次建筑有戏台、天井、大殿等，建筑面积1200多平方米，内有林森、萨镇冰等名人匾联，祠布局严谨，气势恢弘……"

◎ 福州市闽侯县文物保护单位南通方庄"宋少保方公祠"

至于为闽侯南通方庄支派的方氏后人所念念不忘的宋仁宗所赐光禄坊一事，有些史料记载中存在矛盾与纷争，这也需要在此传而记之。

光禄坊位于福州南后街西侧，是"三坊七巷"中"三坊"的最南一坊。东西走向，东起吉庇路，西至环城路（今为白马路），南通花仓前。关于光禄坊的由来，尽管清代《侯官县乡土志》言之凿凿地记载此为方寔受赐之坊，但宋代以来的史料记载并不一致。宋淳熙《三山志》载："光禄坊，旧曰闽

---

①张天禄：《福州人名志》第31页，海潮摄影艺术出版社2007年版。

山。光禄卿程师孟游法祥寺，置光禄吟台，因以名之。"明弘治《八闽通志》曰："光禄坊，旧曰闽山。因法祥院内有宋郡守程师孟光禄吟台，故名。"明王应山《闽都记》称："光禄坊，旧曰闽山。因法祥院内有程师孟光禄吟台，更今名。国朝（明）万历坊圮。里人方氏称宋光禄大夫方寘居此，建坊署名，妄诞甚矣！"清康熙陈学夔《榕城景物录》也说："近以为宋光禄大夫方寘居此者，误也。"清道光林枫《榕城考古略》同样认为光禄坊不是本于方寘。但是，清乾隆《福建通志》卷四十三《人物列传》则载："方寘，侯官人，皇祐间（1049-1053）官铨辖（武职），以征蛮寇侬智高、平广南功，升都护，累进少保、金紫光禄大夫。嘉祐七年（1062）赐所居坊名光禄坊。"此后，道光《福建通志》、民国《福建通志》以及上文援引的《侯官县乡土志》等均沿用此说。

◎ "光禄吟台"古迹

关于这个问题，《福州地名》一书中的论述是有说服力的："光禄坊本名闽山，山古有法祥寺，宋代熙宁元年（1068）程师孟以光禄卿出任福州太守，曾游此寺，题诗纪行。寺僧特筑一台，题为'光禄吟台'。历来释名光禄坊，多据此引述。这便是福建省文史馆馆员林家钟先生所说：'地多历名人住居得名，罕有因游客而名。'光禄坊得名方寘在前，而因程师孟和'光禄吟台'在后，可知程出任福州太守之时，光禄坊早已赐名了。""也许程师孟的诗咏，为《榕城考古略》引用，多年来坊名释因，广以讹传，至今未得订正，这是地名传布误而难正的一例。"①

无论光禄坊之名是否因方寘而来，可以肯定的是，方氏家族先贤并非悬

---

①李乡浏、李达：《福州地名》第34页，福建人民出版社2001年版。

荷戟独彷徨

壶济世、妙手回春的医师，而多是久征沙场、功名卓著的军人。或许是冥冥之中先贤在天之灵的点化，方幼璇并未传承祖辈和父辈悬壶济世之业，而是最终走上了从军征战、马革裹尸的不归之路。

三、名门望族

方幼璇祖父和父亲的中医堂为亲友就诊提供了许多方便，这个行业也使得他们一家与族人有了更多的往来。因此，方幼璇从小就知道福州有两门关系十分密切的同族方氏。这就是从闽侯南通方庄移迁至福州的"南门方"和"北门方"。

所谓"南门方"，是指聚居在福州南门一带的方氏家族。福州南门，是后梁开平二年（908）王审知初筑南北夹城时开辟的城门之一。《榕城考古略》记述："南宁越门，双门，王审知作，名登庸，以协郭璞迁城之谶，长兴二年（931），延钧改名为闽光。严辟疆改为宁越。按即今之南门也。"① 由此可知，南门最初称登庸门，后相继改称闽光门、宁越门。唐代天祐元年（904）翁承瓒有诗曰："登庸楼上方停乐，新市堤边又举杯。"可见当时的南门设有酒楼歌馆，一派闹市景象。福州城曾以南街为界，按东西分为闽县和侯官县，民国二年（1913）闽县和侯官县合并为闽侯县。

◎ 一百多年前的福州南门兜一带

"南门方"以夏体井方氏祖宅为代表。清末民初，方幼璇的祖父方茂竹、父亲方仲璇和伯父方廉友，都算得上"南门方"的代表人物。

---

① （清）林枫：《榕城考古略》第 14 页，福州文物管理委员会 1979 年刊印。

1840 年鸦片战争后，随着丧权辱国的《南京条约》的签订，福州被辟为五口通商的口岸之一，西学东渐，西方医学伴随着列强侵略大规模进入中国，西方教会在福州开办的诊所对当地中医界产生了一定的影响和冲击。为加强中医界团结，促进学术交流，1902 年 7 月 6 日，福州成立了第一个中医师公会，年方 32 岁的方仲璇，被当场推举为副会长。① 时任会长为方澍桐，另一副会长为陈燮藩。清末民初，福州中医师公会的 84 名会员，都是中医界的佼佼者，内科有方澍桐、方仲璇、陈登铠等，妇科有孙石溪、郑兰芬、陈秋荪等，儿科有陈燮藩、张贞镜、林寿淇等，外科有肖治安、陈高标、陈作斋等，喉科有王郁川、王亨英、王则安等，眼科有卢天寿、黄丹心、陈云开等，骨科有林达年、林邦勋、林如高等。方仲璇在中医内科中独树一帜，中医界评价："擅长治疗中医内科杂病，见识精妙，用药果断，名重榕垣。"②

福建名中医陈桐雨曾以方仲璇的医术为例，阐述中医详察虚实、纤毫勿失的重要性：

"黄巷欧阳老妇，年近期颐，患痢兼旬。群医以高年涉虚，叠进补益之剂，或兼以固涩之味，虽人参当头，却无地树功，遂请方君往诊。方君入室，闻患者腹痛号叫之声凄厉有力，其孙引帐，不意帐拂其面，病妇怒目而视，目光尚有神采。诊其得病之源，系由多食羊肉而起。时属长夏，暑湿蒸腾，外感时令之邪，内停油腻之积。病妇年事虽高，平素鹤发童颜，步履犹健。现虽汗出肢厥，脉难触及，乃失治所致。热结在里，号叫之声亮而有力，非虚也；复兼寒热往来，邪未罢也。势甚危急，群医恐其虚脱，议欲温补回阳之法，方君力排众议，断证为少阳兼阳明，急须双解之法，方建摧陷廓清之功，方疏大柴胡汤。病妇之儿孙见有大黄等味，面面相觑。方君善言喻之曰：'此实证也，譬犹境内寇盗之不剿，终不得安宁也，除恶务尽，此不补是补也。'患妇进汤药一剂即知，两剂近愈。昔袁子才八十高龄患里实证，徐灵胎以大黄下是生，赠诗有'庸医知老不知病''急须将军破坚阵'等句，以赞

①萧诏玮等：《福州中医师公会医事拾零》，载《福建中医学院学报》2009 年第 10 期。
②萧诏玮等：《榕峤医谭》第 329 页，福建科学技术出版社 2009 年版。

其神明果断。方君卓知有异曲同工之妙。"①

在 2005 年出版的《福州姓氏志》中，方仲璇名列 20 位方姓人物之一②，足见其在中医界和福州方氏中的影响力。

方幼璇的伯父和启蒙老师方廉友（？-1931），也是"南门方"中一位颇有名望的人物，他是清封荣禄大夫，参加过同盟会，去世后，萨镇冰曾为其墓地题写碑文。到了方幼璇这一代人，也给"南门方"增添了不少光彩。

"北门方"是指聚居在福州北门一带的方氏家族，以福州九彩园祖宅为代表。九彩园西通北大路，东北接钱塘巷，东连鼓屏路。《榕城考古略》记述："韭菜园，今俗作九彩园，名未详以，有二巷，合而出于小古楼街。"③ 这里的方家宅院于清咸丰年间（1851-1861）始建。原为两座相连、前后数进的大院落。民国二十六年（1937），这里的方氏家人外迁，房屋无人管理，原有的花厅、卧室、书房以及庭院内的园林设施均被拆除改建。现存首进门头房为单层木构建筑，六扇大门、面阔三间，进深七柱，内有插屏门、天井、左右披榭，小型厅堂，双坡顶。

"北门方"的代表人物名声显赫，主要是这门方家中与方幼璇同一辈分的方君瑛（1884-1923）、方声涛（1885-1934）、方声洞（1886-1911）和方君璧（1898-1985）姊妹兄弟 4 人。方君瑛、方声涛、方声洞 3 人同于光绪二十八年（1902）东渡日本留学，一起参加了同盟会。方君瑛曾任福建女子师范学校校长，后为中国留法女生第一人；方声涛曾任孙中山广州卫戍司令、福建民军总司令、代理福建省主席等职；方声洞

◎ 福州九彩园方声洞故居

第一章 夏体井方宅弄璋 塔影楼书斋求学

①萧诏玮等：《榕峤医谭》第 290 页，福建科学技术出版社 2009 年版。
②张天禄：《福州姓氏志》，第 547 页，海潮摄影艺术出版社 2005 年版。
③（清）林枫：《榕城考古略》第 49 页，福州市文物管理委员会 1980 年印。

为黄花岗七十二烈士中"福建十杰"之一；方君璧于 1912 年随姐姐方君瑛赴法国求学，在波尔多、巴黎学画，后定居美国，以画为业。

方幼璇少时与"北门方"姊妹兄弟都有来往，从军后曾在方声涛部为其参赞戎幕，两人既是宗兄弟，又是上下级，关系十分密切。方幼璇阵亡后，方声涛曾题赠挽联以志哀念：

> 十余年劳苦功高戎幄曾襄袍泽凤深苔契感，
> 数千里死生路异葬车未会鼓旌如听薤歌哀。①

在福州"南门方"和"北门方"这样的家族环境中成长起来的方幼璇，得益于方氏望族的文化传承和良好的家教家风，茁壮成长起来。

四、训蒙启智

夕阳渐渐隐去，福州于山之麓始建于唐天祐元年（904）的白塔，与乌山之麓始建于五代晋天福六年（941）的乌塔，披挂着落日余晖，深情地遥遥相望。

入夜，清朗的月牙镶嵌在静谧天幕上，微风习习，虫鸣蠡跃，方宅庭院的花草间飞舞穿梭着点点萤火虫，好似夜空中洒落下飘零着的星光。书房里传来一阵阵稚嫩的读书声，那是未及始龀之年的方幼璇在埋头翻阅祖父和父亲收藏的书籍。

正在后花园相携漫步的方仲璇和王夫人，听到屋里琅琅书声，欣慰地相视一笑。方仲璇原配夫人游氏于光绪二十三年（1897）病逝，王夫人是其继室。王夫人对方幼璇视同己出，疼爱有加，经常带他到书房里看书。耳濡目染于书香门第的方幼璇，很小就学会了识文断句。后来，方仲璇夫妇又请兄长方廉友帮助教授方幼璇。

①方声涛：《挽联》，载《方幼璇先生哀思录》挽联部分第 127 页，国民革命军第六十一师 1929 年版。

清封荣禄大夫方廉友饱读诗书，才高八斗，他十分看好这个聪明的侄儿，循循善诱，教导有方。方幼璇对伯父教授的文字训诂音韵等传统知识，过目不忘，烂熟于心。几载寒窗飞逝而过，年方十余岁的方幼璇，业已诵毕诸经，并涉猎诸多典籍。陈铭枢曾这样评价年少的方幼璇："生七岁受教于伯叔，十三出就外傅，凡吾国往昔经典及秦汉以来诗古文辞悉授而诵读之，辄能谙记了悟。"①

"灼儿如此聪敏过人，还是送他去塔影楼书斋和兄长们一起读书吧。"王夫人轻声细语地喃喃道。

"正是，正是。我正有意让灼儿入塔影楼师从如璋先生呢。"方仲璇连连点头。

方仲璇所说的"塔影楼"并非陆游《老学庵笔记》和《榕城考古略》中所言之福州塔影楼。南宋文学家陆游在《老学庵笔记》中说："段成式《酉阳杂俎》言扬州东市塔影忽倒，老人言海影翻则倒。沈存中以为塔有影必倒。予在福州见万寿寺塔，成都见正法塔，蜀都见天目塔，皆有影，亦皆倒也。然塔之高如此，而影止二三尺，纤悉皆具。或自天窗中下，或在廊庑间，亦未易以理推也。"清代《榕城考古略》案："陆此记，则是楼自宋已有之，今尚存。楼左板扉开一窍，日中则有影倒立，目为神技鬼工。郑诵德开极曾居此。以上见郡志。又考《闽都记》：有南楼在嵩山之阳，朱普祖宅，元黎伯韶卜也。三峰同环宇，双塔插空。两河九陌，虹流鳞次。普字孔周，宋进士儒林郎敏中之裔。明王恭有《南楼奇观朱孔周赋》诗，然不言塔影事，未右即此楼否？姑附录于此。"②

方宅中的塔影楼与陆游所言无关，是方幼璇祖父方茂竹的得意之作。自购下夏体井弄里的这块住宅后，爱书如命、藏书甚多的方茂竹就开始筹划在后花园构建一个属于自己的书楼。

①陈铭枢：《副旅长方传略》，载《方幼璇先生哀思录》，像赞部分第1页，国民革命军第六十一师1929年版。

②（清）林枫：《榕城考古略》第35页，福州市文物管理委员会1980年印。

◎ 清代福州的白塔和乌塔

方宅地势优越，无论日照还是月映，两塔的倩影都能在方宅的庭院里和围墙上轮回移动着，"老宅映双塔"，成为方家祖居的一个奇妙景观。书楼建成后，日可观三山风物，夜能抚双塔移影，登临可见江水萦回。方茂竹常携家人在此观赏相映成趣的两塔倩影，并惬意地将其命名为"塔影楼"。正如后人所述："塔影楼者，某绅之旧宅，后成崇构，四围皆山，两塔左右拱，每月出影映于楼扉，如双烛对立，以是得名。"① 后来，方茂竹又把此楼辟为书斋，请来好友陈如璋在此教授孙辈们读书。

《礼记》云："古之教者，家有塾。""塾"，在福州方言中称之为"斋"，家塾也称作"人家斋"。家塾中凡有亲友子弟附学者，可称"义塾"，福州方言又称之为"帮斋"。所收学生多为初入学稚童的，被称作"训蒙斋"，又因为福州方言中"训蒙"与"蚊虻"读音相近，学生"每到傍晚纷集，诵声大作，恍若聚蚊而鸣，故以蚊虻斋讥之"。②大斋通常规模较大，除收早来晚归的通学生外，还招收一些年龄稍长的寄宿生，或每隔两三日来听讲、呈交作业的与课生。塔影楼书斋是当时福州颇有名气的大斋，在《福建清代科举人名录》所收陈如璋的简历中，就有"讲学会城塔影楼"③ 的记载。

进入 20 世纪，中国面临的内外矛盾更加激化，清朝统治者沦为帝国主义

---

①高伯奇：《陆军中将方公幼璇传略》，载《方幼璇先生哀思录》，像赞部分第 3 页，国民革命军第六十一师 1929 年版。

②萨伯森：《福州清末以来书塾小史》，载《福建文史资料》第十六辑，政协福建省委员会文史资料研究委员会 1987 年印。

③王铁藩：《福建清代科举人名录》第 433 页，福建人民出版社 2011 年版。

的奴才，尤其是光绪二十七年七月二十五日（1901年9月7日），清政府在丧权辱国的《辛丑条约》上签字，这标志着中国半殖民地半封建社会的最终形成。此时，知识界中的革命潮流开始涌动。1902年东渡日本留学的方氏姊妹兄弟，就是早期资产阶级革命思想的拥护者和宣传者。时年12岁的方幼璇，对时政的发展变化也开始有所感知。

这天，方仲璇把方幼璇叫到跟前："灼儿，听说了吧？你声涛、声洞兄都已东渡日本留学。方氏家族名声籍甚啊！"

"知道了，依爹。声涛、声洞兄胸怀鸿鹄之志，乃吾辈之先范，儿当见贤思齐。"方幼璇满心崇敬地答道。

"你随伯父诵毕诸经，颇有长进。但学海无涯，你对今后的学业有什么想法？"方仲璇试探着问儿子，其实他内心里还是希望儿子能继承自己的中医事业。

"依公、依爹悬壶济世、乐善好施，为吾辈贤范；声洞、声涛兄赴东洋研习兵学，也是图强之道。"年少的方幼璇有很强的求知欲望和进取意识，但对自己的未来尚无成熟的思考。

"不过，依爹还是想让你师从如璋先生修举子业，备考科举。"方仲璇直奔主题。

"是，依爹。"孝顺的方幼璇答道。

五、名师高足

从光绪二十九年（1903）至三十一年（1905），方幼璇在塔影楼书斋里度过了两年愉快的时光。

塔影楼书斋的教书先生陈如璋，字梦湘，号甦道人，侯官人，清光绪十七年（1891）举人。他不但学识渊博，深谙传统诗词文化，而且深谙郑板桥画竹技法，扇画小幅尤佳。名师出高徒。在陈如璋先生的言传身教下，塔影楼学子中群英荟萃。在此师从陈如璋的方绍赓（1882－1947）、陈笃初（1877－1938）、吴澍（1891－1976）等，后来都是名擅榕城的人物。

荷戟独彷徨

方绍赓是方廉友的长子、方幼璇的堂兄,号竹孙,别署竹荪、祝宣,在塔影楼学文学画均有成就。1906年东渡日本,留学日本法政大学速成科第五班法律科。回国后于民国初年任福建省汀漳道视学(视察学务的官职,后改称督学),后任中国铁路协会福建分会副会长。他也是载入《八闽画人传》的福州著名画家。

学长陈笃初出生于福州桂枝里陈氏中医儿科世家,其父陈燮藩与方幼璇之父方仲璇同时任福州中医师公会副会长。陈笃初字福敷,别署福初,号还爽,又号拙庐,清光绪秀才,善诗词,自幼好画,喜作工笔花卉翎毛,每日伏案临摹不辍。师从陈如璋后,得其诗文作画之法并自成一格,同时还承其父名中医陈燮藩之业,精研医理。他在民国期间有福州医界"三绝"之美称。一曰工朱竹,二曰善诗钟,三曰精医道。陈笃初后来娶方幼璇伯父方廉友之女方钟晖为妻,又成为方幼璇亲上加亲的姻兄。值得一提的是,陈笃初育有四男三女,其中的陈逸园和陈桐雨皆得其传,尤以陈桐雨医名显著。而陈桐雨后来也娶方幼璇堂兄方绍赓之女方静芬为妻,其膝下6男中的陈辉光、陈辉清也子承父业。陈笃初的传世之作有纸本册页《暗香疏影》和诗集《还爽斋诗集》等。

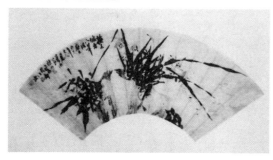

◎ 陈如璋画作墨兰图

方幼璇不但从陈如璋先生那里承得诗文真功和板桥画法,而且不懈研习何绍基(1799-1873)行楷,并师从父亲方仲璇的挚友、清光绪秀才林承弼学习篆刻技法,以板桥行、隶入印。

方绍赓、陈笃初等学子比方幼璇年长10岁左右,但在陈如璋先生指导下,他们常在一起切磋诗律和画技，尤其喜赛诗钟。所谓诗钟，就是事先在一炷香的一寸部位扣一根丝线，线端系铜钱一枚，点着时诗会主人即随意取二字为题，

◎ 方幼璇印章，左起：方玮之印、幼璇、幼璿

请参与者限时作七言诗二句，待香火燃至细丝处，线断钱坠，铠啷如钟鸣，表示时限已到，故曰诗钟。而后，按照规定程序评出名次，施以赏罚。诗钟始于道光、咸丰年间，源于福建。陈笃初之父陈燮藩是福建早期的诗钟爱好者。光绪十四年（1888）陈燮藩等就撰有《围炉集》一卷，刊于南京，收500 余联。① 经过塔影楼的传统文化熏陶，造就了一批近代著名诗人。1920年，闽侯马江镇诗钟组织侗社（社员多为海军幕僚）举行"马·江六唱"征诗活动，选诗3000 余联，辑成《马江诗刊》，福州诗钟组织讬社旗手陈笃初荣获状元，其联为：

> 颇忧网罟搜江尽，谁恤鞭挞杀马多。②

"马"和"江"虽然均为名词，但一属姓名，一为水名。此联妙在用"搜江"对"杀马"，使对仗贴切，天衣无缝，一"忧"一"恤"，表达了对当时统治者的不满和忧国忧民的情怀。

塔影楼的学子们不但情同手足、相濡以沫地遨游在诗与画的海洋里，而且心系国是，志向高远，常常在一起谈论时政和理想。同学林云康曾记载了在塔影楼学习的情景："塔影楼中月上时，弟兄弦诵共怡怡，课余爱斫芭蕉

---

①盛星辉：《诗钟漫谈》第188 页，新风出版社2003 年版。
②盛星辉：《诗钟漫谈》第189 页，新风出版社2003 年版。

本，志尚当年已足奇。"① 他还回忆了当年与方幼璇长谈人生志向的情景："公（幼璇）从孝廉陈君授经，与诸兄弟肄业于塔影楼，余得闲辄过从畅谈，至月上犹低徊不忍去。远山浮图影射楼扉，公正襟危坐，谓儒生以经世为急务，若徒抱丛残随案萤枯死，所事不已迂乎？"②

塔影楼学子中有一位远亲的孩子叫吴刚如（1891-1976），字艺五，号艺夫，祖籍长乐。1916年参加讨袁护国时改名吴澍，沿用至1945年抗战胜利，后一直以吴艺五行世。本传记按照《方幼璇先生哀思录》之记载，使用吴澍称之。吴澍与方幼璇同龄且同入塔影楼就学，后又同入福建陆军小学堂、南京第四陆军中学和保定陆军军官学校，并曾一同在方声涛部任职。新中国成立后，吴澍曾任华东军政委员会监察委员、上海市政协委员、市民政局副局长。由于同龄同门，方幼璇与吴澍志趣相投，甚为友善，结下莫逆之交。在塔影楼备考科举的同时，他们常在课下议论国是、针砭时弊。

一天傍晚，在怪石嶙峋、林壑幽胜的乌石山先薯亭下，方幼璇、吴澍比肩远眺着渐渐西下的夕阳。

"听说过中国同盟会吗？"吴澍突然小声发问。

"我知道。"方幼璇答道，"伯父告诉我是孙中山先生在东京组织成立的。听说声涛、声洞兄和君瑛姐等都加入同盟会了。"

"嘘……"吴澍环顾四周，以手势提示方幼璇小声说话。

方幼璇压低声音："世纪之交，国运衰败啊！从甲午战败，签订《马关条约》，到联军进犯，签订《辛丑条约》，泱泱中华，何尊之有？!"提及这些丧权辱国的历史事件，方幼璇怒不可遏，他接着说："伯父常常教导，及今之世，而欲求免瓜分之祸，国家必自强自立。吾辈生逢其时，当力行革命之道。"

吴澍频频点头赞许："吾辈当立民族崛起之志，岂能甘做亡国之奴。"

---

①林云康：《挽幼璇学兄》，载《方幼璇先生哀思录》，挽诗部分第5页，国民革命军第六十一师1929年版。
②林云康等：《祭文》，载《方幼璇先生哀思录》，祭文部分第20页，国民革命军第六十一师1929年版。

几天后，陈如璋先生照例讲授。下课前，他对学生们说："你们都听说了吧，袁世凯、张之洞奏请立停科举，以推广学堂，咸趋实学。朝廷业已诏准，从现在起，所有乡会试一律停止，各省岁科也不举行，延续1300多年的科举制废除了。你们今后有什么打算啊？"

◎ 青年方幼璇

"先生，当下朝廷正派员东渡日本留学，我也想去东洋长长见识。"堂兄方绍赓已有主意。后来，他于1906年底考取留日资格，后毕业于日本法政大学。

"先生，我想步族声涛、声洞兄后尘，研习兵学，投身军旅，强兵救国！"兄长们发言后，方幼璇回应。

"先生，我也想成为行伍勇夫。"吴澍立即应和。

"吾门无冗士，若方、吴二生特英异耳，为师甚慰！"① 面对这些学有所成、志存高远的学生，陈如璋先生欣慰地颔首赞许。

离开塔影楼24年后，吴澍曾撰文回忆与方幼璇的同学同军深情："回忆少年时，总角交莫逆。负笈记前游，剪烛西窗席。同学复同军，得聆君教益。八载历征尘，戎机共擘画。劳燕忽分飞，天涯近咫尺。同辈多腾达，独君奋鹏翻。秉钺绾军符，虎贲勤于役。铁军声誉隆，人言羡啧啧……"②

如果说伯父方廉友的悉心教授为方幼璇人生的启蒙开智奠定了基石，那么，塔影楼书斋就称得上是方幼璇扬帆戎马航程的出征码头。在日复一日的斗转星移中，双塔移影记录了方幼璇700多个日夜里的书山探径、学海泛舟。透过塔影楼那方不大的窗棂，他和学子们不但把闽山之雄、闽水之秀尽收眼底，还由此纵览着社会风云，指点着江山社稷，思考着人生愿景。

①高伯奇：《陆军中将方幼璇事略》，载《方幼璇先生哀思录》像赞部分第3页，国民革命军第六十一师，1929年11月出版。

②吴澍：《挽幼璇学兄》，载《方幼璇先生哀思录》挽诗部分第3页，国民革命军第六十一师，1929年11月出版。

第二章
新学堂启程军旅　古刹寺结缘终生

　　光绪三十年（1904），清政府"酌采列邦学制"，正式颁布《陆军学堂办法》。从光绪三十二年（1906）开始，方幼璇援阶进入陆军小学堂、陆军中学堂和陆军军官学校，接受了晚清至民国初年完整、正规的军事教育。在赴江宁就读陆军中学堂之前，方幼璇与赖卫珂结为夫妻，在石鼓名山结识了虚云长老。本章主要记述方幼璇在科举废除后接受三级陆军教育的经历。时间从1906 年至 1911 年。

一、初习兵戎

　　从光绪二十五年（1899）受教于伯父方廉友，到光绪三十一年（1905）读毕书斋，是方幼璇从外傅之年到束发成童的启蒙时期。在这世纪之交的五六年里，方幼璇直观地感受到了西方列强的侵略扩张和祖国人民的深重灾难。同时，这一时期爱国运动的兴起和民主革命思想的传播，尤其是方氏家族中一些维新人士和民主革命者的言传身教，对年少的方幼璇产生了重大影响，开始萌生了从军报国、救亡图存的志向。此时正值清末新政时期，盛行的编练新军和军事教育革新，又为方幼璇投笔从戎造就了客观条件。

　　科举制废除后，金榜题名无望，往日书声琅琅的塔影楼书斋一时间陷入了沉寂。当学长们停止学业各谋出路之时，方幼璇和好友吴澍则抱定了从军的决心。这天，他们相约来到陈如璋先生家中，讨教报考福建陆军小学堂相关事宜。

　　方幼璇和吴澍走进陈宅客厅向先生请安，只见一位年轻的军官戎装齐整、正襟危坐，向他们颔首微笑。陈如璋介绍，这位军官名叫林之夏，是陈如璋多年的诗友。

　　林之夏（1878-1947），原名知夏，亦名知融，字凉笙，号秋叶，别署复生，闽县人。其父林崧祁，字述庵，清末举人，有"闽海诗豪"之誉，他与近代文学家、翻译家林纾（1852—1924）同样多才傲世，两人因争论而相识，由龃龉而成挚友。林崧祁病危临终之际，将11岁的林之夏托付予林纾。林纾对林之夏视同己出，衣食训诲备至。林之夏师从林纾7年，光绪二十二年（1896）考中秀才，后入福建武备学堂第一期学习，光绪三十一年（1905）毕业，拟前往江宁（南京）担任新军第九镇司令部三等参谋。这次，他是专程前来向陈如璋先生辞行的。

　　"二位贤弟志存高远、投笔从戎，愚兄甚感钦佩。"林之夏对比自己年小十余岁的方幼璇和吴澍一见如故，听说他们立志从军，更是大为赞赏。

　　"之夏兄入武备学堂多年，恳望不吝赐教。"面对一身戎装、英气勃发的林之夏，方幼璇和吴澍的钦仰之情溢于言表。

　　林之夏在福建武备学堂学习了3年，对这一兵学门户了如指掌，他向求知甚切的方幼璇和吴澍娓娓道来。

◎ 林之夏

　　在外国侵略者的"船坚炮利"面前，一次又一次的丧权辱国使清政府认识到旧式陆军已不能适应战争需要，编练新军便成为当务之急。光绪三十年（1904），为统一军事教育制度，练兵处制定了《陆军学堂办法》，将全国陆军学堂分为正课学堂、速成学堂和师范学堂三类。其中正课学堂为长期的正规的教育，又分为陆军小学堂、陆军中学堂、陆军兵官学堂和陆军大学堂四级，全程教育长达八九年。《陆军学堂办法》颁布后，各省开设了 30 多所陆军小学堂、中学堂，以及一批军事技术学堂，如北洋参谋学堂、测绘学堂、军械学堂、马医学堂等。此外，还创办了一批旨在培训在职官弁的陆军讲武堂。

位于福州军门前（今鼓楼津泰路）的福建武备学堂，是光绪二十八年（1902）由时任闽浙总督的许应骙（1832-1903）创办的。该学堂以孙道仁（1865-1935）为总办，由日本炮兵大尉川信彦任总教习，共有 7 名日本教习在此教授军事课程。学堂分正科和速成两班，招收 18 岁至 20 岁的学生。正科班修业 3 年，教授普通军事学；速成班修业 1 年，教授简明军事学。

根据《陆军学堂办法》，京师、行省和各驻防均应设立陆军小学堂，因此，福建武备学堂也要改建为福建陆军小学堂，学生定额 300 名，每年招收 100 名。

"贤弟，当下列强欺侮、国运不振，军队强弱即国家盛衰所至。'以骑射定天下'之理念已然过时，而以武举考核弓、矢、马、石等更属落伍之举。强国必先强兵，练兵必先练将，兴办陆军学堂为练兵第一要义！"林之夏一席话如雷贯耳，两位后生听得热血沸腾。

"今日世界，竞存之世界也，强者存，弱者亡，其理至明，其势至亟。欲转弱为强，惟有尚武一策，盖非武无以立国，非武无以立家，非武无以立身。"林之夏关于尚武致强的观点令方幼璇和吴澍茅塞顿开。

"愚弟必步贤兄之后尘，为从军救国不惜肝脑涂地！"方幼璇坚定地说。

林之夏与方幼璇的这次不期而遇，竟使他们结下了袍泽之缘。5 年之后，在辛亥革命光复镇江和攻克江宁之战中，他们成为一起冲锋陷阵的生死战友。

陆军小学堂章程规定，其招生范围是"本省旗范围内十五至十八岁高等小学堂学生或二十岁以内的原武备学堂学生，如不及额，准挑选良家子弟中有相当体格学力者或不拘籍贯"，基本条件为"年龄十五以上，十八以下的，品行须诚实朴素，无过犯，出身良家子弟，志趣须诚心求学，无不良嗜好，学识上能作浅近论说"，并对身高、胸围、体重、肺活量、手力、视力等身体素质方面也都作了明确规定。光绪三十二年（1906），经过严格考核，年方十五的方幼璇、吴澍同时考入福建陆军小学堂，迈出了军旅生涯的第一步。

方幼璇在福建陆军小学堂的3年学习期间，接受了比较系统的文化基础和军事常识教育。陆军小学堂的课程设置以文化课为主，兼习军事。文化课主要包括修身学、国文、外国文、历史、地理、算学、格致等；军事课主要包括训诫、操练和兵学。以下是陆军小学堂章程规定的课程设置表：

陆军小学堂课程设置表

教授科目			
课目	第一年	第二年	第三年
修身学	讲授四书及先哲嘉言懿行宜于军人者	讲授春秋左传及先哲嘉言懿行宜于军人者	同第二年
国文	读散体文、习楷书、作散文	同第一年	同第二年，略示军用文格式
外国文	拼音、习字、单字、默书、问答、方法	同第一年	文法、国文与外国文互译
历史	历代统系及兴衰大要	同第一年，国朝掌故	各国兴衰大要
地理	地理大要、本国疆域、山川形势、人口风俗物产	亚洲各国山川形势、人种风俗物产大概	欧美非澳各洲山川人种物产大概
算学	整数、分数、小数各项加减乘除开方及解浅近算题法	比例、平面几何、代数加减乘除开方及一次式	平三角、线对数、代数多次式
格致	物理大要、生理大要	动物生理、卫生大要	植物生理、地质大要
图画	学用器具、练习手法、军图记号	比例尺、仿画成图、缩放成图	实地测绘、形相画法
训练科目			
训诫	军人职分、军纪、军礼	军人志操、军人威仪	同第二年
操练	空手体操、步操初级	器械体操、步枪用法、成排步操	各式体操、成排步操、刺枪劈刀法
兵书	本堂规则、军纪、军礼、海陆军官制军服、军队内务大要	军队内务大要	本国军制
游泳法于暑假时练习，辨号音于第二、三年抽暇听习。			

陆军小学堂管理十分严格，每年冬夏两季考试甄别，分别等第，以定去留。方幼璇学习、训练极为勤奋刻苦，成绩优异。据亲友后来回忆：方幼璇进入陆军小学后，"或疑不胜剧苦，而公益自奋，每试辄优。"① 陆军小学堂章程规定，根据学生考核成绩优劣发放津贴，优等生第一、二、三年每月发放津贴（银钱）分别为1两2钱、1两8钱、2两4钱。除了成绩津贴，正额学生还享有生活补助以及学堂统一配置的衣物、膳食等。作为优等生的方幼璇可以按月领取最高等级的津贴，完全可以自给自足，减轻了家庭负担。

方幼璇在福建陆军小学堂的同学中，除了从塔影楼开始就朝夕相处的吴澍以外，还与一些学业优异、思想成熟、为人正直的同学结下了深厚友谊，有的在此后的军旅生涯中并肩作战，成为生死与共的战友。

比方幼璇年长的何遂（1888-1968，新中国成立后曾任华东军政委员会司法部部长、政法委员副主任），字叙甫，祖籍福清，生于侯官，光绪三十年（1904）进入福建武备学堂，后转入陆军小学堂。方幼璇进入陆军小学堂时，就听说毕业班有位叫何遂的是一名激进的学生，经常参加革命党人举办的读书、演讲活动。方幼璇也在课余活动中听过何遂的演讲，为他的爱国情怀所感动和折服。他们也因为经常参加此类活动而结下了深厚的友谊。在一堂汉文课上，教官要求学生读诸葛亮《出师表》后作文，本意想要灌输诸葛亮的忠君思想，而何遂却在作文中讥讽其愚忠于一家一姓。学校终于找到了开除这个"刺头"学生的理由。方幼璇和同学们以各种方式声援何遂，甚至为此请愿到闽浙总督衙门。但是，官方不但执意开除何遂，而且通电各地不得收容何遂。经同乡林森介绍，何遂离开了福州，投奔南京第九镇第三十三标，在同乡管带林述庆手下当了一名排长。方幼璇与何遂因在陆军小学堂的短暂相处而结下了不解之缘。辛亥革命期间，他们曾在保定同谋举义大计；方幼璇进入陆军大学校时，何遂也在这所学校担任战术教官；二人还曾同在驻粤滇军任职，一起参加了援闽作战。

---

① 高伯奇：《陆军中将方公幼璇事略》，载《方幼璇先生哀思录》像赞部分第3页，国民革命军第六十一师1929年版。

比方幼璇低一年级的朱绍良（1891-1963），原名宝瑛，字一民，祖籍江苏武进，生于侯官，陆军小学毕业后也和方幼璇一同进入南京陆军第四中学堂，后留学日本。方幼璇和朱绍良不但是两级陆军学堂的同学，而且在北伐战争中成为直接上下级。当时朱绍良为国民革命军第10师参谋长，方幼璇为师部高级参谋。回师武汉后，朱绍良升任第2军军长，方幼璇接任朱绍良第10师参谋长职务。

方幼璇就读陆军小学堂期间，福建新思想传播甚广，各种爱国团体和反清组织十分活跃。族兄方声洞在日本首批加入中国同盟会不久，因母亲去世暂返福州。在此期间，方声洞以家中所藏书刊为基础，创办了一所书报阅览室，向广大青年读者宣传民主革命思想。方幼璇常邀吴澍一同前往阅读进步书刊，聆听方声洞讲述中国同盟会在日本的革命活动。

◎ 林觉民

1905年8月，中国同盟会在日本东京一经成立，福建留学生入盟者即建立分会，并派人回国发展同盟会组织。光绪三十二年（1906）夏，将原汉族独立社改组成中国同盟会福建支部，以郑祖荫（1872-1944）为支部长。当时的中国同盟会福建支部处于地下状态，公开称丙午俱乐部。在中国同盟会组织下，革命党人的宣传活动更加广泛深入。方声洞重返日本继续留学后，每逢假日，方幼璇和吴澍又相约前往林觉民（1887-1911，黄花岗七十二烈士之一）在福州开设的阅书报社浏览进步书刊。在那里，他们悄悄阅读了许多进步书刊，接受了革命思想的教育，同时，也有幸结识了中国同盟会福建支部文书部成员黄展云（1876-1938，字大梓，号鲁贻，福建永泰人，1917年曾任孙中山大元帅府秘书）。陆军小学堂毕业前夕，方幼璇和吴澍在同乡前辈的介绍下，一起加入了中国同盟会，成为年轻的革命党人。

◎ 青年黄展云

二、姻佛两缘

转眼间，方幼璇在福建陆军小学的学业就要结束了。光绪三十三年（1907），奕劻上奏："自定章以来，京师及各省旗陆军小学堂，均已陆续开办，约计明年后中将次毕业。……诚以学程层累递进，小学毕业，即须升入中学，使前时功课不致间断，而异日造就益见宏深。且小学仅讲武之初基，中学为兵官之进步。学级既高，教程应加邃密。亟应编订章程，俾资遵守。"[①] 随后，陆军部奏拟了《陆军学堂章程》，规定在全国设 4 所陆军中学堂，福建陆军小学堂毕业的学生升入南京第四陆军中学堂。按照这一规定，方幼璇即将赴江宁（南京）就读陆军中学堂。

赴宁求学，是年近 18 岁的方幼璇第一次远离故乡。在临近启程的日子里，他常常隐约感到自己的心扉总被一种莫名的情愫拨动着。但他并没有意识到，在这故土渐远、他乡将近的时刻，与他终生相伴的佛缘和姻缘正渐渐向他抵近。

◎ 鼓山涌泉寺诵经堂旧景

光绪三十三年正月十二日，福州鼓山涌泉住持妙莲老和尚圆寂。妙莲（1824-1907），俗姓冯，名地华，别号云池，福建归化人，咸丰四年（1854）任涌泉寺住持。正月十二日结跏趺坐，对侍者云："寄语监院，护持常住，时间已至，吾行矣。"而后合掌向西念佛数声，瞑目圆寂。方仲璇是妙莲的生前至交，闻讯后专门携儿子方幼璇上山参礼致敬。

①中国社会科学院近代史组：《清末新军编练沿革》第 21 页，中华书局 1978 年版。

鼓山耸立于福州东郊、闽江北岸,绝顶海拔 925 米。据传山巅有一巨石其形如鼓,每逢风雨大作,岩洞中便声如鼓鸣,故有石鼓名山之称。鼓山涌泉寺建于五代后梁开平二年(908),因寺前的罗汉泉而得名,康熙皇帝曾为该寺题匾。

妙莲圆寂后,年近古稀的虚云长老接任住持。虚云(1840-1959),俗姓萧,法名古岩,又名演彻,字德清,号虚云,别署幻游。原籍湖南湘乡,生于泉州,19 岁入福州涌泉寺,依妙莲和尚受具戒,习禅苦行。光绪八年(1882)从浙江普陀起香,三步一拜,三年抵达五台显通寺,其后几度出游,历经川、康、藏、滇、黔、鄂、赣、皖、苏、鲁、冀、晋、陕等地名山大刹,参禅听经。

虚云长老常听众僧交口称赞方仲璇乐善好施,常应妙莲之邀到涌泉寺为僧侣和香客们义诊,是妙莲多年的好友,便专门约见方仲璇、方幼璇父子。

"仲璇先生悬壶济世、积善成德,虚云钦佩之至!涌泉寺要把妙莲老和尚与仲璇先生的未了之缘续结下去,待为妙莲老和尚传冥戒的事做完,将专程下山拜谢仲璇先生。"虚云长老真诚地说。

"长老莫客气,医者仁心,这些都是仲璇应该做的。"方仲璇双手合十,向长老答谢。

后来,虚云长老果然专程下山来到方宅拜访。寒暄之后,长老掏出一件黑色的寿山石雕卧牛镇纸,赠予方仲璇:"这尊镇纸可压医案,祝先生镇沉疴、降病魔。"接着,又掏出一枚田黄小方章,赠给方幼璇:"听说小先生毕业后将赴宁深造,田黄是吉祥石,祝平安顺利,为国建功立业。"

父子二人谢过虚云长老,方仲璇从箱子里掏出一个绛红色的缎软袋,里面装着一长串念珠灿若仙物:"敝人早仰长老神采,心仪已久,谨以家藏之五花石念珠为赠,以结深缘。"

"阿弥陀佛,恭敬不如从命,老衲且将此念珠收下,以续吾师妙莲老和尚与方先生之儒释深缘。"虚云长老谦辞之后,终也收下。

虚云长老盛情邀请方仲璇等名医在寺内设"如意寮",定期为僧侣及八方香客义诊,方仲璇欣然应允。

田黄石是寿山石中的瑰宝,色泽温润,肌理细密,民间相传此为女娲补天时遗留在人间的宝石。将田黄石制成方章,前人谓之"解石",素有"解石之难难于上青天"之说。方幼璇对虚云长老所赠田黄石章爱不释手,以当年林承弼先生所授技法,刻上了"报国从戎"四个字带在身边。

期末考试后的几天假期,方幼璇从学堂请假回家。推开家门,只见天井边的几丛玫瑰绽放着朵朵笑靥,鱼池里的浮萍间悠闲地游弋着尾尾喜庆的锦鲤,屋檐下的燕巢里几只待哺的雏燕正叽叽喳喳地张着小喙,灶前(福州方言"厨房")飘来阵阵家的味道。方幼璇照例毕恭毕敬地向祖父和父母请安,双手呈上本学期的成绩册。

看到儿子每门课程的成绩都是优等,方仲璇欣慰地点点头,合上成绩册,他问道:"灼儿,赴宁时间确定了吗?"

"考试完还要去营中见学,而后即去江宁报到。"方幼璇回答。

◎ 方幼璇新婚妻子赖卫珂

"灼儿,你就要升学就读陆军中学堂了,你依公和我商议,在你赴宁之前为你娶媳成婚。"方仲璇话锋一转,语调低沉而稳健,但并无任何商量之意。

"依爹,我年纪未满 18,且赴宁在即……"毫无思想准备的方幼璇有些不知所措。

"女方姓赖名卫珂,长你 3 岁,正所谓'女大三,抱金砖'啊!"身怀六甲的继母王氏在一旁插话。

虽然方幼璇既饱读传统诗书,又研习西方文化,但对长辈向来惟命是从。他知道,在婚姻大事上,长辈有绝对权威。

赖氏于光绪十四年(1888)十月廿七出生于福州一个官宦家庭,身材娇小,自幼缠足,少入私塾,知书达礼。直到办完婚礼进入洞房后,方幼璇才揭开了她的红盖头,与此前未曾谋面的赖氏结下了一生姻缘。

佛缘与姻缘都是缘。方幼璇的新婚妻子赖卫珂笃信佛教,是逢初一、十五吃花斋的信女。也许是因为有了佛缘才有了这桩姻缘。

1908年冬，启程前往江宁的前夜，暮色已深，万籁俱寂，方幼璇与赖卫珂均无睡意，二人灯下合咏《塔影楼》诗一首：

塔影楼中月上时，夫妻弦涌共怡怡；
恩爱愿作鸳鸯鸟，同飞同息亦同栖；
世难男儿须远图，六经读罢更阴符；
英雄本色宜如是，妖氛扫尽拥丽姝。

三、江宁锻造

位于江宁明故宫北侧的陆军第四中学堂，左右毗连着陆军小学堂和将弁学堂，如同规整、庄严的军营。迈进校门的那一刻，方幼璇顿感一袭肃穆、威赫的气息扑面而来，他下意识地整整了武装带，规行矩步地向报到处走去。

南京第四陆军中学堂是当时全国4所陆军中学堂之一。陆军第一中学堂设于直隶，收京师、直隶、山东、山西、河南、安徽、奉天、吉林、黑龙江、察哈尔、绥远的陆军小学堂毕业生；陆军第二中学堂设于西安，收陕西、甘肃、四川、新疆的陆军小学堂毕业生；陆军第三中学堂设于武汉，收湖北、湖南、云南、贵州、广西并荆州驻防地的陆军小学堂毕业生；陆军第四中学堂设于南京，收江苏、江西、浙江、福建、广东及各驻防地的陆军小学堂毕业生。

陆军中学堂，是清末的第二级军事教育，以"启发忠爱，切磋道义，扩充智能，精炼体制"为主旨，教授高级普通课及重要军事课程。学堂主要开设国文、史地、数学、物理、化学等文化课程以及军事学科理论和军事训练课程。在为期两年的教育训练中，方幼璇不但夯实了军人素养和军官基础，也在积极参与革命党同学的地下活动中进一步坚定了革命思想。

此时，林之夏和他的弟弟林知渊（1890-1969）都在南京。林之夏在江宁测绘学院担任监督，林知渊是南京第四陆军中学堂的教员，他也是同盟会会员。经林之夏介绍，方幼璇还认识了在南京第九镇第十七协三十三标二营任管带的林述庆（1881-1913）。林述庆是福建武备学堂第一期毕业生，在林之夏等人的引导下，他也秘密参加了革命活动。此时，当年被福建陆军小学堂开除的何遂，已离开南京，考入保定陆军学堂。

方幼璇的同学中，有些也是在陆军小学堂时就加入同盟会的，如下一届同学中的陈铭枢（1889-1965）、蒋光鼐（1888-1967）等。陈铭枢是宣统元年（1909）夏从广东陆军小学堂毕业后升入南京第四陆军中学堂的。在陆军中学堂期间，他仍积极从事同盟会活动，主要负责对外联系。同盟会总机关迁至上海后，相关负责人都到南京与陈铭枢见过面。① 蒋光鼐与陈铭枢同期从广东陆军小学堂毕业后一起进入南京第四陆军中学堂。他是在广东陆军小学堂期间，经同学陈铭枢介绍加入同盟会的。与方幼璇一同进入陆军中学堂的福建籍同学陈维远、金仲显等也是革命活动的积极参与者。

一个月朗星疏的夜晚，林之夏来到第四陆军中学堂看望林知渊和方幼璇。三年多不见了，林之夏还清楚地记得当年方幼璇向他讨教报考陆军小学堂事宜的情景。看到方幼璇已从一个懵懂少年成长为一名有素养、有抱负的军校学生，一名坚定的同盟会会员，林之夏感到十分欣慰。

作为早年参加中兴会、同盟会的革命党人，林之夏一直不遗余力地在军中宣传革命思想，策划武装起义。方幼璇叫来陈铭枢、蒋光鼐、吴澍、陈维远、金仲显等人，陪同林之夏、林知渊在操场上边散步边商议革命活动。林之夏告诉几位同学，自己将调任三十六标统带，下一步拟继续在军中展开革命活动，希望第四陆军中学堂的同盟会成员积极响应。同学们情绪高昂，跃跃欲试。

不久，林知渊告诉方幼璇，林之夏因在军中从事革命宣传，被人告发，受到清查，不得不辞去统带职务。但是，他仍然秘密往来于江宁、镇江、上海之间，继续策划革命活动。此时，林述庆也调任驻扎江阴的第十八协三十

---

① 范翔宇：《爱国名将陈铭枢》（上）第35页，民族出版社2007年版。

六标一营管带。

转眼间到了1911年春天，方幼璇在第四陆军中学堂的学业即将结束了。一天晚上，请假回广东省亲刚刚返校的陈铭枢，约方幼璇和林知渊、蒋光鼐、吴澍、陈维远、金仲显等人来到校园一角。同学们来到约定地点，只见陈铭枢泪流满面，悲痛不已地仰天长叹："唉！出师未捷身先死，长使英雄泪满襟啊！"

陈铭枢向大家讲述了这次回广东的情况。原来陈铭枢从有关方面的通信中，判断近期广州的革命党可能有新举动，便托词向学堂请假回粤。广州的革命党人为保全陆军中学堂的新生力量，坚决要求他立即返校。[1] 陈铭枢离开广州后得知，在孙中山领导下，同盟会经过几个月时间的策划，于宣统三年三月二十九日（1911年4月27日）在广州发动了旨在推翻清朝封建统治，建立资产阶级共和国的武装起义。当日下午，黄兴带领冲锋队120余人，臂缠白巾，手执枪械、炸弹，直扑两广总督署。但是，激战展开后因策应不及，冲锋队寡不敌众，伤亡惨重，起义失败。

◎ 方声洞烈士

方幼璇族兄方声洞参加了起义冲锋队，在向两广总督署的总攻中，身中数弹英勇牺牲。曾经在福州为方幼璇和吴澍推荐进步书刊的林觉民也在这次起义中牺牲。这次起义中殉难的黄花岗七十二烈士中，有20位是福建籍人士。

得知噩耗，同学们痛心疾首，扼腕叹息。方幼璇抹干泪水，坚定地说："山雨欲来风满楼，当下多省武装起义此起彼伏，1911年必定是中国历史上不平凡的一年，吾等军校学子理当继承先烈遗志，做好随时为革命牺牲的准备。"

"幼璇、吴澍、仲显诸学长即将毕业荐升保定入伍生队，我和铭枢在南京还有一年学业。我们都要做好充分准备，如有重大革命行动，同盟会一声令下，我们南北呼应！"蒋光鼐指了指礼堂后的武器库，比画着据枪射击的姿势。

———————————

①陈铭枢：《陈铭枢回忆录》第13页，中国文史出版社2012年版。

林知渊和同学们商定了响应革命行动，做好参加武装起义准备的相关事宜。几天后，方幼璇从报上看到了方声洞在起义之前的禀父绝笔：

"故欲保全国土，必自驱满始，此固人人所共知也。儿蓄此志已久，只以时机未至，故隐忍未发。迩者与海内外诸同志共谋起义，以扑满政府，以救祖国。祖国之存亡，在此一举。事败则中国不免于亡，四万万人皆死，不特儿一人；如事成则四万万人皆生，儿虽死亦乐也。只以大人爱儿切，故临死不敢不为禀告。但望大人以国事为心，勿伤儿之死，则幸甚矣。……夫男儿在世，若能建功立业以强祖国，使同胞享幸福，奋斗而死，亦大乐也；且为祖国而死，亦义所应尔也。……家中诸大人及诸兄弟、姊妹、诸嫂、诸侄儿女及诸亲戚统此告别。"

这封壮志凌云、义无反顾的绝命书，使方幼璇的心灵受到极大震撼。从此，他便把方声洞"夫男儿在世，若能建功立业以强祖国，使同胞享幸福，奋斗而死，亦大乐也；且为祖国而死，亦义所应尔也"的豪言壮语牢牢地镌刻在心中。

宣统三年（1911）夏，方幼璇、吴澍、陈维远、金仲显等从第四陆军中学堂毕业，离开南京前往保定入伍生队，陈铭枢、蒋光鼐等则在南京继续完成陆军中学堂的学业。

四、保定淬火

据《方幼璇先生哀思录》中的年表记载，方幼璇于宣统三年（1911）从南京第四陆军中学堂毕业后，"由保定入伍生队荐升保定军官学校"。① 其实，历史上并没有一所名称为"保定军官学校"或"保定军校"的军事教育机构。人们常使用的"保定军校"这一概念有广义和狭义之分。广义的"保定

---

①《方幼璇先生哀思录》年表部分第 11 页，国民革命军第六十一师 1929 年版。

军校"是指光绪二十八年（1902）以来在保定开办的十几所军事学堂（校）的合称，包括行营将弁学堂、陆军速成武备学堂、陆军师范学堂、军医学堂、马医学堂、军械学堂、经理学堂、通国陆军速成学堂、军官学堂、陆军预备大学堂等；狭义的"保定军校"，专指1912年至1923年在保定开办的陆军军官学校。从名称上可以看出，"学堂"和"学校"的不同指称，是晚清和民国初期保定军事教育机构的重要区别之一。

保定的军官学堂是光绪三十一年（1905）练兵处和兵部上奏光绪后准令试办的，因军官学堂隶属于军咨府，因此又称"军咨府军官学堂"。军官学堂是当时规模最大、设备最完善的高等军事学堂。

陆军中学堂学生毕业后，还不能直接升入军官

◎ 保定陆军军官学校旧址

学堂。按照《陆军入伍生章程》规定："陆军各中学堂学生毕业后派入步马工炮辎重各队，为陆军入伍生，服习各该队兵丁诸勤务，并修习所要之军事学。""入伍生到镇后，由该镇统制即行分入各标（营）。""入伍生到标（营）后，该标（营）统带（管带）按其人数酌量匀分编入各队。"

因此，准确地说，方幼璇是从南京第四陆军中学堂毕业后，按规定先进入了保定军官学堂入伍生队。

与方幼璇同期从南京第四陆军中学堂毕业，并同时进入保定入伍生队的季方（1890-1987，新中国成立后曾任第五、六届全国政协副主席），在回忆文章中记述①，保定陆军入伍生队就是保定陆军军官学校第一期的前身，宣统

第二章　新学堂启程军旅　古刹寺结缘终生

---

①季方：《辛亥革命时期的保定军校》，载《保定陆军军官学校》第82页，河北人民出版社1987年版。

末年（1911）由第一、第二、第四陆军中学堂（陕西第三陆军中学堂未成立，故缺）的毕业生1200多人组成，分步、骑、炮、工、辎重5科。入伍期限原定为6个月，期满后即改为培养新型陆军下级干部的军官学校。季方还回忆，进保定入伍生队"不到3个月，就传来了武昌起义的消息"，据此推算，方幼璇、吴澍、陈维远、金仲显、季方等南京第四陆军中学堂毕业生进入保定入伍生队的时间，大约是1911年7月间。

入伍生编入分队后，生活待遇与基层军官相同。按照《陆军入伍生章程》规定："入伍生除军械、服装、马具等应自行整理外，须由队内轮派兵丁一名供洒扫及杂使之用。""入伍生除演习勤务外，居处另设一室，食堂则与该标（营）官长共之。""凡遇军官团公宴及典礼，当使入伍生参与。"

在入伍生队半年的时间里，要经历从基本的队列、战术、技术训练到野外综合演习一系列正规的训练过程，步队的学科课目主要有：步队操法、野外勤务书、步队射击教范、野战筑垒教范、体操教范、劈刺术教范、军队内务书及细则、简单测绘学、陆军礼制、陆军刑律、陆军惩罚过失章程等。步队的术科课目主要有：单人教练、一排教练、一队教练、一营教练、一标教练、射击准备演习、狭场射击、射击、距离测量、工作、野操、体操、劈刺术、游泳及漕艇等。完成上述学科和术科课目后，经过严格考试，合格者才能正式升入军官学堂。在编队之前，为防止出现冒名顶替现象，管理机构还要组织专门的检查鉴定，6名考官同时认为无误才能通过。

方幼璇在成为陆军军官学校正式学员之前，经过了陆军小学堂、中学堂两个阶梯、5年正规军事教育，再经过半年的基层分队士兵生活体验，奠定了全面、扎实的文化和军事理论基础，以及部队实践基础。

进入保定入伍生队不久，方幼璇和同学们就卷入了一场具有时代标志的"剪辫风潮"。男子垂辫是清代人的一大标志，晚清时期，这根辫子受到了时代的挑战。鸦片战争之后，中外交往日多，人们眼界渐宽，风气渐开，观念渐变，在追求文明、仿效西式的社会风尚中，剪辫呼声日高，许多革命者和进步青年决心剪去象征效忠清廷的辫子，表示与之决裂的政治态度，知识精英、青年学生亦以此表示自己的不满与追求。

在陆军中学堂时，方幼璇、吴澍、陈维远、金仲显、季方等一些南方的同学就已经剪掉了辫子。看到保定入伍生队中大部分同学还留着辫子，他们一道策动大家以垂辫训练、操枪不便为由剪掉辫子。同学们一拍即合，除少数旗人外，千余名入伍生一夜之间都剪掉了辫子。

入伍生同时剪辫子的消息一时惊动了当局陆军部。陆军部认为，此举系为革命党策划的学生造反，立即电令驻扎保定的北洋陆军第二镇统制马龙标派兵进校，查处、抓捕带头剪辫子的学生。此时，担任陆军军官学堂督办的段祺瑞出面调停，先是说服马龙标按兵不动，接着又给陆军部发电，说明学生和入伍生剪辫子是为了方便操练，并非革命党策动。陆军部这才勉强收回成命，事件就此得以平息。

山雨欲来风满楼。此时距辛亥革命中的武昌起义爆发只有两三个月，"辫子风潮"的暂时息止，并不意味着陆军军官学堂和入伍生队的风平浪静。学生和入伍生中的同盟会成员以及其他进步学生始终关注不断升级的"保路运动"、荣县独立、上海丝厂女工罢工等革命活动，与各地新军特别是保定驻军中的革命党组织保持密切联系，团结进步学生，抓紧策划武装行动。方幼璇、吴澍、陈维远、金仲显等都是入伍生中的进步骨干，他们一方面积极参与宣传革命思想，一方面积极与驻石家庄的北洋陆军第六镇革命党人联络，随时准备参与武装起义。

五、辛亥冲浪

四川保路运动的迅速发展，使全国的革命斗争大有一触即发之势。清政府惶恐不安，全力对付来自西南的威胁，造成了武汉的空虚。同盟会认为，首先在"九省通衢"的全国水陆中心武汉发动武装起义的时机已到。于是，策动湖北新军发动旨在推翻清朝统治的兵变。1911 年 10 月 10 日，湖北革命党和新军中的进步官兵发动武装起义，向都督署发起猛烈攻击，先后光复武昌、汉阳、汉口三镇，国内外为之震动。

武昌起义的胜利，在全国产生了巨大影响，各地纷纷响应。方幼璇也密切关注局势，并加紧与驻军第六镇的联络。

10月中旬的一天，吴澍匆匆找到方幼璇，把他拉到僻静处。"南京传来消息，陈铭枢、蒋光鼐等同学原拟按预订计划，夺取陆军中学堂武器库的枪支弹药响应武昌起义，但校方早有察觉，已提前转移了枪支弹药，原计划没有成功。他们已在林知渊带领下前往武昌，我们该怎么办？"南京同学的行动令吴澍既兴奋又焦急。

"沉住气。福建陆军小学堂的学长何遂已到驻保定的第六镇任统制吴禄贞的参谋。他告诉我，吴禄贞统制最近会有大动作，要我们秘密组织同学准备参与他们的行动。"接着，方幼璇就组织同学在河北参与起义一事，与吴澍作了详细商议。

荷戟独彷徨

◎ 新军第六镇统制吴禄贞

吴禄贞（1880-1911），字绥卿，湖北云梦人，毕业于日本士官学校，兴中会成员，时任驻保定的新军第六镇统制。何遂是吴禄贞的参谋。武昌起义后，山西也爆发了革命，清政府调吴禄贞率第六镇前往镇压，吴禄贞却在娘子关与阎锡山会商组建"燕晋联军"，拟于11月7日共讨北京。何遂已与方幼璇等联络，策划保定陆军入伍生队参与起义。

当方幼璇、吴澍等人在入伍生队的组织策划基本就绪之时，情况突变。原来，吴禄贞的举动引起了清政府的怀疑，袁世凯指使人收买了吴的副官将其杀害。当何遂赶到时，吴禄贞倒在门槛边，早已没有了气息。吴禄贞被害后，燕晋联军推何遂为燕军都督，但终未成功。何遂等为躲避清军追剿，化装成和尚躲进五台山。此时，清政府也发现有学生策划参与武昌起义等活动，决定将保定陆军入伍生队解散。

"幼璇，入伍生队解散后，我们在保定便无立足之地了，你看下一步该如何行动？"吴澍征求方幼璇的意见。

"南下镇江吧，述庆兄所在的第九镇第十八协第三十六标已开赴镇江与第三十五标会合，举义在即，那里正需要人手。"方幼璇早已拿定主意。

"好的！"吴澍表示赞同。

武昌起义拉开了辛亥革命的序幕，也使身处保定的方幼璇，在陆军入伍生队的组织和宣传活动中，在参与新军第六镇的响应和抗争行动中，直接融入了如火如荼的革命武装斗争，亲身感受到革命阵营与反动势力生死博弈的艰险与严酷，也对民主革命的道路和未来有了更加深入的思考。

第三章
赴镇江入列新军　返闽垣受缚军阀

辛亥革命开创了完全意义上的中国近代民族民主革命。在这一伟大的历史变革中，方幼璇亲身经历了光复镇江、攻克江宁和训练北伐学生军等重大事件，在战争中经受了血与火的严峻考验。但是，自保定陆军军官学校毕业分发回闽后，受军阀李厚基的政治羁绊，又使他的军旅生涯陷入了低谷。本章主要记述方幼璇在辛亥革命中南下举义、就读保定陆军军官学校和毕业回闽的经历。时间从 1911 年至 1924 年。

一、光复镇江

辛亥革命的大潮刚刚涌起，正当方幼璇摩拳擦掌、跃跃欲试之时，第六镇统制吴禄贞遇害，燕晋联军起事失败，何遂避险出逃，保定陆军入伍生队被解散，一次又一次的挫折接踵而来。但是，黄花岗七十二烈士的英雄壮举和武昌起义的暴风骤雨，在方幼璇心中掀起的拍天狂澜却不曾止息，族兄方声洞英勇就义前的豪言壮语一直萦绕在他的脑际。保定陆军入伍生队解散后，大部分同学都选择返回原籍谋职营生，方幼璇却顾不得回闽看望父母妻子，与吴濬一道组织部分有志于革命的同学，赶往山雨欲来风满楼的江苏镇江。

镇江古称京口、润州、南徐，地处江苏西南部，长江下游南岸，东南接常州，西邻南京，北与扬州、泰州隔江相望。清兵入关后，就将镇江城的高桥和斜桥以南、大市口以西的居民驱逐出去，圈为旗营，驻扎旗兵，称之为

"京口驻防"。当时驻镇旗兵大多是蒙古族，统率镇江旗兵的是京口副都统载穆，设衙署于都统巷。旗兵有步兵 3 营，约 1500 人；骑兵 300 余人，马 300 余匹；炮兵 1 营，山炮 6 门、机关炮 3 门；另有旗兵家眷共 7000 余人。此外，镇江还驻有城守营（又称绿营）、巡防营、水师营和陆军警察队。

驻镇江的新军为第九镇第十八协，其协统设司令部于网巾桥，下辖第三十五标、三十六标。第三十五标有 3 个营，第三十六标有 2 个营，共 5 个营 3000 余人。

方幼璇、吴澍等赶抵镇江后，立即到镇江新军林述庆部报到。武昌起义后，受上海同盟会中部总会指令，林述庆利用新军日益增长的反清情绪和试图响应武昌起义的愿望，在新军第三十五、三十六标中下级军官和士兵中，建立了以他为中心、以同盟会会员为骨干的领导力量，并团结了一批进步官兵。因此，虽然他只是官至管带，但实际上却掌控了整个部队，以致第十八协的协统和第三十五、三十六标的两位标统晚上都不敢在营内居住，生怕发生兵

◎ 镇江新军管带林述庆

变。后来，在官兵起义风声越来越紧之际，协统和两个标统干脆借故溜之大吉。

"林管带，保定陆军入伍生前来报到，特请缨征战！"见到林述庆，方幼璇来不及多叙乡情，便急迫地提出请战要求。

"学生军作战经验不足且长途跋涉、鞍马劳顿，你们去支援后方勤务吧！"林述庆关切地作了安排。

方幼璇着急了："'夫男儿在世，若能建功立业以强祖国，使同胞享幸福，奋斗而死，亦大乐也'，此乃声洞兄之遗言，吾当继而践行之，死而无憾！幼璇恳请赴一线作战！"

望着方幼璇恳切、坚定的目光，林述庆点了点头说："那你就留在我身边当参谋吧。吴澍到二营当队官，其他入伍生都到一线去。"

听说不能去连队作战，方幼璇坐不住了，站起来大声请求："林管带，我

还是想……"

林述庆挥了挥手,不由分说地打断了方幼璇的话,并示意他坐下:"别以为留在我身边当参谋就不是上前线!告诉你们,枪声一响,第一个冲锋陷阵的就是我,怕死的就别跟我干!"

"是!"林述庆一席话令方幼璇和入伍生队同学们群情激昂,他们齐声应道。

起义准备很快进入了实质性启动阶段。新军起义领导人林述庆,前往上海同盟会中部总会参加研究镇江起义的准备工作。作为林述庆的作战参谋,方幼璇认真领会同盟会中部总会的起义决策和作战意图,按照林述庆的要求研究制订方案,很快就对光复镇江起义行动的全局了然于心。

25日清晨,晨曦透过薄薄的云雾铺洒在这个睡意惺忪的城郭之上,秋风习习,炊烟袅袅,宁静的街头只有一队队荷枪实弹的巡逻旗兵穿行而过。几个小商贩模样的男子,肩挑货箱,步履匆匆地向镇江城内的集市走去。这一行商贩就是林述庆带领的侦察人员,他们正以商贩身份潜入镇江城内,对旗界、旗署、旗营进行抵近侦察。为防止旗兵搜身检查,他们都没有携带武器。这是方幼璇第一次深入敌穴执行侦察任务,刚刚进入旗兵的警戒区域,他的心中有些惴惴不安。但是,看到林述庆镇定自若的目光,他又平静了许多。回营后,林述庆让方幼璇请来三十六标管带刘成,展开地形图,仔细地研究旗兵驻地的布防情况。

26日中午,方幼璇再次奉命带领参谋人员到京岘山一带侦察地形地貌以及象山、焦山各炮台的火力射击范围,为修订作战计划提供依据。他应用在军校学到的炮兵和参谋业务知识,为林述庆标绘了详尽的敌炮兵部署图,并及时修订了作战计划。

为了进一步加强对镇江起义的组织领导,上海同盟会中部总会又派李竟成等10余人来到镇江,在位于江边的盆汤弄三益栈旅社内建立了秘密机关,同时在洋浮桥的万宜楼客栈、万家巷火星庙陆军警察分队设立了联络处。方幼璇担负了联络协调任务。在起义准备的紧要关头,他夜以继日地奔走于各方力量,穿梭在阵地营垒。在林述庆领导下,方幼璇还参与了对巡防营和新水师营的策反、说服，争取他们支持新军起义，形成对城内蒙旗军的包围之势。同时，又通过地方绅士劝降京口驻防旗营。在兵临城下、外援断绝、军心不稳的情况下，京口驻防副都统载穆被迫就范。

11月3日，接同盟会中部总会通知，上海决定于11月3日起义，要求镇江方向立即行动。6日上午，在丹徒县城厢市自治公所内召开了商学士绅200多人参加的特别大会，"筹议安定旗汉之策"。6日晚，起义各军在三益栈旅社召开紧急会议，决定次日正式起义，在京岘山建立起义大本营，宣布成立镇江军政府，林述庆被推举为镇江军政府都督兼大本营总指挥，李竟成任军务部长，方幼璇被任命为都督府高级参谋。

7日清晨，驻防在镇江附近的新军第三十五、三十六标各营全部集中到京岘山，全体官兵剪去辫子，在左臂缠上白布条，作为起义军标志。林述庆发表了慷慨激昂的演说。同时，宣告建立民军，将新军第三十五、三十六标改编为镇军第一协。

"……我同胞志士抛头颅洒颈血，不知几许，才有武昌起义，不旬月各省响应。我镇江新军，亦汉族一部分也，不能自放天职，故今

◎ 林述庆颁发的委任状

日群谋响应……所望从此协力同心，以推翻满清政府，改建共和政府为目的。"① 站立在林述庆身后聆听演讲的方幼璇心潮澎湃，与将士们一起振臂高呼"中华民国万岁"。自4年前加入同盟会，他就一直期待着像族兄方声洞那样直接投身于武装起义，接受硝烟炮火的战斗洗礼。

林述庆下达作战命令后，方幼璇等参谋人员进入了紧张的临战状态。林

---

①郭孝义：《林述庆传》，载《辛亥镇江将军录》（上），江苏省（镇江市）政协文史资料委员会1997年版。

述庆在他亲笔撰写的《江左用兵记》中回忆："下命令毕，复料理诸事。秘书部作种种文件，极忙，时夜深四更矣。"①

不过，光复镇江的枪炮声并未如期轰鸣而至。8日黎明，镇江副督统载穆接到军政府要求旗兵缴械投降的照会，见大势已去，载穆即回报愿缴械投降，继而于次日夜间自缢身亡。8日下午1时，方幼璇跟随起义部队入城，林述庆设军政府于城内原常镇道署，任命了新政权的各部门领导。当日全城悬挂白旗，新军不费一枪一弹，光复了镇江。

11日黎明，"镜清""保民""联鲸""楚观""张艇""虎威""江平""江元""江亨""建威""通济""楚同""楚泰""飞鹰""楚谦"等15艘舰艇到达镇江投诚。林述庆在都督府召开海、陆军联席会议，成立了民军海军。

光复镇江，是辛亥革命高潮中一次不流血的武装起义，也是一次在武装斗争基础上的和平光复。镇江光复以及海军反正，为江苏其他地区的光复尤其是为江浙联军最后攻克南京创造了有利条件。这也是方幼璇从军后第一次参加的重大军事行动，在以作战参谋的身份跟随林述庆参与谋划、指挥、协调的过程中，他为自己今后的军旅生涯奠定了第一块坚实的基石。

二、攻克江宁

南京是清朝南洋大臣和两江总督驻节之地，当时驻有督署直辖巡防军约2000人，江宁将军铁良编练的旗营约1000人，江南提督张勋率领的江防营23个，约7000人。武昌起义后，江防营陆续入城接防。两江总督张人骏等人对新军倍加防范，以江防营围守和监视新军，增募新兵，保奏张勋为两江军务帮办。从1911年10月起，实行全城戒严，增加巡防营士兵子弹人均500发，而新军士兵仅有卫戍勤务及射击训练所剩弹药，人均不到5发。张勋还从新

荷戟独彷徨

①林述庆：《江左用兵记》，载《辛亥镇江将军录》（上），江苏省（镇江市）政协文史资料委员会1997年版。

军中收缴大炮、机枪，分给旗兵。为进一步削弱新军力量，张人骏又下令将第九镇驻宁部队 5000 人调离山城，移驻秣陵关。

武昌起义后，上海同盟会中部总会即在南京策划起义。但是，11 月 8 日夜间发起的新军起义因里应外合不周而失利。张勋在南京城大肆杀人立威，凡无辫者当街砍头，放火焚毁民宅，南京城物价飙升，大批市民弃家出逃。上海同盟会中部总会认为："南京之得失，有关于民族之存亡，非攻南京，不足以完成江苏革命之任务，且无以换回武汉革命之颓势。"[1] 决定组织江浙联军，集中力量攻取南京。

13 日，镇江光复的第六天，由浙、沪、苏、镇各军组成的江浙联军总司令部在镇江成立，由徐绍桢任联军总司令。为尽量避免南京生灵涂炭，联军决定先争取张勋议和。但是，张勋不但拒和，还于 16 日派兵攻打镇江府，被联军击败。议和无望，联军决定兵分三路，决战南京。方幼璇和入伍生队的战友们没有沉浸在和平光复镇江的胜利喜悦之中，他们清楚地知道，坦途不会笔直地延伸到终点，眼前面临的将是一条铺满荆棘、步步艰险的崎岖之路。

方幼璇仍然以镇军都督府高级参谋的身份辅佐林述庆指挥。24 日，联军总司令部移至龙潭，各路军向指定目标发起总攻。当日上午，浙军独立马队和黎天才部游击一营向乌龙山、幕府山炮台发起攻击。片刻，乌龙山炮台就竖起白旗并打开了栅门。25 日，联军又占领了幕府山炮台。幕府山又名卧虎山，为金陵咽喉，可俯瞰全市各山炮台，不但可压制江面水师，还能与狮子山互为掎角。接着又占领了马群山附近要隘和孝陵卫一带高地。

26 日，方幼璇随镇军自镇江开赴前线。27 日，镇军抵达迈皋桥、尧化门一带。29 日，方幼璇向林述庆呈报了联军总司令部下达的浙军、镇军、粤军附以沪军进攻南京天堡城的命令。接到命令后，林述庆专门到部队宿营地作了战斗动员，鼓舞士气，并与镇军各级指挥员研究制订进攻天堡山作战方案，与沪军研究协同计划。

30 日中午 12 时，进攻天堡山的战斗打响。天堡山城位于朝阳门外紫金钟

①沙兰芳：《辛亥光复南京纪实》，载《江苏地方志》2011 年第 5 期。

山巅，形势险峻，曾国藩进攻南京时在此修筑坚固工事，后以"天堡"命名该阵地。此处驻有防军一营、旗兵400人、大炮10余门、机枪4挺。张勋企图以该处及雨花台、狮子山三处为犄角，又把通济门、朝阳门堵塞，断绝联军进退生路。

进攻开始后，镇军和浙军"攀藤附葛，猛力冲锋"。战斗进行得异常激烈。身为联军副总参谋长的林之夏，率先冲锋，中弹负伤。方幼璇冒着炮火跃进至林之夏身边，要把他背下战场，但林之夏决然不下火线，简单包扎后又继续率队进击。镇军第三标第三营闽籍管带杨韵珂在领兵进攻中遭伏兵袭击，受伤十余处，仍奋呼力战。耳闻目睹这位同乡管带在临终前仍振臂高呼："不夺天堡城，莫收我尸！"方幼璇愤奋之情难以自抑，与官兵们一同高喊着"为共和而战"，冒死仰攻，冲进敌阵肉搏血拼。紧接着，浙军、粤军起义部队也相继攻入。6时40分，天堡城完全被联军占领。在这场惨烈的天堡城之战中，方幼璇经受了血与火、生与死的严峻考验。

◎ 军民欢迎林述庆进入太平门

12月1日，联军正准备乘胜攻城，张勋请来美国驻宁领事来到镇军，代其向林述庆提出议和。方幼璇与美方译员交涉后，将其意图告知林述庆。林述庆直言不讳地对美领事说："胜败既分，张勋对民军谓降则可，谓之和则否。"美方译员答："顷误译议和，实乞降。"① 林述庆提出了接受张勋议降的条件，美领事一一应允。

2日上午，林述庆率镇军首先自太平门进入南京城，驻入两江总督署，全城士

---

①林述庆：《左江用兵记》，载《辛亥镇江将军录》（上），江苏文史资料编辑部 1997年版。

庶百姓夹道欢迎。林述庆踌躇满志地赋诗两首：[1]

> 降幡高拂石头城，日照雄关万角声；
>
> 如此江山收一战，居然还我汉家营。
>
> 大好乾坤付劫尘，六朝风月伴吟身；
>
> 依依无恙钟山树，应认江南旧主人。

江宁一战的胜利以及此前的镇江光复，稳定了东南半壁河山，扭转了辛亥革命濒于失败的危机，也为中华民国临时政府奠都南京打下了坚实基础。孙中山先生回顾这段历史时曾感慨地说道：镇江响应，为有旋转乾坤之力。而此役之从中策动，运筹帷幄及亲临前线者，则为之夏及其弟知渊等人是也。[2]

值得一提的是，辛亥革命两年之后，曾受挚友林松祁之托培育林之夏的作家林纾，挥笔写下了小说《金陵秋》，书中描写了江浙联军中的主力——镇江新军在参与南京进攻战中的光辉业绩。小说中的男主人公王仲英就是一名镇军参谋，他在战斗中身先士卒，与清军血战天堡城，中弹负伤仍坚持冲锋陷阵，表现出年轻的革命党人献身民主革命的大无畏英雄气概。林纾以他一贯使用的典雅的文学风格，以同情与赞扬的笔调，描绘了这些舍生忘死、重义轻生的辛亥革命志士，真实地反映了革命军光复南京的战争实况，至今仍有一定的历史价值与文学价值。

三、教练新兵

南京光复之后，林述庆自任江宁都督，接管政权，引起其他军队的不满，

---

① 李植中：《英雄碧血照汗青》，载《辛亥镇江将军录》（上），江苏文史资料编辑部1997年版。

② 政协福州市委员会文史资料工作组：《福州地方志》（下）第159页，1979年版。

处境窘困。于是，他卸去江宁临时都督一职，并向联军总司令请命渡江北伐，改任北伐临淮军总司令，将总司令部迁往扬州。

从 1911 年 12 月江宁光复，到 1912 年 10 月保定陆军军官学校第一期开学这 10 个月时间里，方幼璇身在何处，又做了些什么呢？在《方幼璇先生哀思录》的年表中，这段时间没有详细记载。

从一份杂志中看到黄展云后人、鲁贻研究会会长陈熙撰写的文章记述："报名参加北伐学生军的学生于 1911 年 12 月 20 日（十一月初一日）奉命到福州东门外东岳庙报到，集中训练。由从保定军校回榕之闽籍学员金振中、张襄、李士芳（均保定军校第一期，未毕业）和陈复（第二期，未毕业）、戴锡龄、陈仲聪、郭淑敏、黄炳瑞、张福新、梁镇年、黄学濂、方绍虞、周绳武等十余人充任教练官。"这段记述中的方绍虞即是方幼璇的本名。

文中所说的学生北伐军，是指 1911 年 11 月福州光复后，为彻底推翻清政府，福建都督府以青年学生为骨干组建的北伐军。当时招募福建北伐学生军的通告指出："今我革命首领孙中山先生，暨诸殉国先烈，凛亡国灭种之苦痛，具牺牲奋斗之精神。……近者武汉举义，各省景从。我福建全省相继光复。满廷虽失东南，尚据西北。胡虏汉奸，犹复活动。专制之灰未冷，共和之制频危。凡我同胞，孰非炎黄子孙，同仇敌忾，岂可让人。呜呼！庆父不除，鲁难未已，匈奴未灭，何以为家。祖士雅击楫中流，刘越石枕戈待旦。吾侪爱国，不让古人。况我闽邦，夙多义烈。黄花岗上，足为明证。同人等窃不自揣，爰有福建北伐学生军之组织。所望赳赳健儿，莘莘学子，知匹夫有责之义，以声讨逆虏，光复汉土为己任。"① 通告一经发布，立刻得到积极响应，仅两三天时间报名参加者就达到 400 多人，包括许多女校的学生。

按照上述记载，方幼璇似在南京光复后即返福州，并参加了北伐学生军的训练。但是，还有一些记载与陈熙所述情况并不一致。据亲历者杨潼回忆：福建学生北伐军于 1912 年 1 月 21 日到达上海时，"适林述庆先生在沪，多所

荷戟独彷徨

①林炘等：《福建学生北伐军》，原载《福建文史资料》第 6 辑，福建人民出版社 1981 年版。

赞助；在沪之保定陆军入伍生戴锡龄、陈仲聪、李士芳、金振中、郭淑敏、黄炳瑞、张福新、梁英年、黄学濂、方绍虞、周绳武等十余人入伍任训练……"① 按照杨潼的回忆，方幼璇等保定陆军入伍生是从上海加入学生北伐军并担负教练任务的。参加过学生北伐军的林炘、杨琦、郭叔敏等人也曾回忆："我们到沪后，又有保定军校入伍生学生陈仲聪、王学濂、方绍虞、周绳武、刘建屏等十余人，适随北伐临淮军总司令部到沪，他们十余人全体投效我军。于是学生北伐军重新进行编制，全部成立一个营，下分四连，由投效的入伍生十余人分任连长、教练长各职。""这样经过九个月后，忽奉令裁撤。原保定入伍生和清河陆军第一预备学校肄业生均返原校继续肄业……"②

杨潼、林炘等人都是福建学生北伐军的参与者，他们基本一致的回忆应当是准确的。江浙联军攻克江宁城后，方幼璇等保定陆军入伍生并未居功自傲或沉醉于全城百姓"争持牛酒相务"的欢庆氛围中，而是在"江北雄城今突兀，战衣犹著血痕斑"情况下，又参加了北伐临淮军的出征。他们是在随同北伐临淮军总司令林述庆到达上海时，加入了从家乡福建来的学生北伐军的。

不久，根据陆军部命令，在南北议和、清帝退位之后，学生军全部开往南京，入驻江宁府署。从就读南京第四陆军中学、参加镇军攻克南京，到这次随福建学生北伐军入驻南京，短短 3 年多时间里，方幼璇三进南京，经历了军校学生、作战参谋到基层军官的迅速成长过程。南京，这座中国历史上里程碑式的城市，也成为方幼璇军旅生涯中的一个重要标志。

在南京，陆军部对福建和浙江的学生军进行了重新编组，改称陆军入伍生团，浙江学生军为第一营，下辖 4 个连；福建学生军为第二营，下辖 4 个连。营长都是日本士官学校毕业生，连长由北洋陆军速成学校毕业生担任，连附和排长则由保定陆军入伍生担任。

---

① 杨潼：《参加学生北伐军的片断回忆》，原载《福建文史资料》第 27 辑，福建人民出版社 1991 年版。

② 林炘等：《福建学生北伐军》，原载《福建文史资料》第 6 辑，福建人民出版社 1981 年版。

在方幼璇负责教练的队伍中，有两名吴姓同乡学生给他留下了深刻印象，其中一名叫吴仲禧（1895-1983），后来进入了保定陆军军官军校第三期，他与方幼璇在北伐学生军中的这段交集，也成为后来他们相约投身粤军并成为生死战友的一段历史铺垫。还有一名叫吴石（1894-1950），他也是保定陆军军官学校第三期的学生。"二吴"后来的经历颇具传奇色彩，他们都成为国民党军队的中将高官，也都成为共产党潜伏在国民党军中的情报人员。

◎ 孙中山就任临时大总统后谒明孝陵

学生军驻训南京期间，方幼璇等有过作战经历的保定陆军入伍生全力以赴，严格组织训练，悉心传授军事常识和作战经验，使学生军很快实现了从青年学生到合格士兵的转变。学生军的训练绩效受到了陆军部的嘉许。利用这一契机，陆军部又调来湖南、广西等地的学生军，在南京统一组织甄别考核，并按照步、骑、炮、工、辎5科编队，参照福建、浙江学生军的经验继续组织军事训练。

1912年1月1日22时，孙中山在南京宣誓就任中华民国临时大总统，发布《临时大总统就职宣言》和《告全国同胞书》。15日，孙中山谒明孝陵并致祭文。祭陵时，陆军入伍生团被编入了警卫和受阅队伍之中。当孙中山从学生军方阵前挥手经过时，方幼璇心中充满了激动和自豪，这是他第一次见到景仰的民主革命领袖孙中山先生。

四、重返保定

1912年6月，陆军部呈准北洋政府创立军官学校，"民国初建，自以培植将才为整顿军队，力图自强之基础，是以近月以来，督饬部中各员悉心筹划，规复陆军各项学校".[①] 6 日，陆军部正式通知，将前清陆军兵官学堂作为陆军军官学校。10 日，陆军部通告全国，请各省督署召集散处各地的原陆军兵官学堂入伍生及陆军中学堂未毕业的学生于 8 月 1 日至 15 日之间到陆军军官学校筹备处报到。

方幼璇、吴澍、陈维远等闽籍原保定陆军入伍生应召返校复读；陈铭枢、蒋光鼐等尚未从陆军中学堂毕业的学生也一并进入了保定陆军军官学校第一期。

方幼璇自武昌起义后离开保定、南卜举义已整整一年了，重新走进军校大门，他的步履更加坚定而沉稳。校园四周的围墙仍然高高耸立，护城河两岸的古柳随风摇曳。学校大门刚以朱漆涂刷一新，把铜钉铜环映衬得分外铮亮，两侧的石狮威严端坐，门楣上新挂的"陆军军官学校"横匾庄严肃穆。高大的尚武堂坐北朝南，四周环以石栏，雕梁画栋，气势宏伟。厅门两侧有副楹联，上书："尚父阴符，武侯韬略，简练揣摩成一厅；报国有志，束发从戎，莘莘学子济斯望。"

1912 年 10 月 20 日，保定陆军军官学校第一期正式开课。本期共有学生 1114 名，其中步兵科 565 人，骑兵科 199 人，炮兵科 175 人，工兵科 94 人，辎重兵科 81 人。

这一期的学生中有许多人和方幼璇一样参加过辛亥革命，还有不少人在军队任过官职，学生思想十分活跃，经常有不同观点的碰撞，也形成了各种派系。学校开课不久，就围绕南方入伍生问题发生了一场不小的风潮。

辛亥革命中南方各省北伐学生军改编成的入伍生团，在南京临时政府宣告结束后，经北京政府陆军部批准，插入开办不久的保定陆军军官学校。这批入伍生中有些没有经过陆军小学堂、陆军中学堂的正规培养渠道，一些原保定陆军入伍生队复读的学生便认为他们不够入学资格，耻与为伍，反对其插班，以至双方发生激烈冲突。校方呈请陆军部批准，开除了一些带头闹事的学生，但这些学生毫不妥协，风潮越闹越大，甚至发生了械斗，当局连忙

①《政府公报》第 170 号，1912 年 10 月 18 日。

派出军队参与处置。据 10 月 12 日《大公报》报道："保定东关外陆军入伍生大起风潮一节，已志前报。兹闻王统制占元以该生等其势汹汹，恐酿事端，特派军队二营前往该校围墙外驻扎，以资压。并闻由该校长官派密查数人，分赴内外，侦探各生之动静，兹已探获为首数人，解赴二镇执法处惩办。"后来，段祺瑞下令将南方学生先送到陆军第一、第二预备学校学习，才平息了这场风潮。

方幼璇在陆军小学堂和中学堂的期间，所学课程都是以文化基础课为主的。保定陆军军官学校的课程内容则以军事学为主。课程分为三大类，即学科、术科和一般课程，此外，还有汉文、算学等普通课。学科包括战术学、兵器学、地形学、筑垒学、军制学、马学、卫生学、经理学等；术科包括器械体操、劈刺术、马术等；一般课程则有外语和典令勤务等。

保定陆军军官学校重视外语教育，有英、日、俄、德、法语五种外语供学生选修，外语课共达 425 节。① 方幼璇在福建陆军小学堂期间，多为日本教官任课，有一定的日语基础。因此，他在保定陆军军官学校期间选修了日语课。经过两年刻苦学习，方幼璇的日语水平有了很大提高，毕业后即能够参与翻译日语军事著作。

◎ 保定军校学生训练

经历过光复镇江和攻克江宁的作战后，再回到学校的方幼璇，对所学的军事理论有了更加切身的体会。他结合作战实践，深入思考，勤于练习，各科成绩优异。在毕业后 10 多年时间里，他多在参谋机关任职，成为官长信赖、倚重的合格幕僚。这与他在陆军军学

①郑志廷、张秋山：《保定陆军学堂暨军官学校史略》第 229 页，人民出版社 2005 年版。

校期间打下坚实的参谋业务基础不无关系。

转眼间到了 1913 年，两年紧张的学习训练很快就要结束了。此时，政坛发生了一系列重大事件。是年 3 月 20 日，国民党代理理事长宋教仁于国会开会前夕被杀。4 月，袁世凯又准备发动内战，消灭南方革命力量。孙中山看清了袁世凯的反动面目，从日本回国，力主武装讨袁。7 月，江西都督李烈钧（1882-1946）根据孙中山指示，在江西召集旧部成立了讨袁军总司令部，并宣布江西独立。江苏、安徽、上海、湖南、福建、四川、广东等地也纷纷宣布独立，掀起了以讨伐袁世凯为主旨的二次革命。此时，在保定陆军军官学校的一些学生秘密集会，决定弃学前往南方参加二次革命。

据吴澍回忆："我当时正在保定军官学校肄业，得上海陈勒生（字子范，是陈其美在同盟会内组织的'锄奸去恶团'的上海地方负责人）的函电，要我邀集一些同学去九江见方（注：指方声涛），我遂邀同金钺（注：即金仲显）、黄曦、季方、蒋光鼐、沈涛东、彭泽、沈雄、褚琳、邹竞等二十余人抵赣见方。方以十二人分充周壁阶团的连教官，其余诸人分别担任行将成立的独立营连排长，而以金钺任独立营长，我为副营长，并即商量进行募兵事宜。"[1]

陈铭枢原来也拟赴江西讨袁，据他回忆："正要出发时，我接到邹鲁由香港来信，要我回去发动关仁甫的民军（关为广东地方武力首领，曾与黄和顺一起参加过镇南关起义之役）。我觉得很有意义，临时变更计划，只身返南。其余同学仍按计划到江西。"[2]

此时，方幼璇因祖父方茂竹病逝请假回闽奔丧。返校后，他才得知吴澍等同学已经前往江西加入了族兄方声涛的部队。他正欲离校赴赣，但为时已晚，陆军部和校方已对在校学生采取了严格的管控措施，严禁任何人擅自走出校门。

---

①吴艺五：《我所知道的方声涛》，载《福建文史资料》第 12 辑，福建人民出版社 1986 年版。

②陈铭枢：《陈铭枢回忆录》第 22 页，中国文史出版社 2012 年版。

10 月 27 日，陆军部决定开除赴赣参加二次革命的保定陆军军官学校学生。陈铭枢、蒋光鼐、吴澍（注：即名单中的"吴刚如"）等均在开除名单中。[①] 这就是上述同学的名字没有收入 1922 年刊印的《保定陆军军官学校同学录》的原因。

保定陆军军官学校办学初期至中期，毕业生基本交叉分配到各省部队任职。北洋政府非常重视该校第一期毕业生的分配，派出专人来学校，挑选 200 多人补充模范团，后与北洋军各师中挑选的官长、目兵合编成队，作为准备扩编队伍的基础。挑选学生的条件中有两条硬性要求，即学生籍贯必须是黄河流域各省区的，没有在革命军队任过职的。[②] 其他学生一般回原籍安排。方幼璇是福州人，辛亥革命时期在镇军和北伐学生军中任过职，不符合分配到北洋军的条件，因此，按照规定回原籍分配工作。

1914 年 10 月 27 日，保定陆军军官学校第一期学生正式毕业。[③] 11 月 5 日，举行了第一期学生毕业典礼。总统府侍从武官长荫昌代表袁世凯出席，并向毕业生中前 10 名优秀者颁发了毕业证书。

正是红叶满山醉金秋的时节，完成了为期 7 年的三级陆军军官教育训练，并有辛亥革命实战经验的方幼璇，满怀着对孙中山领导的民主革命事业的无限憧憬和强军报国的宏大志向，迈出了保定陆军军官学校的大门。

五、闽垣受羁

1914 年 11 月，北方的季节是金色的，而此时福州的主色调却依然是浓郁的黛绿。炎夏时节的暑气早已被秋风吹逐得无影无踪，姹紫嫣红的浓艳和花团锦簇的张扬也分明收敛了许多。空气的湿度被自然地调节到了一年中最为适宜的刻度，点缀在绿丛中的朵朵金菊，渗出缕缕淡雅的香气。方幼璇行走

① 《政府公报》第 532 号，1913 年 10 月 27 日。
② 王新哲等：《保定陆军军官学校史研究》第 75 页，中国社会出版社 2005 年版。
③ 台湾中华书局编辑部：《袁世凯窃国记》第 211 页，东方出版社 2008 年版。

在榕须髯髯的道旁，间或有几枚畏寒的落叶从眼前飘忽而过。深深地吸吮着家乡的气息，白塔和乌塔倩丽的身影越来越近，夏体井巷口顽童们无忧无虑的嬉闹声也隐约可闻，他下意识地加快了步伐。

"依爹、依妈，我回来了。"方幼璇踏进家门先向父母请安。

"这一路车马劳顿，好好休息。一会儿去给你依公的灵位磕个头、续炷香吧。"父亲方仲璇看着又成熟稳重了许多的长子，掩饰不住满心欢喜。

"快叫灼哥！"母亲王氏把时年7岁的方琛拉到哥哥面前。方琛又怯生生地躲在母亲身后，探出脑袋张望着这位比自己年长17岁的哥哥。

"快去吃点东西吧，你几位学兄听说你回来了，都说要过来看你呢。"赖卫珂递过茶水和热毛巾，又忙着招呼佣人把丈夫的行李搬进屋里。

"好的。拜谒过依公，我还得去都督府报到，赶快把工作的事确定了。"方幼璇一心想着回闽后的谋职问题。离开家乡苦读陆军中学和军官学堂，又亲身经历了孙中山领导的辛亥革命暴风骤雨，看到了清朝封建统治的灭亡和中华民国的诞生，他满心希望能够学有所用，在军界大展宏图。

不过，方幼璇的美好愿景很快就破灭了。孙中山让位、袁世凯上台之后，福建和全中国一样，都处于北洋军阀的统治之下。1914年，福建原都督刘冠雄入京任海军总长后，李厚基获任护军使，督理福建军务，并加陆军上将衔。李厚基（1869－1942），字培之，出生于江苏丰县华山镇邢桥村，光绪十六年（1890）入北洋武备学堂，毕业后在李鸿章直隶总署任贴身卫兵，后升卫队管带，曾随同出使大臣李鸿章赴多国出访。光绪三十年（1904）后，李厚基相继担任北洋陆军第二镇第三协第五标第二营管带、新建陆军第四镇第七协第十四标标统、陆军第四师第七旅旅长、吴淞口要塞司令、福建镇守使等职。李厚基拥兵称雄，把福建视为其独立王国，肆虐横行，搜刮民脂民膏，百姓怨声载道。

◎ 李厚基

到都督府报到几天后，方幼璇接到了令他大失所望的任命书，李厚基给他委以一份闲职——军务课见习课员。本来，方幼璇期待着能分配到驻闽部队带兵，发挥自己7年寒窗苦读所得所获，而军务课见习课员既不带兵也非实职，只能赋闲度日。

根据《方幼璇哀思录》的年表记载，认为李厚基对保定陆军军官学校高材生方幼璇委以闲职，是因为"嫉军官人才，强抑之"。尽管确有这一因素，但从历史原因看，主要还是因为李厚基对闽籍军官、方声涛同族人和保定陆军军官学校的毕业生心存芥蒂。二次革命期间，李厚基曾在上海一带镇压讨袁军，方声涛就是讨袁军李烈钧部的旅长；同时，讨袁军中还有不少骨干是保定陆军军官学校南下的学生。因此，对于方幼璇这样参加过辛亥革命的保定军校毕业生和方声涛的族弟，他不能不有所提防。

方幼璇任闲职期间，除了朝九晚五地应付点机关的琐事杂情以外，把主要精力用于研究三民主义理论，还常与塔影楼书斋的师兄弟们一道吟诗作画。这种生活看似闲情逸致、与世无争，其实他的内心充满着焦虑和期待。二次革命失败后，民主革命形势急转直下，革命党人在国内已无立足之地。方声涛和保定陆军军官学校南下参加讨袁的陈铭枢、蒋光鼐、吴澍、吴吉甫等同学先后逃亡日本。在这种情况下，方幼璇只能忍气吞声地隐身于黑暗中，等待着启明星的出现。

李厚基暗中考察方幼璇一段时间后，了解到他才学不凡、为人忠厚，便打起了歪主意，让他进入内府担任其侄子的文化教育之责。李厚基没有儿子，其妻病故后妾俱无出，便以其弟李厚恩之子李仪晟为嗣。[1] 李厚基让方幼璇承担李仪晟出国留学前补习文化的任务。方幼璇无可奈何，只能应允。当时，李厚基在福建的地位如日中天，方幼璇可以自由出入李府，近距离接触李厚基及其家人，这在外人看来是很风光的。不过，方幼璇却感到抬不起头来，郁闷之极，而且其父方仲璇对此也深感不齿。

---

①张宗果：《李厚基治闽散记》，载《文史资料选编·第4卷·政治军事编》第2册第98页，福建人民出版社2002年版。

"灼儿，方家族人历来循刚正之路、树不阿之品，你堂堂的保定陆军军官学校毕业生，何以依附权贵、攀附军阀?!"一天，方仲璇终于忍不住了，冲着刚到家的方幼璇大发雷霆。

向来孝顺的方幼璇垂首站立，一言不发。

"如果在都督府无所事事，干脆辞职回家跟我学中医，免得方家悬壶衣钵后继无人!"方仲璇气不打一处来。

"依爹，请吃茶。"赖卫珂不失时机地端来茶水，想缓和一下气氛。

谁知方仲璇肝火正旺，一把推开茶盘，厉声喝斥："得人心者得天下，与如此下作之人为伍，必无善终!"

正在此时，留学日本的堂兄方绍赓学成归来，些许冲淡了方幼璇家中沉闷的空气。

"灼弟，自东洋回国以来，未见共和新貌，却睹时局动荡，帝制虽亡，'君主立宪'又强势袭来……"方绍赓的不得志之感与幼璇同频共振。

"贤兄所言极是。纵观八闽大地，军阀横行，怨声载道，我一介刚直军人却无用武之地啊!"方幼璇扼腕叹息。

"我从东洋带回一本日文版《武库要言》，为明治维新后日本军事变革之新论，我们不妨合作翻译吧。让国人看看东洋人走过的道路，或许对当下时局能有些启示。"方绍赓手中的书籍令方幼璇眼前一亮。

方幼璇虽在保定陆军军官学校学过日文，但不甚精通；方绍赓精通日语，却未曾研习兵学。堂兄弟俩互补相长，顺利完成了《武库要言》的翻译。

摆脱李厚基羁绊的机会终于来了。1917 年，方幼璇考上了北平陆军大学，他再次告别父母和妻子，踏上了新的征途。

第四章
进陆大摆脱羁绊　随滇军征闽作战

　　进入陆军大学校，是方幼璇完整经历了晚清至民国初期四级正规军事教育的重要标志。从这个意义上说，他算得上中国近代军事教育史的"标本"。同时，这也是他摆脱福建军阀羁绊、再启军旅新程的重要转机。但是，探寻革命成功之路向来不会一帆风顺。刚接受过辛亥革命战火洗礼、升入最高军事学府的方幼璇，又面临着弃学赴粤的重大抉择。本章主要记述方幼璇升入陆军大学校后，又投身驻粤滇军以及参加援闽作战的经历。时间从 1917 年至 1918 年。

一、考取陆大

　　陆军大学校的前身是清光绪三十二年（1906）在保定创办的陆军行营军官学堂，隶属于军谘府，用于培养新军中的中高级军官。宣统二年（1910），陆军行营军官学堂更名为陆军预备大学堂。1912 年，陆军预备大学堂改隶参谋本部，校址由保定迁至北平，称陆军大学堂。1913 年更名为陆军大学校。

　　1914 年，参谋本部公布了《陆军大学校条例》，规定了这所中国最高军事学府的基本任务："陆军大学校为选拔品学卓越，才识优异之青年军官，使修养高等帅兵必要诸学术原理，暨发挥其活用智能之所。"该条例还规定了进入陆军大学校的学员资格："陆军大学学校候补学员以陆军步骑炮工辎各兵科之上校以下军官，且曾毕业于陆军军官学校（或与此相当之学校），服军职二年以上，身体强健，勤务热心，才学开展，操行高尚，经其直属长官保送，受参谋本部之初审，暨再审试验及弟者，为合格。"

《方幼璇先生哀思录》中关于方幼璇进入陆军大学校的相关记载，与他的前后经历难以衔接。比如，陈铭枢在《副旅长方公传略》中记述："保定陆军军官学校既卒业，分发闽省见习充督军署军务课办事员。公为军校高材生，任事一载意不自满，更赴北京投考陆军大学。是校为我国研究军事学之最高学府，公优游其间者三年，因得尽习其术于时。"① 方幼璇是 1914 年 10 月从保定陆军军官学校毕业的，"任事一载"后就是 1915 年。但是，陆军大学校历史资料显示，该校 1915 年和 1916 年并无新生入学。

陆军大学校第四期是 1914 年 3 月入学，1916 年 12 月毕业的。第四期学生入学时，方幼璇尚未从保定陆军军官学校第一期毕业。因此，他不可能是该校第四期的学生。第五期举办时间是 1917 年 1 月至 1919 年 12 月。《民国时期的陆军大学》一书记述："该期（指第五期）招生之际，恰逢保定陆军军官第一期毕业生在部队服役期满二年之时，正好符合入学资格，此时又值陆大为直系军阀所控制，所以该期学员中，保定军校的毕业生就占了 90%，文化和军事水平都高于以往各期。"② 方幼璇从保定陆军军官学校第一期毕业后，在闽服役两年，与陆军大学校第五期的招生时间相衔接。

但是，核对 1930 年和 1947 年编印的两册《陆军大学校同学录》，其中第五期和其他届别均无方幼璇其名。这又是怎么一回事呢？按照年表和相关历史资料记载，方幼璇在 1917 年暑假就弃学赴粤而后不再返校，肯定是不能正常毕业的，而现有的陆军大学校同学录所收录名单的都是正式毕业生。据1930 年版的《陆军大学校同学录》记载，第五期于 1917 年 1 月录取 96 人，1919 年 12 月毕业 85 人，同学录中只收录了本期 85 名毕业生的名单，有 11名未毕业的学生名单不在同学录中。

---

①陈铭枢：《副旅长方公传略》，载《方幼璇先生哀思录》像赞部分第 1 页，国民革命军第六十一师 1929 年版。

②江苏省政协文史资料委员会、中国第二历史档案馆：《民国时期的陆军大学》第 14页，江苏文史资料编辑部 1994 年版。

按照上述考证和《陆军大学校条例》招生考试相关规定，方幼璇应该于1916年6月在福建省参加了报考陆军大学校的"初审试验"，当年11月又在北平参加了陆军大学校组织的"再审试验"，1917年1月正式进入陆军大学校第五期。

◎ 北平陆军大学校大门

北平的初冬已是寒气逼人，经过萧瑟北风的摧残，路旁的树木大都褪去了绿叶的披挂，赤裸着枯槁的身躯，任凭一缕缕几近风干的枝条在朔风中颤栗着。位于西直门内新街口西路北崇元观旧址的一座院落大门口，陆军大学校的牌匾高高悬挂，警卫哨兵荷枪肃立，锋利的枪刺在冬日下泛着威严的冷光。

踏进陆军大学校庄严的大门，方幼璇昂首挺胸，足踏一席落叶，深深地吸了一口熟悉的北国冬天的气息，几日的奔波劳顿似乎都飘散在九霄云外。他知道，在民国初期阶梯式的军事教育道路上，自己已经艰辛地攀缘到了最高一级。从清光绪三十一年（1905）开始，能够逐级经历陆军小学堂、陆军中学堂、陆军军官学校和陆军大学校这4级正规的军事教育，实属不易。据史料记载，陆军大学校第八期以前都是毕业一期才招收一期学生，也就是说，在校生通常只有一期，每期仅有100人左右，这是名副其实的"精英教育"。因此，陆军大学校的学生在民国时期素有"天之骄子"和"天子门生"之称。当然，对于方幼璇来说，这个机遇更重要的意义，还在于摆脱了李厚基军阀的政治羁绊，踏上了继续探索前行的新路径。

当时正处于第一次世界大战时期，日本已在山东半岛登陆，而袁世凯为换取日本对其复辟帝制的支持，不惜出卖祖国权益，接受了日本的"二十一条"要求。1915年12月12日，袁世凯正式宣布恢复帝制，并下令把1916年

荷戟独彷徨

改为"中华帝国洪宪元年",废除民国年号。袁世凯卖国独裁、复辟帝制,激起了全国人民的强烈愤慨和坚决反对,罢工抗议、抵制日货、游行示威,各种爱国斗争轰轰烈烈地展开。在这种政治环境中,刚刚进入陆军大学校的方幼璇,难以静下心来学习研究。尤其是他得知孙中山在日本另组中华革命党,声明以实行民权、民生为宗旨,"以扫除专制政治,建设完全民国为目的",发表了《讨袁檄文》,并在南方诸省多次策动反袁武装起义,心中又燃起了一团希望的火焰。

在陆军大学期间,方幼璇很幸运地遇到了几位对他有知遇之恩的良师益友。他的教官李济深(1885-1959),字任潮,广西梧州人,历任粤军第一师参谋长、师长,西江善后督办,黄埔军校教练部主任,国民革命军第四军军长、国民革命军总司令部参谋长、广东省政府主席、国民革命军第八路总指挥等职,1948年就任中国国民党革命委员会主席。新中国成立后历任中华人民共和国中央人民政府副主席、全国人民代表大会常务委员会副委员长、中国人民政治协商会议全国委员会副主席。李济深在军界声望极高,民国时期有"全国陆军皆后学,两粤名将尽门生"的声誉。他对方幼璇这位品学兼优的学生关爱有加、寄予厚望,在学业上悉心教导,经常与方幼璇交流思想,勉励他发奋进取。人世间有许多不解之缘往往是难以预见的。李济深与方幼璇的这段军校师生缘,后来又延续为粤军袍泽情。几年过后,李济深回到广州,成为粤军第一师师长,而方幼璇也投身该师,成为第一师第二团团附。在此后的军旅生涯中,方幼璇一直在李济深领导的部队中任职。

◎ 何遂

◎ 李济深

毕业于陆军大学校后留日归国的何遂(1888-1968),也是方幼璇在陆军大学校的战术教官。何遂与方幼璇既是同乡又是故交。如前所述,何遂是方幼璇在福建陆军小学堂学习时的学长。辛亥革命中，方幼璇在保定陆军入伍生队筹划参与燕晋联军起义时，与时任第六镇参谋的何遂有过密切往来。如今，他们又在陆军大学校再续师生缘。1929年7月，何遂曾撰联缅怀方幼璇："以白泥岭望惠城青史乘中应合传，论吾闽人勤国事黄花岗外几斜阳。"[①]

陆军大学校的战史教官林知渊也是方幼璇的同乡好友。林知渊（1890－1969）是林之夏的弟弟，也是同盟会会员，参加过武昌起义，二次革命期间在方声涛部任职，陆军大学校第三期毕业后留校任教。

入学不久，方幼璇从吴澍来信中得知，方声涛、陈铭枢、蒋光鼐、吴澍等人已先后从日本回国，目前正在参加李烈钧护国滇军的反袁斗争。方幼璇坐不住了，他向何遂吐露了自己想弃学参加反袁斗争的念头。何遂既了解方幼璇在辛亥革命中的表现，也知道他入学前的困境和当前的思想活动，便一再教导他韬光养晦，切勿轻举妄动，抓住机遇学习军事，蓄势待发。何遂还向方幼璇透露了他来陆军大学校任职前，曾潜回福州，谋刺李厚基未遂的情况，告诫方幼璇要学会隐忍，充分准备，等待时机成熟再作决断。他告诉方幼璇，北京政府已对奥德宣战，他将参加中国军官参战代表团驻节法国。

作为中国近代最高军事学府的陆军大学校，十分重视军事理论教育。军事学课程有战术、战略、战史、马术、图上作业、沙盘作业，总动员、总体战、化学战等；普通课程有国际公法、外国语、微积分等。除了课堂上的理论学习外，还开设了"队附勤务"和"野外教育"。所谓队附勤务，就是派遣学员赴各兵种部队中担任相关队职，这是一门必修课，有严格的成绩评定制度。所谓野外教育，主要包括战术训练、参谋旅行和见学旅行。陆军大学校的考试十分严格。按照规定，在校期间的学年考试，通常由参谋本部派员会同校长共同进行，考试成绩平均在六成以上者，留学肄业，不及六成者，酌令退学，仍回原差。

暂时摆脱了李厚基军阀政治羁绊的方幼璇，压抑着立即投身革命队伍的

---

①何遂：《挽联》，载《方幼璇先生哀思录》挽联部分第39页，国民革命军第六十一师1929年版。

荷戟独彷徨

强烈愿望，潜心学习军事理论。方幼璇在军队中的第一任职，就是带领保定陆军入伍生南下参加起义期间所担任的镇江都督府参谋。在这个岗位上，他第一次经历了硝烟战火的洗礼。因此，较之其他学员，他对参谋业务有着更加切身的体会和深刻的感悟。在陆军大学校就读期间，他进一步系统地学习和掌握了参谋理论和业务技能。这些参谋业务知识在方幼璇担任作战部队参谋长期间得到了很好的应用。

二、暑期省亲

1917 年夏天，方幼璇盼来了陆军大学校的第一个暑假，期末考试一结束，他便急匆匆地踏上了返乡的路途。

方幼璇每次回家，都是夏体井巷和方宅的一件盛事。赖卫珂早就让人把宅院里里外外收拾得焕然一新，给夫君精心准备了许多家乡的风味美食。街坊邻居看到方宅中医堂的牌匾和大门重刷了清漆，都知道方家的"灼哥"军官要回来了，各家各户也都把这条不长的巷子打扫得干干净净。方幼璇是个孝顺的儿子，他的亲友们曾回忆："抵家之时，必跪向父母请问起居及与诸弟妹谈笑与。"① 方仲璇看着儿子已出落成英俊成熟的军官，心中的喜悦之情油然而生。弟弟方琛对灼哥也有问不完的问题，国事、军事、家事，两兄弟常常一聊就是几个时辰。

刚刚回到福州，方幼璇对当地时局的所见所闻很快就冲淡了与家人团聚的温馨和喜悦。百姓们对李厚基的军阀统治怨声载道。袁世凯去世后，北洋军阀分崩离析。但李厚基的政治野心并未因此而偃旗息鼓。1917 年 7 月 1 日，张勋复辟，李厚基被任命为福建巡抚，他受宠若惊，即设香案拜北称臣，并马上拨款重修原为专用于庆贺"圣寿"的西湖公园万寿宫，并预订黄龙旗千面。但时隔三日，突闻段祺瑞誓师通电讨逆，又急命停止修宫制旗，并通电

① 汾玉等：《哀辞》，载《方幼璇先生哀思录》哀辞部分第 1 页，国民革命军第六十一师 1929 年版。

各省，痛斥张勋，表示反对复辟、拥护共和。半个月后的 7 月 18 日，北京政府任命李厚基为福建省长。从此，李厚基集全闽军政大权于一身，成为彻头彻尾的"福建王"和独裁者，他残酷镇压革命党人在福建的活动，"被捕者多遭处决，稍有嫌疑者，亦久押不决。对政治案件，李以按法律审判为费事，乃改归侦探长王献臣处理，迳行报李批准执行。"[1] 回想保定陆军军官学校毕业后受李厚基羁绊的屈辱日子，看到李厚基对福建的独裁统治更加疯狂，方幼璇倍感失望。

◎ 陈笃初

这天，方幼璇的堂姐夫、塔影楼书斋的学兄陈笃初和好友林云康来夏体井方宅登门拜访。此时的陈笃初已经是名擅榕垣的中医、诗人和画家，方仲璇老人见到同行后生甚是高兴，把他们请到了自己的客厅。俗话说"三句话不离本行"，后生们的时政话题很快就被方老先生接转到了当时中医的废存之争上。

"北洋政府将中医教育摒于门外以来，诸省中医学会竭力抗争，教育系统'漏列中医案'的请愿答复模棱两可，还要中医界'应勿庸议'，我看中医早晚得毁于北洋政府！"方仲璇老先生气不打一处来。他所说的"漏列中医案"是指 1912 年北洋政府教育部颁布的学制及各类学校条例中，只设立了西医专门学校，没有涉及中医，引起了全国中医界的不满和1913 年的进京请愿。1914 年北洋政府教育部答复请愿书，虽然肯定了中医药的历史地位，但仍坚持中医教育不再另设有关课程的规定。

"是啊，中华儒者精于穷理，西洋智士长于格物，中西医原本各有是非，岂能偏主。北洋政府的'致难兼采'之说实无道理。没有当年陈登铠先生创办的三山医学传习所，哪有榕城今天的杏林春色。"谈及这个话题，兼通诗

---

①潘守正等：《李厚基在福建》，载《福建文史资料》第 9 辑，政协福建省委员会文史资料研究委员会 1985 年版。

画、学贯中西的陈笃初也感到愤愤不平。

"记得有副药名对颇富哲理：'甘松忍冬藏远志，玉竹半夏犹大青'，当下悬壶者何以不似甘松、玉竹。"擅长诗钟的学长林云康借联表意，以药寓事。

"笃初兄，桂枝里陈宅门前那副佳联我一直记得：'门前老树不知岁，河上长流无尽时'。中华文化如同江河之浩荡，抽刀断水水更流啊。"方幼璇顺势以对联接过话茬，而后又把话锋一转，接着说："正如中山先生开启的共和之路，历史车轮滚滚向前，袁世凯称帝也好，张勋复辟也罢，都是螳臂当车、不自量力。"

谈到当下的局势，大家都对军阀割据的混乱局面忧心忡忡。袁世凯反动统治结束后，北洋军阀分裂为段瑞祺、冯国璋两大派系。段瑞祺皖系军阀，占据着皖、陕、鲁、浙、闽等省，以日本为靠山；冯国璋直系军阀，占据着苏、赣、鄂等省，以英美为靠山。两大派系分别控制着 19 个师和 23 个混成旅，约占全国总兵力的五分之三。此外，还有张作霖奉系军阀、阎锡山晋系军阀、唐继尧滇系军阀、陆荣廷桂系军阀和张勋的"定武军"等，形成了帝国主义操纵下的军阀割据局面，中国社会半殖民地程度进一步加深。

"灼儿，再这样下去，民不聊生啊！现在督军府的军费开支都强加给老百姓了。你听说了吧，他们居然强迫农民种罂粟，还按户摊派；去年在洪山桥开了铸币厂，仿铸毫洋获利……"方仲璇老人历数军阀治闽带来的灾难，气得摇首顿足。

方幼璇告诉大家，张勋复辟垮台后，段祺瑞对外卖国，对内独裁，拒不恢复《临时约法》和国会。孙中山号召"护法"，已于 1917 年 9 月 10 日在广州成立了与段祺瑞政府相对峙的护法军政府，并任大元帅，随即出兵北伐。短短三四个月，护法战争的烽火已遍及十余省。

返榕度假的日子里，方幼璇几乎足不出户，或是埋头读书看报，或是陪侍在父母身边，一家人其乐融融。不过，赖卫珂却能感觉到丈夫正在思考和决断着什么。果然，家里看似宁静的氛围很快就被一封不期而至的信件打破了。

这是好友吴澍从驻粤滇军发来的信件。吴澍在信中告诉方幼璇，他和陈铭枢、蒋光鼐等从日本回国后，都在李烈钧任总司令的护国第二军所属第二梯团任职，方声涛为梯团长。吴澍向方幼璇转达了方声涛和陈铭枢、蒋光鼐的问候，希望他也能参加驻粤滇军，与老同学一起投身护法武装斗争和即将

◎ 吴澍（吴艺五）

展开的援闽作战。

此时的陆军大学校，隶属于北洋军阀统治的北京政府。陆大学生投奔广州护法军政府，这在北洋军阀看来，是大逆不道的重罪。对孙中山先生的景仰，对三民主义的追求，对纷乱时局的失望，对军阀政府的厌恶，使苦苦求索光明之路的方幼璇，已置生死于度外，他很快下定了弃学赴粤的决心。可是，让他牵肠挂肚的还是父母和妻子，他知道，下这样的决心需要一个足以容纳家国情怀的博大胸襟和敢于承受腥风血雨的胆魄勇气。

启程前，方幼璇彻夜辗转反侧。雄鸡一唱天下白，睁开蒙眬的双眼，走出卧室，只见父亲和弟弟都已坐在客厅里了。

"灼儿，你身为军人，能够为社稷安宁和共和大业效力，也不枉费数载寒窗、不愧对方氏先祖，为父甚慰。家中老小有我主理，你勿挂念。"深明大义的方仲璇一早就给儿子送上了定心丸。

赖卫珂一言不发，默默地为丈夫整理行装。

匆匆迈出家门的方幼璇，知道亲人们就在身后目送，但是，他没有回头。

三、弃学赴粤

方幼璇前往投奔的部队是驻粤滇军方声涛部。滇军的前身是建于光绪三十四年（1908）的陆军第十九镇和云南当地60多个巡防营。辛亥革命昆明起义后，建立了以蔡锷为都督的云南军政府，而后，滇军曾出兵援川、援黔，甚至进藏平叛。1915年12月，云南宣布独立和武装讨袁，建立了护国军，由蔡锷、李烈钧、唐继尧分别担任护国第一、第二、第三军总司令。

那么，驻粤滇军又是如何形成的呢？护国战争爆发后，李烈钧率领张开

儒、方声涛两个梯团东出，一举击溃奉袁世凯之命侵扰护国军后方的龙觐光（龙济光之兄）部，而后进入广西。两广独立后，又进入广东，并拟转湖南、江西北伐。但是，广东都督龙济光对李烈钧部歼灭龙觐光部怀恨在心，指使其部下阻滞护国军北伐行动，激战后，李烈钧部攻克韶关。不久，袁世凯病亡，护国第二军无需继续北伐，奉命驻守广东。这就是驻粤滇军的由来。

◎ 方声涛

方声涛与滇军渊源已久。宣统元年（1909）他在保定速成学校结业后，就曾在云南讲武堂担任过教习。二次革命期间，方声涛应时任赣督的李烈钧之邀，前往江西任独立第三旅旅长。吴澍、蒋光鼐、季方等保定陆军军官学校第一期同学潜往九江，加入方部。二次革命失败后，方声涛等逃亡日本。回国后又投身于云南护国第二军李烈钧部，方声涛任该部第二梯团长。护国战争结束后，李烈钧离职，护国第二军所属两个梯团改编为驻粤滇军第三师、第四师，由张开儒、方声涛分别任师长。方声涛第四师下辖第七、第八旅，移驻广州。

1917 年 8 月 25 日至 9 月 1 日，孙中山在广州召开了国会非常会议，通过了《中华民国军政府组织大纲》，会议选举孙中山为大元帅，建立中华民国军政府。孙中山任命张开儒为陆军总长、方声涛为广州卫戍司令，驻粤滇军的两位师长都得到重用，这表明孙中山对驻粤滇军的高度信任，以及对建立一支革命军队的殷切期望。

方幼璇风尘仆仆赶到广州，方声涛见这位博学多才的族弟放弃最高军事学府的学业，投身驻粤滇军，成为自己的部下，十分高兴，即让师参谋长林仲墉安排方幼璇在师部做参谋工作。林仲墉（1883-1950）也是福建闽侯人，留日归国后曾任福建都督府参谋长，二次革命失败后赴滇任讲武堂教习。这时方幼璇才知道，他在北京陆军大学校的同乡教官林知渊，也已在张勋复辟帝制后愤而弃职，与北京政府决裂，投奔驻粤滇军方声涛部，时任第四师参谋处长兼工兵营长，是方幼璇的直接上级。

此时，保定陆军军官学校同学在方声涛部任职的，除了任副官的吴澍、任连长的陈铭枢和蒋光鼐以外，还有任第四师司令部副官长的金仲显、任连长的陈维远。

方幼璇满怀着对孙中山大元帅的敬仰和对民主革命新路程的憧憬来到广州，但他所看到的驻粤滇军却正处于派系争斗的风口浪尖，矛盾错综复杂、保障困难重重，尤其是几位老同学，情绪也不太高涨，似乎都在另谋出路。

方幼璇安顿好后，吴澍来到他的住处，向他介绍了驻粤滇军的现状，并悄悄告诉他："孙中山到穗时，方虽联合张开儒开会欢迎，并在孙就大元帅职时率全师官佐参加就职典礼，但对中山先生派许崇智送来的广州卫戍司令委任状及印信，在接受后只是一锁了事，不置可否。在此前后，唐继尧也寄来了靖国军第六军军长的特任状。方也同样收下，一锁了事。"①

"方师长究竟做何盘算？铭枢、光鼐、维远等同学是什么态度？"方幼璇感到疑惑不解。

"现在驻粤滇军内外交困，师长深感寄人篱下之苦，遂益思回闽，林参谋长也是回乡心切。籍贯广东的铭枢和光鼐都无意继续留在驻粤滇军。他们都曾从护国军去职，去广州六榕寺拜铁禅和尚学佛，铭枢法号真如，光鼐法号憬然。听说铭枢拟去肇军任营长，光鼐拟参加粤军。"吴澍说完这些，又试探着问方幼璇："你下定决心不回陆军大学校了吗？"

"不回了！追随孙中山先生从事民主革命大业，是我一生的理想。来到广州，能够直接拱卫中华民国军政府、保卫孙大元帅，是我的荣耀。当然，我也盼望部队早日征闽，彻底推翻李厚基的军阀统治。"方幼璇是个笃行专注的人，尤其是在个人名利方面没有太多杂念。面对护法时期南北政府对峙的局面，以及南方军事力量内部纷繁复杂的政治乱象，他的心目中惟有孙大元帅的三民主义思想是至高无上的，对孙中山领导下的建军大业充满期待。

暑期很快就过去了，方幼璇在驻粤滇军第四师繁忙的参谋工作中，几乎

---

①吴艺五：《我所知道的方声涛》，载《福建文史资料》第 12 辑，政协福建省委员会文史资料研究委员会 1986 年版。

忘却了自己还算是陆军大学校的学生。此时，陆军大学校发现开学后方幼璇没有按时返校就学，即将此情况上报北京政府参谋本部。参谋本部对南方省份学生的异常动态本来就十分敏感，闻讯后立即电令福建都督署协查方幼璇下落。接到参谋本部的通报后，李厚基派人多次到方宅打探方幼璇的行踪，家人均以方幼璇假期出游未归予以搪塞。

四、随军征闽

参加孙中山策划和领导的援闽作战，这是方幼璇弃学潜粤后一直期盼的行动。通过到广州后一段时间的观察和思考，他清楚地知道，这是孙中山组建和发展革命党人掌握的武装力量的重要步骤，意义十分重大。同时，援闽作战剑指李厚基对福建的军阀统治，这也是与故乡人民和方氏家族利益攸关的事件。

从法理上说，孙中山任大元帅的军政府是统辖西南护法六省的最高机关。但是，实力派桂系陆荣延和滇系唐继尧与孙中山貌合神离，他们不仅不就任孙中山委任的元帅职务，而且给军政府设置了重重障碍。孙中山最大的困难，就是军政府并没有真正属于自己的军队。1917 年，政治上倾向于孙中山的广东省长朱庆澜在离职前提议，将 20 个营的省长亲军交给海军，

◎ 援闽粤军奖章

改称陆战队，由陈炯明指挥，归大元帅府管辖。这一提议为孙中山建军创造了极好机会，但是遭到桂系的强烈反对。当年 10 月，潮梅镇守使莫擎宇受段祺瑞指使，宣布独立，并率兵进击东江。闽督李厚基派出部队支援。虽然很快被桂军平定，但闽军仍在压境。这一事件为孙中山又争取到一支真正属于自己的军队。粤督莫荣新为利用陈炯明攻闽以保两广地盘，"乃允予陈炯明兵20 营，令其攻闽，且称援闽粤军总司令"。[1]

---

①《民国日报》1918 年 1 月 25 日。

方幼璇是随驻粤滇军参加援闽作战的。此时，李烈钧以征闽靖国军总指挥名义准备率军入闽，命令全军开赴潮汕，拟与陈炯明夹击李厚基。方声涛也于此时宣布就任唐继尧委任的靖国第六军军长，同时以援闽为由向孙中山辞去卫戍司令职务。1918 年 3 月 23 日孙中山大元帅令："卫戍总司令方声涛因援闽亲赴前敌，呈请辞职，应照准。此令。"①

方声涛部先头部队开拔后，其部属在是否应该参加征闽的问题上发生争议，内部出现了分化。李烈钧托故嗣授方声涛代理征闽靖国军总指挥。1918 年 4 月 3 日，方声涛向孙中山呈报《征闽靖国军总指挥报告就职电》："孙大元帅钧鉴，……声涛即于有日抵汕，勘日接代征闽靖国军总指挥事，自愧轻材勉当重任，既虞覆䜀，尤懔覆冰，惟望有以教之，俾无陨越则幸甚矣，谨电奉闻，不胜延领等命之至。方声涛叩勘印。"② 当日，方部就收到了孙大元帅《复征闽靖国军总指挥方声涛电》："汕头方总指挥鉴勘，电诵悉，李逆久据闽中，暴横无道，生民重困。今执事躬率雄师进讨暴乱，吊民伐罪，足壮义师之气。幸踔厉进取，伫候捷音。"③ 在总指挥部的方幼璇阅悉孙中山复电，倍受鼓舞。尤其是孙大元帅对李厚基军阀在闽暴行的痛斥，对征闽靖国军讨李行动的殷切期望，更使方幼璇坚定了正义之师必胜的信念。

征闽靖国军到达汕头后，在潮州李家祠堂设立总指挥部，由金仲显任参谋处长，方幼璇任参谋，吴澍任兵站监兼铁道司令。3 位福建老乡经常在一起谈论何时打回老家去，讨伐李厚基。但是，他们都清楚，征闽靖国军当前面临重重困难，部队战斗力堪忧。由于靖国军在潮梅地区与陈炯明援闽粤军杂驻，双方不时发生龃龉。身为兵站监的吴澍最有感触："当时，潮、梅一带的税务机关已尽入陈手，方部毫无染指可能。如粤军兵站开办费为三十万元，而靖国军则分文无着。方到潮后，陈把他的总部自汕头迁往三河坝。闽粤边界一带城镇均为粤军驻满，靖国军只能在近郊驻足。虽经几度与陈磋商，皆

①《军政府公报》第 65 号，1918 年 3 月 29 日。
②《军政府公报》第 67 号，1918 年 4 月 3 日。
③《军政府公报》第 67 号，1918 年 4 月 3 日。

无结果，兵站工作十分困难。"① 靖国军缺钱少兵，又处处受援闽粤军掣肘，部队的战前训练和各项保障举步维艰。其实，援闽粤军的条件虽然好于征闽靖国军，但也受到广东桂系的另眼相看，饷械接济也遇到不少困难。

从 1918 年 1 月至 5 月，援闽粤军和征闽靖国军在潮汕一带盘桓了 4 个来月。孙中山多次电促陈炯明攻闽，指出："若仅图自守，则一败将无立足之地……此时敢冒险进攻则生，不敢冒险进攻，则必坐困。"② 陈炯明则上书孙中山，坦陈困境：

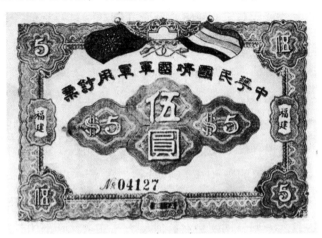

◎ 征闽靖国军军用钞票

"钧座向患无兵，炯明则患无饷。今粤军扩充至三十余营，军费一切，总计月需二十余万，……务请设法筹措，斟酌拨用。"③ 看到援闽粤军和征闽靖国军面临的困境和不振的士气，方幼璇开始心生失望。尤其是投奔驻粤滇军后，身处民主革命的中心广州，亲身感受到阵营内部的各种罅隙和各路军头的同床异梦对民主革命事业带来的极大危害，方幼璇心中平添了许多疑虑。

5 月 10 日，援闽粤军在孙中山一再催促下终于向福建发起了全线进攻。经过几个回合的拉锯战，连下闽西南 20 余县。征闽靖国军兵力也进入了福建诏安、东山。方声涛利用其家族在福建的影响力，借机收容、改组了一些当地民军力量。

---

①吴艺五：《我所知道的方声涛》，载《福建文史资料》第 12 辑，政协福建省文史资料研究委员会 1986 年版。

②《孙中山年谱长编》第 1112 页，中华书局 1991 年版。

③《孙中山年谱长编》第 1114 页，中华书局 1991 年版。

五、方门受难

当援闽粤军和征闽靖国军在潮汕一带盘桓时，李厚基一方面积极调兵遣将，组织闽浙军阀与援闽粤军和征闽靖国军武装对峙；一方面疯狂地镇压省内的反抗活动，加强对局面的控制。

自从李厚基部进驻福建以来，福建人民处于北洋军阀专制统治的暴政之下，百姓民不聊生，怨声载道。革命党人多次谋划除掉这个盘踞福建的军阀头目，但都没有成功。李厚基极力压制进步思潮，极端仇视革命志士。曾任李烈钧参议的龚永图（闽籍），二次革命失败后回闽，被李厚基抓捕后枪决。1916年元旦，闽籍同盟会会员林一士返闽谋刺李厚基，也被逮捕、杀害。1917年正月，同盟会会员何遂、林立策反李部团长朱元岳，密谋炸李，后因叛徒出卖，朱被捕并被枪杀，何、林侥幸脱逃。

面对援闽粤军和征闽靖国军大军压境之势，李厚基惶恐不安，极力抗御。同时，他也在寻找动摇对方军心的机会。他知道，在方声涛领导的征闽靖国军中，接纳了一些福建籍的军官，这些军官大都在保定军事学堂、云南讲武堂以及二次革命和逃亡日本期间，与方声涛有过交集，对这些闽籍军官的家人施压，可能起到动摇军心的作用。于是，李厚基把魔爪首先伸向以方声涛和方幼璇为代表的福州"北门方"和"南门方"。

方声涛在担任大元帅府卫戍总司令期间，曾接纳了为逃避李厚基迫害而离开福建的原闽都督府秘书长郑祖荫，现在又担任了征闽靖国军总指挥。李厚基对其恨之入骨，他派兵抄查了"北门方"诸亲友的家，以谋反为由抓捕了方声涛家人数名，施以酷刑，甚至对敢于反抗者灌以屎尿，用尽凌侮威逼手段，并有意放出消息，以此报复方声涛率军征闽之举。

"南门方"同样也未能逃出李厚基的魔爪。方幼璇自暑假投奔方声涛驻粤滇军后便脱离了陆军大学校，北洋军政府参谋本部因此对"失踪"的方幼璇发出了通缉令。李厚基得知原属自己部下的方幼璇站到了与自己对立的阵营，更加恼羞成怒。他借通缉令为由，派兵到夏体井方宅搜捕，欲以此诱引方幼

荷戟独彷徨

璇返乡。

"嘣！嘣！嘣……"夕阳西下，方宅大门外突然传来一阵急促的敲砸声。赖卫珂忙不迭地颠着小脚一路小跑，刚打开大门，只见一伙官兵端枪冲了进来。

"方幼璇在哪里，快把他交出来！"冲进方宅的官兵掏出通缉令，用枪口顶着方仲璇的脑门大声喝斥。

"休得无礼，休得无礼……"方仲璇脸色煞白，心脏病骤然发作，瘫倒在座椅上。

"我公公有恙在身，你们不能这样！"赖卫珂全然不顾女子不出厅堂的家规，以弱小的躯体把方仲璇护在身后。

"女人快滚开！"官兵又把枪口转向赖卫珂。

"夫君幼璇长年从军在外，久无信函，家人也期盼他早日返乡。现在你们找不到人了，到家里向我们老幼家眷动刀弄枪，何理之有！"听到这个弱小女人的据理陈词，刚才还十分张狂的官兵一时语塞。

"幼璇曾在李督军手下谋事，当年奉督军之命进府执教其侄子。督军尚且看重幼璇才学，你等何以如此对待他的家眷！"听罢赖卫珂一席话，官兵一时面面相觑，终于悻悻而归。

驻扎在粤闽边界的方幼璇得知家中被搜查，心急如焚，他让进入省城侦察的人员转告家人，不日将潜回家中，设法将家人暂时转移到安全地域，让家人做好准备。方仲璇老人收到讯息后立即让来人传去口信，告诉方幼璇千万不要中了李厚基引诱他回榕的计谋，家里可以应对当前情况，力阻其冒险返乡。

方幼璇身处军机枢纽，征闽大战在即，又面临家人遭受李厚基威胁、惊扰的情况，更加急切地希望援闽粤军和征闽靖国军早日攻克闽省，尽快结束李厚基对福建的军阀统治，为家人和乡亲们创造一个安定祥和的社会环境，真正实现孙中山三民主义理想。

第五章
待机遇隐忍申沪　驱李贼重整民军

　　突如其来的南北和局以及李厚基继续督闽的情势，使方幼璇不得不离榕赴申，开始他的隐忍韬晦。方幼璇在逆境中磨砺自己，不懈地求索民主革命的道路，与军阀统治顽强抗争。驱李功毕，方幼璇又按照孙中山的决策，历经艰险，开始了新的征程。本章主要记述方幼璇寓居上海、潜入闽北以及在闽参佐盐务、重整民军等情况。时间从 1919 年初至 1923 年底。

一、韬晦华亭

　　援闽粤军和征闽靖国军进入福建后，李厚基在失地 20 余县的情况下，屡向北京政府告急。段祺瑞指派驻洛阳的第二十四混成旅王永泉部万余人紧急增援福建。正在此时，直系大总统冯国璋任期届满，徐世昌上台后于 1918 年 11 月 16 日发布停战令，广州军政府也于 11 月 22 日通令休战。在这一背景下，李厚基与陈炯明亦达成停战协定，约定双方军队各后撤 20 里，粤军回撤时将在闽所占地盘全部归还李厚基。① 对于突然出现的南北和局，身处上海的孙中山并不乐观其成，他在 1918 年 12 月 4 日复蔡元培函中指出："武人把持政柄，法律不能生效，民权无从保障，政治无由进化，权利争竞，扰攘不已，

---

　　①潘守正等：《李厚基在福建》，载《福建文史资料》第 9 辑，政协福建省委员会文史资料研究委员会 1985 年版。

一旦倾轧破裂，则战祸又起。"① 中山先生的论断高瞻远瞩、一语中的。身处征闽靖国军中的方幼璇，也从军阀李厚基绝处逢生的境况中感到了失望和无奈。

陈炯明、李厚基签订停战协议后，八闽大地硝烟还未散尽，军阀又恢复了对占据地盘的控制。率军入闽的方声涛，也因与陈炯明部的冲突和征闽靖国军内部的兵变而离开福建。家乡未平定，族兄已出走，北京参谋本部的通缉令仍然高悬头顶。虽然已经停战，但是方幼璇还是有家难归。家人担心他回闽后遭到李厚基报复，也极力劝说其暂时不要返回福州。万般无奈之下，方幼璇收拾行囊，于1919年春末又登上了开往上海的轮船。同样对福建时局大失所望的吴澍、金仲显等同学，也相继来到上海。

其实，福建时局仅仅是护法运动失败的缩影。在此前的5月份，非常国会通过了《修正军政府组织法》，准备取消大元帅的首领制，剥夺孙中山的职权。为此，孙中山愤然辞去大元帅之职，来到上海。此时的上海并非风平浪静的港湾。北京爱国学生发起的五四运动风起云涌，以上海为中心的工人罢工热潮积极响应。孙中山从中看到了新的希望，他在1920年1月29日致海外国民党同志函中说："自北京大学生发生五四运动以来，一般爱国青年无不以革新思想为将来革新事业之预备。于是蓬蓬勃勃，发抒言论。国内各界舆论，一致同倡。各种新出版物，为热心青年所举办者，纷纷应时而出。扬葩吐艳，各极其致，社会遂蒙极大之影响。"②

上海一处平民聚居的弄堂口，各种简陋的地摊和廉价的商品吸引了不少行来过往的路人。在一个不显眼的摊位上，些许残砖碎瓦压在十余幅书画作品的四角，作品以对联和扇画小品居多。

"这幅朱竹图颇有福建陈如璋先生效法郑板桥的画风。"熙熙攘攘的过客中确有些懂行的人慧眼识珠。

"这几副楹联意蕴隽永，书法也很流畅啊！"普普通通的几副对联也很受

---

①《孙中山全集》第4卷第520页，中华书局1981年版。
②《孙中山全集》第5卷第209-210页，中华书局1985年版。

众人喜爱。

"这幅画上盖的印章'方玮'何许人也?"也有些买主喜欢刨根问底。

出售字画的年轻人安静地席地而坐,既不主动招揽生意,也不过多回应买主的问话,卖一幅是一幅,礼貌地向顾客频频作揖致谢。

这个年轻的摊主即为书画作者"方玮"。过客和买主都不曾想到,这位落寞的书画小摊贩,居然就是历经四级正规军事教育,满腹诗文、一腔宏愿,参加过镇江之战、江宁之战、援闽之战的军官方幼璇。

避居上海后,为躲过北洋军政府的通缉,方幼璇改名为"方玮","玮"字既与"避讳"之"讳"音谐形似,又含有玉石瑰玮的含意,蕴含了方幼璇强忍自隐、韬光养晦的心态。到上海不久,他随身携带的盘缠便所剩无几,陷入了经济拮据的窘境。向来不愿求人的方幼璇,无论如何也难以向朋友伸手求援。于是,他想到了重操旧艺,以售卖字画维持生计。

困厄之时,方幼璇更加感谢陈如璋先生在福州塔影楼对诸位弟子的悉心教诲和真经传授。不过,陈如璋先生肯定没有想到,他这位得意门生研习有成的绘画和书法技能,居然成为乱世困顿中聊以果腹的一门手艺。

其实,方幼璇在上海的寓居生活并非意志消沉,他把沉寂落寞作为一种磨砺,在逆境中不懈求索和苦苦等待。方幼璇选择到上海寓居,并在此期间与黄展云密切来往,共谋驱李大计,这本来就是一种战略"转进"。黄展云深得孙中山信任,他因参加二次革命被捕,被营救后流亡日本,1916 年从日本来到上海,在中华革命党总事务所工作,并四处筹款,支援孙中山在广州的护法活动。因此,与其说方幼璇来上海是暂避风险,不如说是他的执着追随。

此时,福建军阀李厚基并没有忘记方幼璇这位曾经的部属和家教。战事结束后,他一直想把方幼璇拉回自己的阵营,一方面,可藉此分化福州的"北门方"和"南门方";另一方面,他着实想借方幼璇的才干为己所谋。李厚基通过多方打听,得知方幼璇下落,便差人给其传话,许以高官厚禄诱其改志返闽。方幼璇对此一笑置之不为所动,而驱李之心益切。

上海滩毕竟是引领文化新潮的一方圣地。自从晚清上海被迫开埠,西学东渐之风盛行沪上,照相机和摄影术也与西方列强一同登陆申城。这种摄影

荷戟独彷徨

艺术的视觉冲击，给都市生活带来了全新的感官体验。1913年，上海就成立了近代中国第一个业余摄影团体——精武体育会摄学部。方幼璇也被摄影艺术带来的新奇画面感和强大表现力所深深吸引了。他倾囊所有，购买了一台德国产照相机，白天外出学习摄影，晚上钻进亭子间简陋的暗房里显影、定影、放大、裁剪……谙熟绘画技能、颇具构图功底的方幼璇，很快就成为20世纪20年代初上海滩早期摄影爱好者、研究者之一。

掌握了摄影技术，方幼璇又为自己开辟出一条新的谋生路径。他开始边进行风光摄影创作，边在外滩等地为游客拍照，聊补生活开支。

方幼璇是一个笃行力学的知识青年。20世纪20年代的中国，摄影理论多源自西方，他在学习、实践中发现，中国传统绘画艺术中的许多理念和技法，可以与现代摄影艺术相结合，为摄影艺术探索出中西合璧的道路。于是，方幼璇开始倾其心血，埋头撰写摄影理论专著——《摄影研究》。遗憾的是，这部产生于20世纪20年代的摄影理论专著，在1929年刊印的《方幼璇先生哀思录》中仅载有一页手稿：

"摄影研究之第二部，属于手术者（物理光学的、化学作用的）

（一）摄影术

摄影术者，是将景物摄映于感光片上之一切方法，为制版之第一步。其手术之捷钝，学理之明昧，各种机关之功能，在于当时之瞬间变化，关系于影像良窳甚钜。且摄影手术佳者，若显影、晒像两版不能如意，尚有别法补助纠正。若摄影失败，则制版不良，欲得满意影

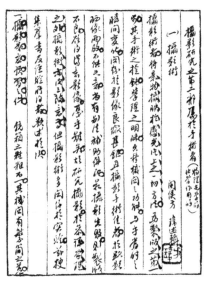

◎ 方幼璇《摄影研究》手稿

像，戛乎难矣。欲研究摄影，于参详学理之外，摄影术亦须三版意高。但摄影术多关系于实验，兹搜集群书及经验所得者，类述于次。

一、摄影前应预习之件

镜箱之精粗不一，其机关有繁简之差……"

其他部分和著作成书则悄然湮灭于茫茫的历史烟尘之中，暂无处寻觅。不过，这现存的一页手稿，也足以令我们为这位前辈一百多年前艰辛的艺术追求和执着探索而钦佩和景仰。

1919 年的五四运动从北京爆发后，迅速席卷全国。福建各地也掀起了反帝反军阀的革命浪潮。李厚基派军警镇压学生爱国行动和商人罢市，全省各界群起谴责。方幼璇参加了旅沪福建同乡会召开的大会，会议揭露了李厚基的可耻行径，要求北京政府查处李厚基。会后，黄展云告诉方幼璇，奉孙中山之命，他即将返闽担任中华革命党福建支部的支部长，并拟在福州创办《福建新报》，继续宣传革命思想。方幼璇急切地表示，希望跟随黄展云回闽参加驱李斗争。黄展云耐心说服方幼璇不要着急，目前李厚基在福建尚有较强的军事力量，应当继续在上海韬光养晦，待时机成熟再返闽驱李。黄展云回闽不久，就因为在《福建新报》上抨击军阀暴政，被李厚基逮捕入狱。这也说明当时黄展云对福建形势的判断是正确的。

1920 年底，一股"省自治"和"联省自治"的改良主义思潮在全国涌动，福建籍国民党人也打出了"闽人治闽"的口号，在厦门鼓浪屿成立了"福建自治研究会"。1921 年初，被营救出狱的黄展云再次来到上海，他立即站在了推动"闽人治闽"进程的前列，据《民国福建军事史》记载："旅沪闽籍国民党人黄展云、方声涛、林知渊、张贞、许卓然、秦望山、陈爱吾、何子扬、金钺（注：金仲显）、吴澍、方玮（注：方幼璇）等十余人，于1921 年初在上海组织'福建自治促进会'，并设'福建自治军筹备处'于法租界贝勒路，福建民军头目卢兴邦、黄炳武、杨烈汉、郭锦荣等闻讯，先后派代表到沪联络。"[1]

---

[1]韩真：《民国福建军事史》第 139 页，中国言实出版社年版。

荷
戟
独
彷
徨

关于福建自治军的筹
建，曾参与这项工作的吴
犹龙曾撰文回忆："七月
间，接到吴潊来信，他嘱
我即来上海参加闽人自治
的工作。我到上海和他晤
面时，他说现在这里正在
讨论关于组织福建自治军
的问题，叫我在沪待命。"

◎ 上海法租界旧景

"自治军筹备处设在法租界贝勒路望德里三号，另有'汇源公司'作为掩护机
构。这个公司是经营南洋贸易的业务，经理是黄展云，实际他是筹备自治军
的主要角色。当时在上海的闽人有黄展云、方声涛、金钺（曾任方部的参谋
长）、吴潊、方玮（保定军校同学，方的旧部）和我等人。广东陈炯明叛变之
后，孙中山亦由广州来到上海，正值闽人汲汲图谋自治之时，事经黄展云、
方声涛与孙中山取得联络，据闻当时福建有几方面的民军为陈国辉、卢兴邦、
黄炳武、郭凤鸣、杨汉烈、钱玉光等部都先后派人到上海接洽（其中具体情
况不详）。①"

经查，当年上海法租界的"望德里三号"并不在贝勒路，而是在原爱文
义路（现北京西路 1060 弄）。法租界贝勒路倒是有个名扬中外的"树德里三
号"（后称望志路 103 号）。1921 年 7 月，在这里召开了中国共产党第一次全
国代表大会。

上述史料反映了方幼璇在沪避居期间，并没有因为暂时的挫折而意志消
沉、放弃斗争，而是坚决抵制军阀李厚基的威逼和利诱，继续追随孙中山先
生的三民主义，在黄展云的组织下，积极参与推动"闽人治闽"和筹备组建
福建自治军的工作，为推翻军阀统治积极准备。

---

①吴犹龙：《福建自治军忆述》，载《文史资料选编·第 4 卷·政治军事编》第 7 册
第 266 页，福建人民出版社 2007 年版。

二、潜闽说吴

1921 年 11 月，方幼璇接到了一封令他既欣喜万分又愧疚不已的家书。是年 11 月 12 日（农历十月十三日），年近 35 岁的赖卫珂生下了第一个男孩。自 1908 年结婚以来，方幼璇戎马倥偬 13 载，奔走于闽、宁、冀、京、粤、沪多地，自己历经艰难险阻，家人也时刻牵挂担忧。现在，方幼璇和赖卫珂终于有了爱情的结晶，方家也后继有人，这是方仲璇老人期盼已久、望眼欲穿的大喜事，更让多年颠沛流离的方幼璇倍感欣慰。他为儿子取名祖谦，希望他在今后的人生道路上永远谦逊恭谨。但是，因为没能亲自照顾辛苦分娩的妻子和刚出生的儿子，方幼璇心中又对妻儿和家人充满了亏欠之意。

属鸡的方祖谦降临人世间的第一声啼哭，恰如金鸡报晓，给方幼璇和他的家人带来了希望的曙光。等待已久的驱逐军阀李厚基的时机终于到来了。

1922 年 4 月，皖直军阀混战，皖系败北，直系独掌北京政权。向来投机取巧的李厚基为了稳住福建局势，急忙改换门庭，弃皖投直。奉系派人来闽与李厚基联系，劝其为皖系重整旗鼓效力，被李婉拒。此时，孙中山、段祺瑞、张作霖的反直三角同盟已经形成，段祺瑞的心腹谋士徐树铮（1880-1925）等皖系要人企图夺取福建地盘，作为反直根据地，拟策动其驻在福建延平的第二十四混成旅王永泉部驱逐李厚基。王永泉（1880-1942），字百川，天津人，日本陆军士官学校毕业，时任第二十四混成旅旅长。8 月 21 日，徐树铮在沪会见了孙中山，请求孙中山调动驻瑞金的许崇智部一同攻伐李厚基。孙中山认为，借此机会可将困处江西的粤军部队调到福建补充整训，然后回粤讨逆，遂同意了徐树铮的请求。

根据孙中山指示，黄展云召集方幼璇等闽籍国民党人分析形势，认为皖系欲灭李厚基，在江西北伐的粤军许崇智部因陈炯明叛变、腹背受敌，正在瑞金休整。如果王永泉部和许崇智部能够联手形成驱李之势，现在关键是要说服王永泉"联许驱李"。他们商定，由金仲显、方幼璇、吴犹龙先行潜回闽北，面说王永泉。

吴犹龙在《福建自治军忆述》一文中比较详细地回忆了他们3人执行这项任务的全过程："在筹备工作渐次成熟时，黄展云叫金钺（注：金仲显）、方玮（注：方幼璇）和我三人潜回福建，携有黄展云致闽北镇守使王永泉信札一封，派金钺为代表向王永泉面陈成立福建自治军的事情，请其出力帮助。此事上海方面与王永泉原有默契，我们此行带有'先容'的性质。"①

◎ 福州建宁公馆外景现状

　　8月底，方幼璇和金仲显、吴犹龙3人以商人的身份秘密抵达福州。为了避免暴露行踪、给自己和家人带来危险，金仲显通过在榕乡亲的关系，安排方幼璇住进了离夏体井巷近在咫尺的建宁公馆。建宁公馆始建于元代，清代由建宁人出资重修，位于福州南街郎官巷内。这里西接大小水流湾，内河与闽江相通，是早期水上交通道口。

　　在福州筹划和准备赴闽北的几天时间里，方幼璇思绪万千，他几次在夜深人静时化装从夏体井巷口走过，他是多么想潜回家中看看父母妻儿，亲亲那日思夜想的儿子。算来祖谦已出生10个月了，可方幼璇还从来没有见过宝贝儿子。为了实现孙中山亲自做出的重大决策，完成说服王永泉"联许驱李"的艰巨任务，方幼璇必须强忍深深的思亲之情，临家门而不入，为铲除福建军阀统治，不惜牺牲个人和家庭的利益甚至宝贵的生命。

　　方幼璇、金仲显和吴犹龙以方声涛旧部严汉民在福州马祖道开设的正泰茶栈为联络点，严汉民设法通过时任省议会议员的朋友杨畏斋开出一封介绍信，并雇到一条俗称"鼠船"的小舢板，刻意不乘显眼的轮船，以避免从福

①吴犹龙：《福建自治军忆述》，载《文史资料选编·第4卷·政治军事编》第7册第267页，福建人民出版社2007年版。

州到延平沿途军警盘查带来的麻烦。杨畏斋是福州瑞坤钱庄的老板，在延平有一家钱庄分号，他函嘱分号妥为接待方幼璇一行。

准备妥当后，方幼璇一行乔装成前往闽北山区收购茶叶的商人，由正泰茶栈后面的水路登上"鼠船"。一叶轻舟沿着内河缓缓地泛入闽江。沿途经过洪山桥和水口时，都有警察登船检查，但他们都成功地通过"商人"身份掩护而化险为夷。小船向上游整整行驶了3天，从延平的延福门登岸，方幼璇等找到了瑞坤钱庄分号。

"老板打扰了，这是杨畏斋先生的介绍函。"方幼璇递上杨畏斋的介绍信。

"三位先生这是因何而来，又拟往何处啊？"瑞坤钱庄分号老板浏览了一遍信函，对3位不速之客的身份似乎心存疑虑。

"我们是来自福州的茶商，先在延平与重要客户会面商议，而后再去建阳、崇安看货，定购一批上好的岩茶。"建瓯人金仲显对闽北的茶叶行情知根知底。

"我这里常有镇守使衙门的军官来吃喝打牌，人多眼杂。你们远道而来，恐有不周之处，还请涵恕。"瑞坤钱庄分号老板话中有话，似乎在提醒方幼璇一行这里的环境复杂。

9月7日，方幼璇等下榻钱庄分号的第二天，金仲显先携信前往谒见王永泉。但是，王永泉阅函后却说正在接待上海来的一位要客，没有时间多谈，要他们3人搬到明翠阁先住下，并派郑姓副官随金仲显来搬送行李。见郑副官亲自来搬行李，瑞坤钱庄分号老板慌了神，他知道这3人肯定是王永泉旅长的贵客，丝毫不敢怠慢，马上安排了一位名叫王则田的伙计跟随3人上明翠阁，专门照顾他们的生活。

明翠阁禅寺位于延平城北凉伞铺凤冠岩的悬崖峭壁上，宋朝始建，清康熙三十一年（1692）扩建时改名为明翠阁。明翠阁雄踞高崖，俯瞰建溪，建筑群紧贴悬崖峭壁，五步一亭，十步一阁，廊腰漫回，檐牙高啄。从岩壁拾级而登，始至山门，进入大殿，过了接龙桥，顺着螺旋亭通道盘旋而上进入八角楼。在悬吊岩面的八角楼凭栏俯视，如置身半空，溪山胜景尽收眼底。

历史上明翠阁经过多次重修，尤以民国时期自空住持扩建之功为最。方幼璇一行入住明翠阁时，时任住持正是自空。王永泉把他们3人送入明翠阁后多日没有回音，3人在自空住持的陪同下度过了环境清净但心境焦虑的几天。

◎ 延平明翠阁旧景

几天后，方幼璇等通过关系探知，王永泉此时正在接待的要客就是徐树铮。善于在各方力量中纵横捭阖的徐树铮在得到孙中山联合驱李的应允后，先于方幼璇等来到延平，向王永泉面说他所著的《建国诠真》要义，试图说服王永泉共同在福建建立所谓"建国军政制置府"。都是针对王永泉的说客，方幼璇等代表的是孙中山阵营，徐树铮代表的则是段祺瑞阵营。尽管此时在"驱李"问题上两个阵营有着共同的利益，但是，在驱逐李厚基后福建治理的问题上，双方却有不同的打算。因此，王永泉在徐树铮当面游说和接到黄展云的信函后即陷入了犹豫状态。

徐树铮的捷足先登，给方幼璇等人完成"说客"使命无疑增加了难度。几天后，利用王永泉约见的机会，方幼璇等一方面与其协商团结福建各方军事力量组建自治军事宜，一方面反复劝说王永泉联合许崇智驱逐李厚基，并表示愿为王部和入闽粤军牵线搭桥。见方幼璇不顾被李厚基缉捕、追杀的危险，专程潜入闽北面传国民党人的诚意，王永泉深为感动。他简单地回应："事情是知道了，你们回去要注意各处民军的纪律，这伙人散漫惯了，要他们好好维持地方秩序。"① 话虽不多，但方幼璇等知道大计已定，即返回福州，静候事变。

①吴犹龙：《福建自治军忆述》，载《文史资料选编·第4卷·政治军事编》第7册第268页，福建人民出版社2007年版。

三、驱李功毕

在方幼璇等面说王永泉的基础上，孙中山大本营文官长胡汉民也亲抵延平，与王永泉商定了两项合作条件："（一）彼此合力驱逐李厚基，实行孙段携手、闽浙联防，开创东南新局面；（二）闽局定后，公推王永泉主持之。"[①]双方还商议了一个瞒天过海的计策。王永泉部借按照李厚基指令到闽赣边界堵截北伐粤军之机，掩护许崇智部打着第二十四混成旅的旗号，昼夜兼程，开进了闽北。许崇智还提供了一些破旧武器，由王永泉向李厚基谎报击溃了窜闽粤军。李厚基信以为真，还派出官员专程前往延平，向王永泉部祝捷慰问。

◎ 徐树铮

许崇智部入闽后，其旧部、建宁府警备司令徐镜清首先发出了讨李通电。9月26日，王永泉也发出敦促李厚基下野的电报。此时李厚基才知道王永泉已有变故，连忙假意晋升王永泉的官职，但遭到了王永泉的拒绝。

10月2日，徐树铮在延平设立"建国军政制置府"，自称总制。3日，联合北伐军许崇智致电李厚基，要其即日交出军权，并限其24小时之内离闽，同时，兵分两路向福州挺进。王永泉部由南平沿闽江东下，经水口向洪山桥方面而来；许崇智部由建瓯出击古田，并继续向闽侯之大湖一带发展。李厚基派唐国谟部沿闽江两岸进行堵截。是年10月11日是李厚基生日，他当日刚吃完寿面，一觉醒来，许崇智、王永泉两部已于12日晨占领水口，北伐军李福林、黄大伟两部逼近福州。直到粤军先头部队过了洪山桥，李厚基才如梦初醒，从海路仓皇逃跑，后被海军截获并软禁在军舰上。10月28日，李厚基乘靖安舰离闽抵沪，又赴南京。

----

① 《孙中山年谱长篇》第1499页，中华书局1991年版。

荷戟独彷徨

李厚基来到南京后，立即与江苏督军齐燮元、海军总司令杜锡珪等共商反攻计划，得到齐燮元援助。北京政府也任命李厚基为福建讨逆军总司令、萨镇冰为副司令、李部旅长高全忠为福建第二师师长兼讨逆军总指挥，在厦门成立讨逆军总司令部，进剿徐树铮。此外，北京政府还命令正驻江西的河南暂编第一师师长常德盛为援闽军总司令，从闽赣交界处的杉关入闽，以为声援。

11月7日，李厚基率高全忠等携带军费20万元及一批枪支弹药，回到厦门，准备组织反攻。但是，此时李厚基所能指挥得动的队伍，仅有在厦门的缉私队阎吉胜部以及他的少数护兵。此时，原被李厚基免职的福建第二师师长臧致平乘势率旧部反正，在李厚基到达厦门当夜，将缉私队和李厚基护兵全部缴械，立足未稳的李厚基等慌忙逃往鼓浪屿租界。

臧致平得手后，自任师长，并自称"闽军总司令"，并与散处于漳泉两地的民军联络，一时间声势颇为壮大。此时，因泉州地区尚有李厚基部张清汝旅驻防，许崇智派出一团兵力配合臧致平及当地民军包围泉州，击溃了张清汝部。而后，泉州地盘便落入当地民军之手。这些民军多响应黄展云在上海提出的方案，打出了福建自治军的旗号，并与粤军许崇智部发生了争夺泉州地盘的纠纷。

福建兵败后，李厚基转道江西、上海，回到天津日租界寓所。至此，李厚基对福建历时10年的军阀统治宣告结束。

许王联合驱李期间，方幼璇等继续按照福建自治军黄展云总指挥的要求，积极联系协调各路民军配合驱李行动，并做好驱李后在福州正式设立福建自治军总司令部和整合各路民军的准备工作。

关于方幼璇在驱李斗争中的功绩，陈铭枢在《副旅长方公传略》中记述："公（方幼璇）在沪奉命密至延平招抚王永泉旅谋逐闽督李厚基。"[①]《方幼璇先生年表》中也记载："……公（方幼璇）与黄鲁贻（黄展云）诸同志以为

第五章　待机遇隐忍申沪　驱李贼重整民军

---

①陈铭枢：《副旅长方公传略》，载《方幼璇先生哀思录》像赞部分第1页，国民革命军第六十一师1929年版。

驱李时机已至，乃偕金仲显同志冒险潜回闽北。"以上史实记载表明，方幼璇偕金仲显潜回闽北，说吴驱李，是奉孙中山阵营之命，由孙中山秘书黄展云直接部署的一项重要使命。

自从保定陆军军官学校毕业分发闽省、受羁军阀后，方幼璇经历了升学陆大、潜粤戎幕、随军征闽、隐居申沪、谋划驱李等曲折的求索和斗争过程，如今终于可以安然返乡了。方氏族人如释重负，赖卫珂更是欢欢喜喜地张罗着修剪花木，张灯结彩，把屋里屋外收拾得干干净净，迎接夫君方幼璇的归来。

迈进家门，方幼璇先向父母叩首请安后，连忙从妻子怀里接过刚满周岁的儿子。看到祖谦稚嫩的笑靥，年过而立的方幼璇真真切切地感受到了初为人父的喜悦。这些年来，父母一直为方幼璇的处境担惊受怕，虽然年纪刚过半百，但已是霜华满鬓。赖卫珂侍奉老人、养育孩子，家里还有一个未成年的小叔子，柔弱的肩膀不堪重负。看到这些，方幼璇对父母和妻子满怀愧疚，他由衷地期望赶走了李厚基，能够踏踏实实地支撑起自己的家庭，追随黄展云先生认真研究和践行三民主义。

四、辅佐展云

李厚基在福建的军阀统治结束后，福州各民众团体于 1922 年 10 月 17 日联名电请孙中山主持闽局。于是，孙中山于 19 日特令林森、汪精卫、居正、蒋中正等人来榕与各方磋商。此时，福州"废督裁兵""联省自治""闽人治闽"的呼声甚高。黄展云先是被推为福建自治军总指挥，而后，福建自治军前敌司令张贞与第一路司令杨汉烈、第二路司令许卓然、第三路司令陈国华、第四路司令卢兴邦、第五路司令吴适、第六路司令黄炳武又联合致电孙中山："我军克闽，民治待理，亟恳钧座迅任黄君展云为省长，以慰众望。"孙中山复张贞等函称："鲁贻（黄展云）为吾患难交，素所钦倚。"①

①林友华：《1923 年的"倒林拥萨"事件》，载《人民政协报》2013 年 7 月 18 日。

11 月 3 日，汪精卫来到福州，主张召开公民大会解决这一问题，并决定采取军民分治的原则，实行"地方自治"，以省长为全省最高民政长官，另设"福建总司令"一人，负责指挥全省军队。通过 3 次公民大会，选举林森为福建自治省长，王永泉为福建总司令。但是，北京直系政府不能容忍孙中山、段祺瑞把福建作为反直基地，又迅速任命萨镇冰为福建省长，并调派直系孙传芳、周荫人率部入闽。

《方幼璇先生哀思录》记载："闽省克复后，公（方幼璇）功成不居，并认闽局混沌，军民两政决不参与，仅佐黄鲁贻（黄展云）办理闽省盐务。"[①] 方幼璇的人生履历中，在军队之外任职还是绝无仅有的。辅佐黄展云办理盐务的时间很短，但这一任职的背景，从一个侧面反映了当时福建政局的纷乱复杂。同时，这也是他在福建跟随黄展云研究三民主义、从事革命活动的一段重要经历。

此前，黄展云已退出竞选，出任福建盐运使。盐运使是在主要产盐区设置的主管盐务之官。据说始设于元代。民国时期各省的盐运使由财政部呈请选任，秉承盐务署指示，监督办理场产、运销、缉私及征收盐税等。1923 年 1 月 10 日，孙中山曾复函给黄展云，对他顾全大局、屈任盐务表示赞许："展云吾兄大鉴：年底先后两函均悉，兄以调和同志之故，屈任盐务，苦心孤诣，至极钦迟。闽元气久伤，整理非易，惟冀诸同志均相谅解，各以所长，助其所短，则内部巩固，建设即可畅利矣。兄淡于权利，惟以顾念大局为务，此心坦白，文素深知，并望勉励同侪，悉持此旨，曷胜幸慰。"[②]

这时，一直在黄展云组织下筹划和参与驱李活动的方幼璇等人，也开始思考自己在福建底定后的出路。方幼璇、吴澍、陈维远等商议后，一同上门拜访黄展云，希望这位前辈能给他们指点迷津。黄展云为他们分析了福建的局势，建议他们静观变化，并提出让他们来盐运使署任职。按照黄展云的建议和安排，方幼璇、吴澍、陈维远等同时进入了福建盐运使署。

---

①《方幼璇先生哀思录》年表部分第 12 页，国民革命军第六十一师 1929 年版。
②《孙中山全集》第 7 卷第 22 页，中华书局 1985 年版。

◎ 孙中山致黄展云亲笔函（1922）

福建是产盐区域，盐税是政府的重要财源之一。当时的盐务管理是经济和安全领域的重要事务。不过，黄展云让方幼璇等人辅佐自己办理盐务，主要出于三个方面的考虑：作为国民党福建支部的支部长，在福建时局急剧变化的情况下，有许多党务需要处理，亟需笃信三民主义的党内同仁共同努力；同时，黄展云还是福建自治军的总指挥，而他本人并非行伍出身，需要懂军事的年轻人协助整合、重组民军；此外，他还承担着孙中山赋予的为讨贼东路军筹备粮饷的重任，也需要借助盐务这个平台来完成任务。方幼璇在黄展云的带领下，积极协助做好党务、民军和筹款等工作。

方幼璇在协助黄展云办理福建党务的过程中，得到了黄展云的悉心教诲，对三民主义的学习研究也有了新的进展。他开始着手整理自己的学习体会，著述《三民主义之研究》。福建党务工作卓有成效，得到了孙中山的充分肯定。1922年9月4日，孙中山在上海召开了"改进国民党会议"，黄展云作为福建代表参加了会议。回闽后，黄展云向孙中山书面汇报了福建支部的情况，孙中山于12月30日复函："展云兄惠鉴：来书藉悉，党务甚形发达，学生军亦已加盟，至为欣慰！本党于新年元日实行新章，规模更为扩大，可以容纳群流，切望努力推行。"①

方幼璇辅佐黄展云整合福建自治军的时间也很短暂，大约从1922年10月至1923年2月。据吴犹龙回忆，李厚基被驱逐后，"黄展云立即由上海前来福州，出任福建自治军总司令，带回由上海印便的福建自治军总司令部的

---

①《孙中山全集》第6卷657页，中华书局1985年版。

布告，上面盖着总司令部的赫赫关防，张贴市内各处，宣布成立福建自治军总司令部，立即着手改编民军。""黄展云回福州时，即觅城内大五府（在今城守前）张家花园为总司令部的所在地，吴澍任参谋长，我和方玮任上校参谋，头一步的工作是，立即着手整编福州自治军。"[1]

后来，由于黄展云就任福建盐运使，福建自治军总司令部的驻地又与盐运使署合二为一。吴犹龙在回忆文章中还记述："原由许部所派的福建盐运使邓烨，亦准备离职随军而行，所遗盐运使一职，由黄展云接任。在移接之前，黄展云派我和陈维远（保定军校同学）同坐一辆车，携款几千元送往盐运使署，交给邓烨收下，换来了邓烨手上的盐运使的官印。我们护印而旋，交给黄展云接下了。由是，福建自治军的招牌，就挂在光禄坊盐运使署的门上。接着要收拾福州自治军的残局，决定从中挑选精壮可用的人，凑足3个连的人数，改编为盐务缉私队，由陈维远担任缉私帮统，我做总教练，在盐运使署内进行训练。至此，福建自治军的名义即告取消。"[2] 1922 年 12 月 15 日，孙中山在复许卓然的函中写道："文前电展云兄，使专心盐政，而自治军全部则由汝为（许崇智字）统率整理。盖军事贵统一，属在同志之军队，更无畛域之可分。展云兄复电亦极赞。所望兄等互相提携，互相体谅，共肉中刺对外，以收成功而达预期之目的，则不但为闽省之庆矣！"[3]

方幼璇在协助黄展云处理党务和自治军相关工作的同时，还在黄展云带领下，按照孙中山的指示，利用盐务这一平台，积极为东路讨贼军入粤筹措薪饷，这项工作也得到了孙中山的褒奖。1923 年 2 月 3 日，孙中山又亲笔致信黄展云："鲁贻吾兄惠鉴：翁吉云君来，得一月十七日手书，欣悉我兄正为讨贼军筹薪饷，指困高义，何以逾此，感极感极。"[4]

---

①吴犹龙：《福建自治军忆述》，载《文史资料选编·第 4 卷·政治军事编》第 7 册第 269 页，福建人民出版社 2007 年版。

②吴犹龙：《福建自治军忆述》，载《文史资料选编·第 4 卷·政治军事编》第 7 册第 270 页，福建人民出版社 2007 年版。

③《孙中山全集》第 6 卷第 640 页，中华书局 1985 年版。

④《孙中山全集》第 7 卷第 85 页，中华书局 1985 年版。

五、重整民军

1923 年 2 月，东路讨贼军陆续分路入粤，在孙中山指挥下参加讨伐陈炯明的战争。在直系军阀孙传芳、周荫人部尚在闽赣边界盘桓阶段，福建军政大权一度由王永泉独掌。王永泉抓紧时间扩编军队，大力收编民军。

4 月，直系军阀孙传芳、周荫人部进驻福州，王永泉退任福建军务帮办兼兴泉永护军使。此时，福建军事力量除了直系军阀孙传芳部和周荫人部，还有皖系王永泉部和臧致平部，东路讨贼军留闽部队、陈炯明叛军、闽系海军系统等。各路军事势力都在想方设法拉拢和收编民军。各地民军也呈分崩离析状态。

孙中山对福建民军十分重视。援闽粤军攻闽时，孙中山就派遣闽籍革命党人回闽联络民军，策应援闽粤军。福建民军作为一支革命党依靠的力量，也存在许多问题。各派民军争权夺利，火并频仍。孙中山于千里之外不断调停，苦劝"捐除前嫌，同心御侮"，① 他与民军的许卓然、宋渊源、张贞等都有密切的函电往来，甚至对讨贼军的旅长王懋功、林驹等，孙中山都亲笔复信，言辞恳切，寄望殷殷。

正是在这种复杂的背景下，方幼璇肩负着帮助和改造民军的使命，进入了这支地方军事力量。据《方幼璇先生年表》记载：1923 年，"王永泉复迎孙传芳入闽，公（注：方幼璇）遂随黄炳武同志率闽北民军暂退闽南。公奔走闽沪间，为筹措饷弹以接济之，并谋闽南北民军之团结"。

黄炳武（1867-1954），字希平，今闽清坂东镇湖头村人。清宣统三年（1911）在榕加入同盟会，1912 年，参加福建学生北伐队。于福州东岳庙集训时脱队回县，聚集游兵散勇数百人，组成为一股地方武装，时称"清乡队"。1922 年 8 月，许崇智部入闽驱李，黄炳武率部响应，其队伍被编为福建自治军第六路军，黄任司令。是年，黄炳武率部与其他军民一起配合许崇智

---

①《孙中山全集》第 5 卷第 85 页，人民出版社 1985 年版。

所率粤军及皖系王永泉部队，在古田水口、湾口狙击北洋军唐国谟旅并进攻福州，驱走了李厚基。

根据孙中山关于"闽事复杂之极，危机四伏，计惟有团结各部民军与东路讨贼军一致进取，庶能立于不败之地"①的论断，方幼璇不辞劳苦，积极协调各路民军的矛盾，极力促成民军的团结，并多次来往于福建和上海之间，为民军筹措军饷和武器，解燃眉之急。

4月4日，孙中山发布命令，"特任命方声涛为福建省长兼闽省民军总司令"，②并令其收编福建境内各属民军，讨伐直系军阀孙传芳。根据孙中山指示，方声涛、孙本戎、吴吉甫等人回闽，准备以卢兴邦、黄炳武部为基础，组建民军。

1917年，在护法战争中，孙中山曾委任卢兴邦为粤军第三师第五旅第九团团长。1919年，卢兴邦曾配合许崇智、孙本戎率部征讨李厚基，因功升任东路讨贼军第一旅旅长。1922年，许崇智再度率粤军入闽，卢兴邦被任命为东路讨贼军第三路司令。

方声涛拟把民军总司令部设在大田，主要考虑大田位于福建省地理位置中心，周边与德化、永春、漳平、永安、三元、沙县、尤溪相毗邻，是福建内陆通往沿海的重要通道，这里既远离省垣周荫人军阀的

◎ 大田县城旧景

直接控制，也有利于部队在内陆和沿海的机动。

此前，方幼璇已侧重在黄炳武部做了大量协调和说服的工作，方声涛到达永春后，自治军第六路黄炳武部即由南安开往大田。方声涛认为时机成熟，便电约卢兴邦到大田会商组建民军相关事宜。卢兴邦即复电："派弟兴荣在大

①《孙中山全集》第4卷第499页，人民出版社1985年版。
②《孙中山全集》第10卷第34页，中华书局1986年版。

田迎候。"接到卢兴邦电报后，方声涛即率孙本戎和参谋长吴吉甫、参谋方幼璇等赶大田。到达大田时，卢兴荣代表其族兄前来迎接，并设宴款待。卢兴荣告诉方声涛，卢兴邦正在从尤溪赶往大田的路上，请方声涛一行稍候。

此时方声涛并不知晓，他已处于自投罗网的危险境地。原来，孙本戎为支持方声涛组建民军，极力策动其旧部团长彭阎瑞从高义部中把队伍拉到了大田，组成卫队旅，并让其担任旅长。但知人知面不知心，彭阎瑞把队伍拉到大田，其实另有打算。彭部大部分官兵都是湖南人，他早就想借机把部队拉回老家。因此，他表面上在组建卫队旅，暗地里却在积极策划兵变。这一情况很快就被方声涛掌握了，他没想到自己的卫队旅要谋反，一怒之下便下令处决了彭阎瑞。一时间卫队旅军心大乱。

卢兴邦本来就不愿受制于方声涛，见此时有机可乘，便故意拖延来大田会晤的时间，指使卢兴荣和大田县县长姚其昌共同策划兵变。姚其昌也是湖南人，曾在卢兴邦部当过秘书，他利用老乡关系，在卫队旅里的湖南籍官兵中煽动谋反。同时，卢兴荣也做好了突袭总司令部的准备，拟抓捕方声涛和黄炳武。

方声涛一行到达大田的第三天晚上，召集吴吉甫、方幼璇等在总司令部开会。突然，有人气喘吁吁地闯进会议室："报告总司令，卢兴荣和卫队旅湖南籍官兵谋反，正向总司令部袭来！"

方幼璇见情况紧急，大声喝令卫队："你们快掩护总司令撤走，我们留在司令部牵制他们！"

方声涛、黄炳武、刘尧宸等迅速向大田县郊外撤去，卫队旅未反水的官兵实施掩护。

卢兴荣派出突袭的部队见司令部灯火通明，以为方声涛仍在此开会，便破门而入。冲进会议室的官兵不见方声涛、黄炳武等人，便调头向通往城外的道路追击。此时，参谋长吴吉甫上前试图劝说、拦阻反水的官兵。官兵不由分说，举枪便打，吴吉甫应声倒在血泊中，当场毙命。正在吴吉甫身旁险些被乱枪击中的方幼璇幸免于难。

反水官兵在追击过程中遭遇卫队阻截，双方在郊外展开恶战。最终卫队

荷戟独彷徨

寡不敌众，无一生还。方声涛和刘尧宸连夜逃往永春。黄炳武也在德化民军的协助下逃出大田。但是，他带来大田的原自治军第六路人马及其装备悉被卢兴邦吞并。重整民军的计划就此破灭。方声涛侥幸躲过此劫后愤怒至极地骂道：鸟兽不可与同群也。① 对于此事，方声涛始终刻骨铭心，后来他任福建省府军事厅厅长时，姚其昌被枪决。②

关于这次"大田事变"，《方幼璇先生哀思录》中记载："方公韵松（方声涛）奉命为福建民军总司令，招公（方幼璇）参赞戎幕，军次大田，卢部响应，嗣因民军变叛，吴吉甫为变兵所戕，时公在侧，几遭不测。"③ 方幼璇脱险后回到福州，他看到随着福建境内反直的皖系和东路讨贼军相继出闽，以及民军陆续被直系军阀所收编，福建全境基本为直系军阀所控制。而最令他痛心疾首的是一些民军的头目的无良和歹毒。正如《民国福建军事史》中对此时福建民军的评价："福建民军在急剧变动的形势面前，其反复无常、一日三变的性格，充分显现。如王永泉受孙、周逼迫，落荒而逃，昔日受委之民军高义等人竟为虎作伥，与直军配合瓜分王的'遗产'。又如身为东路讨贼军留闽第一师师长的卢兴邦，竟然将孙中山派遣、任福建省长兼民军司令的方声涛作为敌人处置，方等险为其害。此种民军连'仗义'都不讲，岂能侈谈'革命'！"④

驱逐李厚基后，方幼璇按照孙中山的意图，为团结和重整民军所付出的艰辛努力全部付诸东流，面对的又将是新军阀对福建的统治和各路民军争权夺利的乱象，这使他倍感失望。

---

①真尧恭：《我所知道的征闽靖国军》，载《福建文史资料》第33辑，福建省政协文史资料委员会1995年版。

②钟大钧：《闽北卢兴邦部史略》，载《福建文史资料》第4辑，福建人民出版社1980年版。

③《方幼璇先生哀思录》年表部分第13页，国民革命军第六十一师1929年版。

④韩真：《民国福建军事史》第146页，中国言实出版社2000年版。

第六章
入粤军南下广东　练新兵东征叛逆

成为粤军第一师中的一员，是方幼璇军旅生涯中的又一个里程碑。在这支著名的队伍中，方幼璇亲身经受了第一次东征讨逆作战的严峻考验。同时，方幼璇也在与以共产党人为骨干力量的黄埔军校教导团的并肩作战中，亲身感受到了共产党人在浴血奋战中的一往无前的先锋作用和大无畏的牺牲精神。本章主要记述方幼璇再下广东、加入粤军和参加东征作战的经历。时间从1924年4月至1925年3月。

一、离榕赴粤

1924年暮春，郁郁葱葱的于山上清泉漾漾，绿柳飏飏，古朴典雅的亭台楼榭依傍着山丘此起彼伏，摩崖石刻在千年古榕老态龙钟的垂须遮蔽下若隐若现。沿着白塔寺东侧一道石板铺就的小径，登上五老岗，便是纪念抗倭英雄戚继光的戚公祠。土木结构建筑的祠厅耸立着一尊戚公戎装塑像，方颐隆准，威武庄严。祠厅周围有平远台、醉石亭、蓬莱阁、远山精舍、万象亭等诸多名胜。

一阵突如其来的甘霖把于山浸染得一派碧绿，醉石亭的琉璃瓦檐沿滑下一串串晶莹剔透的雨粒，玉盘落珠似的溅洒在石板上。据说当年戚继光在平远台庆功之后，乘酒兴步月于此，见一方巨石便卧其上，不觉沉沉入睡。后人在此建醉石亭，并赋诗"六军一醉海天月，山中草木皆轩昂"以志轶事。

醉石亭的石桌边，方幼璇、陈维远、吴仲禧 3 位年轻的军人正在促膝长谈。

自 1912 年福建北伐学生军入伍生团在南京解散后，原为保定入伍生队的方幼璇和陈维远进入保定陆军军官学校第一期，无陆军小学堂、中学堂学习经历的吴仲禧，则先被选送进武昌陆军第二预备军官学校，学习

◎ 福州于山戚公祠醉石亭

两年后也升入保定陆军军官学校第三期。

自 1922 年底以来，方幼璇、陈维远和吴仲禧在福建的经历可谓一波三折。李厚基垮台后，方幼璇、陈维远和吴仲禧曾寄希望于在黄展云为总指挥的福建民军干一番事业。黄展云退出省长竞选，屈尊于盐务使后，他们在盐务署的武装缉私力量中也难以找到施展的机会。东路讨贼军回粤后，民军分崩离析，追随方声涛重建民军的计划，又在"大田事件"的枪声中再次破灭。

"二位师兄，驱李之后闽省政局依然混沌。民军难成气候，各派势力争权夺利，吾等保定系军官有何颜面置身于这样的队伍中！"吴仲禧从保定陆军军官学校第三期毕业后，先后在驻福建宁德的地方团队任候补员和东路讨贼军的龚师曾旅任参谋。一年前，吴仲禧随龚旅进驻厦门集美，不料该旅被北洋军阀臧致平部缴械，吴仲禧与旅参谋长戴石浮逃回福州。处于困顿之中的吴仲禧对这些队伍已大失所望。

"是啊，直系督闽，割据依旧，民不聊生，如此境况与李厚基督闽之时何异之有？"曾在民军和盐务署缉私队伍中任职过的陈维远也感到愤懑不平。

"人生几何忧，少年不知愁。刚踏入军校大门那一刻，就抱定兵强国富之

宏大愿景。如今，吾等已饱浸硝烟、历经坎坷，年逾而立却宏愿未了，路漫漫其修远兮……"方幼璇感慨万千。

"广州是民主革命的中心，粤军是孙中山先生缔造的武装，依我所见，欲摆脱困局、求索光明，眼下当再赴穗城、投身粤军，不知二位兄弟意下如何？"方幼璇向陈维远和吴仲禧建议。

"正有此意！"对福建时局和民军已大失所望的陈维远和吴仲禧一拍即合。

应该说，这3位保定陆军军官军校的高材生对当下广州的向往是恰逢其时的。1924年的广州充满了生机和活力。1月，孙中山在共产党的协助下，主持召开了中国国民党第一次全国代表大会，会议认真总结了中国民主革命的经验教训，决定学习俄国革命的经验和方法，改组国民党，以振兴国民党进而振兴国家。大会通过了有共产党人参加起草的、以反帝反封建为主要内容的宣言，确定了联俄、联共、扶助农工的三大政策，从而把旧三民主义发展为新三民主义。与此同时，援闽粤军回师广东后也有了很大发展。也正是这一年，国民党陆军军官学校于广州黄埔长洲岛正式成立，俗称黄埔军校。

◎ 1924年方幼璇辞别妻子赴粤

李厚基对福建的军阀统治结束后，方幼璇在福建辅佐黄展云办理盐务，协助方声涛重整民军，自1922年底以来这一年多时间里，尽管仍然四处奔忙，但毕竟没有军阀的羁绊，忙碌之余可以栖身于夏体井方宅这一温馨的港湾。儿子方祖谦已蹒跚学步、牙牙学语，给方宅增添了许多欢乐。1923年2月16日（农历正月初一），方幼璇和赖卫珂又添了一个可爱的女儿，给她取了一个好听的名字叫方静婉。方幼璇意识到，这种父母堂上尊、贤妻身边伴、儿女膝下欢的短暂日子很快又要被戎马倥偬、驰骋沙场所取代了。他几次欲向赖卫珂吐露心声，但又感到难以启齿。

4月中旬，方幼璇收到了蒋光鼐从广东发来的复函。信中说，粤军第一师即将重组，亟需军事干才，希望他和同学们抓紧赴粤，投身粤军。方幼璇默默地把信笺递给妻子，赖卫珂读罢同样默默地把信笺交还丈夫，接着，便埋头为方幼璇整理行装去了。自1908年嫁入方家，16年来赖卫珂与方幼璇聚少离多。这位笃行"三从四德"的女人，向来把相夫教子、敬老爱幼作为自己的本分，她最牵挂的就是战乱频仍中方幼璇的安全。每次为方幼璇整理行装，赖卫珂都不忘记把那枚虚云长老赠送的图章小心翼翼地放在随行的箱子里，她一直认为这是长老开过光的吉祥物。

几天后，对未来满怀憧憬的方幼璇、吴仲禧和陈维远一起登上了从福州马尾港驶向广州黄埔港的客轮。

二、入列雄师

1924年春末夏初，方幼璇、陈维远、吴仲禧来到广州。离开福州之前，方幼璇和陈维远给保定陆军军官学校第一期的老同学陈铭枢、蒋光鼐等写信表达了投身粤军的意愿，吴仲禧也给第三期老同学戴戟等写了信。按照信中约定，3人下榻在越秀山下的广州龙安旅店静候佳音。①

夜深了，方幼璇辗转反侧，难以入眠。起身拉开窗帘放眼望去，越秀山主峰越井岗在蟠龙岗、桂花岗、木壳岗、长腰岗、鲤鱼头岗的簇拥下高高耸立，镇海楼的红墙绿瓦早已掩隐于茫茫夜色之中，但棱角分明的轮廓在清澈星空的映衬下，仍然是那样气势恢宏。斗转星移，回想起1917年夏天从北平弃学来到广州，七年弹指一挥间，一桩桩往事又浮现在眼前：投身驻粤滇军、参加援闽作战、族人殃及受难、客居上海韬晦、冒险潜闽驱李、参戎闽自治军、辅佐办理盐务、协助重整民军、大田险遭不测……他一直执着地追随着孙中山先生探索民主革命的足迹，经历过多少期待和失望、顺利和挫折、成

---

①林亨元、王昌明：《吴仲禧传略》，载《吴仲禧诞辰百年纪念》第49页，广东省政协文史资料研究委员会1995年版。

功和失败，然而，最令他难以释怀的，就是作为一名接受过四级军事教育机构正规培训的军官，一直没能找到和归附于一支真正的革命军队。其实，陈维远和吴仲禧也没有安然入睡。在经历了对旧军队和民军的深深失望之后，他们下决心投身于孙中山亲自缔造的粤军。

辛亥革命时期，孙中山就开始筹划在南方各省建立武装部队。护国战争时期，孙中山接收了广东省长亲军20营，并将其改造为援闽粤军。1917年暑期方幼璇弃学南下广东时，是通过方声涛、吴澍的介绍进入驻粤滇军的，当时他对组建初期的粤军并无深入的了解。1920年夏，孙中山适应形势发展需要，又命陈炯明、邓铿、许崇智等统率这支在福建发展壮大的粤军回师广东，进击盘踞在广东的桂系军阀势力，于当年10月下旬克复广东全省，孙中山任命陈炯明为广东省省长兼粤军总司令。至此，国民党始得以广东为根据地，发展革命势力。当时粤军有两个军，第一军由陈炯明兼任军长，辖3个师、6个独立旅和5个路。以军参谋长邓仲元兼任第一师师长，洪兆麟任第二师师长，魏邦平为第三师师长；邓本殷、翁式亮、杨坤如、熊略、陈炯光、李炳荣分任独立旅旅长；李福林、钟景荣、黄大伟、罗绍雄、黄明堂任路司令。第二军由许崇智任军长，辖4个旅，以吴忠信、蒋国斌、谢文炳、关国雄分任旅长。①

不久，粤军出现了分化。桂系军阀投靠北洋，并陈兵粤边，蠢蠢欲动。孙中山于1921年5月28日命粤、赣、滇、黔各军讨伐陆荣廷，相继攻下南宁、桂林。继而，孙中山召开国会非常会议并于8月10日通过出师北伐案。但是，北伐旗帜刚一打出，就受到各地军阀的掣肘。陈炯明与滇、湘军阀暗地勾结，以所谓"联省自治"与北伐大计相对立。孙中山阵营内部在先讨陈还是先北伐问题上，发生了分歧。在陈炯明部公开叛乱的情况下，孙中山命北伐军回师平乱。许崇智部回师途中在韶关失利，孙中山于8月9日被迫离粤赴沪，陈炯明窃取了广东省军政大权。在这种背景下，拥护孙中山的北伐

①李洁之：《"国民革命"运动中的粤军第一师》，载《广东文史资料精编·上编第2卷·民国时期军事编》第95页，中国文史出版社2008年版。

军由许崇智率领，继续东进，于 10 月 12 日攻克福州后，改组为东路讨贼军。原属陈炯明部的粤军第一师起义，参与东路讨贼军攻克肇庆、三水。陈炯明逃往惠州，东路讨贼军乘势进占广州。1923 年 2 月，孙中山从沪抵粤重组革命政府。此时，驻广东的各路军队大致形成三个部分：一是大元帅府领导的粤军和从福建回师广东的东路讨贼军；二是陈炯明叛军；三是以叛将邓本殷为首的南路八属联军。此外，还有大本营直辖的海军和江防舰队。

在广州龙安旅店下榻数日后，方幼璇、吴仲禧、陈维远终于收到来自不同方面的回音。刚就任粤军第四军第一师第一旅旅长的老同学陈铭枢，得知陆军中学堂和保定陆军军官学校的学长方幼璇、陈维远抵穗消息后喜出望外，立即报请师长李济深批准，委任方幼璇为该旅新组建的第二团团附，而该团团长正是陆军中学堂和保定军校老同学、且同在驻粤滇军并肩战斗过的战友蒋光鼐。陈维远也安排在该旅任参谋。

◎ 第 4 军第 1 师第 1 旅旅长陈铭枢

吴仲禧收到了保定军校同学的两封复信。一封约其到黄埔军校担任区队长，一封是戴戟邀其到肇庆西江讲武堂当教官。当时戴戟已任该讲武堂堂长。吴仲禧选择了到肇庆当教官。① 不久，吴仲禧又调入第一师邓演达团任连长。

进入粤军后，方幼璇一直使用寓居上海时起的"方玮"一名。不过，后来一些历史资料中常把"玮"字写作为"纬"或"伟"。比如，蒋光鼐之子蒋庆渝所著的《天地悠悠——我的父亲蒋光鼐》一书中，有多处提到"方纬"，均为"方玮"之误。

能到粤军第一师任职，是方幼璇军旅生涯中的一个里程碑。援闽粤军回

①林亨元、王昌明：《吴仲禧传略》，载《吴仲禧诞辰百年纪念》第 49 页，广东省政协文史资料研究委员会 1995 年版。

师广东后，孙中山决定组建粤军第一师，担任拱卫广州的任务，并加强军政教育训练，使之成为全军模范。

◎ 粤军第 1 师师长邓仲元

荷戟独彷徨

粤军总参谋长邓仲元受孙中山重托出任师长，另有李济深、邓演达、叶挺、陈铭枢、陈济棠、蒋光鼐、蔡廷锴、张发奎、薛岳等人被选拔到第一师，后来这些风云人物都以第一师出身为荣耀。

第一师组建后，在邓仲元指导下进行了半年多的整编教育。官兵比较深入地学习了孙中山三民主义、五权宪法等内容，广泛开展爱国爱民和纪律教育，部队制式训练和实用技能训练并重，还在邓演达的工兵营试行教育训练之余的生产活动，旧军队颓废松弛的习气有了很大改进，官兵精神面貌焕然一新，成为粤军其他部队的榜样。1923 年孙中山回粤后，将粤军第一师扩编为粤军第四军。方幼璇在北平陆军大学校时的教官李济深，任整编后的第一师师长。

第一师有比较健全的政治工作机构，师、团、营、连各级都设党代表，师设政治部主任，团、营、连设政治指导员，师、团、连建立党部。政治工作生动活泼，注重用烈士精神教育官兵，办有多种宣传刊物。周恩来曾经这样评价过第一师："1923 年以前，孙中山部下比较带一点革命性的部队，是李济深的第一师。这是邓铿（邓仲元）系统的部队，大革命时代的张发奎、叶挺、邓演达以至陈诚，都是出自这个师。"[1]

进入粤军第一师第一旅，方幼璇很快就感受到这支队伍充满了与旧军队完全不同的新风尚。尤其是该师邓演达第三团，倡导政治与军事并重，认真学习、奉行三民主义；实行用人公开，清除重同乡、同学等关系的旧军队习

---

[1]周恩来：《关于 1924 年至 1926 年党对国民党的关系》，《周恩来选集》，人民出版社 1980 年版。

气；强调官兵除薪饷报酬外，不允许有其他非法收入；部队如有缺员截旷，一律上缴为公积金，用于充实装备、军需和改善官兵生活。这些制度和做法很快在全师得到推广。

三、战前练兵

方幼璇所在的第一旅，是 1920 年 11 月组成第一师时以梁鸿楷支队为基础编成的，当时，梁鸿楷为旅长，谢毅、徐汉臣分任该旅第一、二团团长。1922 年 10 月，谢毅升任旅长，梁鸿林、卓仁机分任该旅第一、二团团长。1923 年 4 月，卓仁机升任旅长（兼第二团团长），梁鸿林仍为该旅第一团团长，第二团团长后由张驰接任。1923 年 11 月，第一旅扩编为第十二、十三旅，第一师建制中暂缺第一旅。

1924 年 10 月，第一师重组第一旅，陈铭枢任旅长，李务滋任中校参谋长，原独立团改编为该旅第一团，驻扎于肇庆，张发奎任团长，许志锐任团副，朱晖日、缪培南、黄琪翔分任营长；新组建第二团，驻扎于封川，蒋光鼐任团长，方幼璇任团附，蔡廷锴、黄固、黄质胜分任营长。

在民国时期，"团附"与"副团长"并非同一职务。有的团既设副团长，也设团附，副团长为该团副职指挥员，而团附则相当于团长助理；若干副团长通常是平级的，而若干团附则在军衔等级上有所区别。当时粤军第一师各团不设副团长，因此，团附就兼有副职指挥员和团长助理的双重身份。

第一旅第二团驻扎的封川，位于广东肇庆北山之南，东与白垢镇毗邻，东南与罗董镇接壤，南与长岗镇相连，西临西江与江川镇隔江相望，西北与广西梧州交界，北与大洲镇连接，地势险要，历来为兵家必争之地，自晋末至民国 1500 多年来一直为县治。封川留有古城堡遗址，原有东北、西、南三门，修筑有城门楼、串楼、角楼、敌楼、望楼、战

◎ 2 团 1 营营长蔡廷锴

窗、串屋、更铺等设施。

第二团是新组建的，兵员中新兵占较大比例。部队驻扎后，团长蒋光鼐即组织方幼璇、蔡廷锴、黄固、黄质胜等团营军官研究组建和编练问题。这几位团营军官都算得上科班出生，蒋光鼐、方幼璇毕业于保定军官学校第一期，蔡廷锴毕业于护国第二军陆军讲武堂，黄固毕业于中央军校高等教育班，黄质胜毕业于肇庆讲武堂。面对刚刚征集来的几百名新兵和团队组建后纷繁复杂的事务，他们深感责任重大。

◎ 2 团团长蒋光鼐

"诸位，东江叛逆乘孙总理中山先生北上之机蠢蠢欲动，局势危机四伏。承蒙廖仲恺先生拨付刚从苏联运回的六五式步枪 700 支，交由我组建第二团。当前东征讨逆在即，我部乃新编之团队，提高战力为当务之急，应加快组建和编练。新兵教育训练由方团附领衔，各营按照团附要求组训。"蒋光鼐对方幼璇这位情同手足的老同学充满期望。

"先听听各营的意见吧。"方幼璇初来乍到，他想多听听蔡廷锴等一线指挥员的想法。

几位营长在发言中认为，东征讨逆之战即将打响，新兵实训时间只有短短两三个月，因此，要把宝贵的时间集中用于应用射击、投弹、爆破和单兵战术等实用战技术训练，尽量少搞制式训练和政治教育。

方幼璇认真地记下营长们的发言，稍作思考后也谈了自己的意见："总体上同意诸位高见。我团兵员来源不一，军政素质良莠不齐，欲在短期内形成战力，胜任东征作战，务必加大训练强度，突出基本军事技能和攻防战术训练重点。但是，在生与死、血与火的考验面前，士兵的战斗精神尤其是信仰的力量、纪律的力量，有着至关重要的作用。因此，训练时间再紧，也应当加强孙中山先生三民主义思想和战时纪律的教育，还要利用战技术训练间隙，组织好基本的制式训练，培塑和养成士兵的军人意识、服从观念，为战场上令行禁止打牢基础。"对方幼璇的意见，蒋光鼐频频点头表示赞许。营长们听了也都表态赞同。

方幼璇精心筹划、制订全团编练计划并指导各营展开紧张的战前训练。在军事训练中，方幼璇注重把攻克江宁、援闽作战中的典型战例引入教学，以实战经验教训启发新兵的战技术训练，并根据战前训练的速成要求，及时发现问题、改进方法。

方幼璇来到训练场检查新兵的刺杀训练，他发现一些新兵训练突刺收枪时，普遍存在不正确的"上挑"动作。他意识到，这可能是受到了教练员"花架子"动作的影响。方幼璇马上集合队伍，把新兵带到山丘下的土坎前。他下达了分解动作"突刺"的口令，让新兵把枪刺深深地扎进土坎里，然后再提问新兵，现在能否以"上挑"姿势把枪抽回。新兵们恍然大悟，枪刺无论如何也挑不起一座山，只有"直来直去"，才能迅速抽回突刺的枪支。这一生动的教练过程，为新兵在战场上的白刃格斗奠定了基础。

方幼璇还要求各营的实弹射击训练一律把标准的胸环靶换成以不同姿态移动的侧身人形靶，让新兵训练尽量贴近实战要求。实训时间紧张，难以安排专门时间进行队列等制式训练内容。方幼璇就要求新兵在日常步行中都必须以标准步伐的要求行进，利用点滴时间养成军人姿态和纪律观念。

新兵训练正在紧张进行中，封川地区出现了匪患。一些游散的土匪在治安防范薄弱的偏远村落抢掠财物，百姓怨声载道。第二团奉命边组织新兵训练，边担负驻地附近的绥靖任务。方幼璇抓住这个机会，组织新兵担负警戒、巡逻、抓捕等强度不大、危险性不高的维持治安任务，让新兵在携枪带弹完成任务的体验中熟悉战斗编组，增强战斗意识和必胜信念。

驻训肇庆期间，在邓演达建议下，第一师成立了革命军人共乐会，该会的主要任务就是组织官兵学习三民主义和国民革命的道理。邓演达讲授的第一堂课题目是"吾人今日谋生之道路及其方针"。第二堂课由徐景堂演讲"新的人生观"；第三堂还是邓演达演讲，他讲的是"三民主义"。后来，蒋介石、张难先、伍观淇等也来会演讲。在全师掀起了学习三民主义、建国方略的热潮。始终孜孜不倦研究三民主义的方幼璇，亲笔为新兵撰写三民主义教育提纲，为全团官兵讲授政治理论课，深受部队欢迎。

为了活跃部队文体生活，形成积极进取、健康向上的氛围，1925 年元旦期间，方幼璇在封川组织全团举办了一届别开生面的士兵运动会，设置了军事体育和一些娱乐性的竞赛项目。还结合该团新配发苏联六五步枪的实际，组织实弹射击竞赛。这些举措有效激发了官兵的练兵热情。从 1924 年 11 月至翌年 1 月这短短 3 个月间，在方幼璇的组织指导下，全团新兵军事训练和政治教育进展顺利，官兵斗志昂扬，东征作战各项准备就绪。陈铭枢对第二团的新兵训练颇为满意，他在回忆录中记述："时蒋光鼐团缺蔡廷锴一营（尚在广西由陈济棠指挥），担任地方绥靖任务的仅两营新兵，但已训练了两三个月，可以作战了。"[1]

四、东征讨陈

方幼璇二次南下广东、投身粤军半年左右，就参加了第一次东征作战。此次东征酝酿于 1924 年底，开始于 1925 年 2 月，直接目标是肃清割据东江、危及广州的陈炯明叛军，巩固广东革命根据地，为北伐奠定基础。

◎ 陈炯明

1924 年 11 月 13 日，孙中山应冯玉祥之邀，启程北上，共商国是。孙中山离粤第三天，陈炯明就在汕头召开军事会议，自任"救粤军总司令"，图谋乘机蠢动。30 日，陈炯明部攻陷宝安、东莞、石龙等地，广东形势急转直下。12 月 2 日，代理大元帅胡汉民主持召开各军总司令会议，议决由滇、桂、粤军担负肃清东江的任务。26 日，陈炯明通电就任伪粤军总司令。1925 年 1 月 7 日，陈炯明下达了进攻广州的总动员令。

1 月 15 日，广州大本营决定将所辖许崇智

[1]陈铭枢：《陈铭枢回忆录》，第 38 页，中国文史出版社 1997 年版。

之建国军、杨希闵之建国滇军、刘震寰之建国桂军及谭延闿之建国湘军等部组成东征联军，以杨希闵为联军总司令。是日杨希闵以联军总司令名义发布动员东征命令，30日，东征联军总司令部召开军事会议，决定三路进兵，先发制敌。共产党人对东征联军予以及时声援。蔡和森在《向导周报》上撰文指出："我们工农阶级是中国革命运动的柱石，……我们现在更应无条件的帮助广州政府打倒这不知羞耻的叛贼陈炯明。"①

1月31日，第一旅召开誓师大会，全旅官兵得知将东征讨陈后群情激奋，齐声高诵由陈铭枢旅长亲笔撰写的誓词。当晚，全旅官兵在南门河（今广东恩平市城南锦江河畔）聚餐。陈铭枢在其回忆录中写道："出发前一晚全旅官兵又在南门河地方大醉一场，张发奎、蒋光鼐都是很有酒量的，颇富罗漫蒂克情调。"②

　　　　三传金谷酒，

　　　　觞尽欲晓天。

　　　　若定一挥指，

　　　　蹈厉更无前。

在临战前激昂、亢奋的氛围中喝得酩酊大醉的蒋光鼐口占一绝。③不胜酒力的方幼璇也双手举盏一饮而尽。壮行酒宴充满了视死如归的战斗豪情。

2月1日，东征军分3路向陈炯明叛军发起总攻。左翼军

◎ 东征军攻占惠州城

①和森：《孙中山病后帝国主义与军阀之阴谋》，载《向导周报》第101期。
②陈铭枢：《陈铭枢回忆录》，第32页，中国文史出版社1997年版。
③蒋庆渝：《天地悠悠——我的父亲蒋光鼐》第22页，中国文史出版社2008年版。

为滇军杨希闵部约 3 万人，进攻河源、老隆、兴宁和梅县；中路军为桂军刘震寰部约 6000 人，直捣陈炯明老巢惠州；右翼军为粤军许崇智部约 1 万人和黄埔军校教导团约 3000 人，进攻淡水、平山、海丰、陆丰、潮汕。黄埔军由右路军参谋长、黄埔军校校长蒋介石率领，军校政治部主任周恩来负责战时政治工作，并参与作战指挥。

第二团属右翼军（当时蔡铤锴营随第二旅在广西作战）。与右翼军协同作战的黄埔军校教导团在团、营、连各级都设有党代表，党代表大部分是共产党员。在右翼军中，方幼璇第一次和以共产党人为骨干力量的黄埔军校教导团并肩作战，这也使他亲身感受到共产党人在浴血奋战中的先锋模范作用。

虽然东征联军共约 4.6 万人，但兵力雄厚的左翼滇军和中路桂军与陈炯明暗度陈仓，按兵不动。因此，征剿陈炯明军阀势力的重任必然地落到了右路军肩上。

◎ 黄埔军校"东征阵亡将士墓"

其实，第一旅在出征前内部也有不同的声音，甚至有人企图利用方幼璇在军中的威望以及他与陈铭枢的老同学关系，让他出面说服陈铭枢抵制东征。但是，方幼璇断然拒之，并全力支持陈铭枢的作战决心。高伯奇在《陆军中将方幼璇事略》中记载："陈将军举师讨伐，有间公，欲公请陈将军罢东征之议者。公以大义辟之并力赞陈将军行，卒使陈邓诸逆先后授首。"[1] 关于这件事的具体情况尚未查寻到更为详细的历史资料，不过陈铭枢在他的回忆录中记述了一些耐人寻味

荷载独彷徨

①高伯奇：《陆军中将方幼璇事略》，载《方幼璇先生哀思录》像赞部分第 3 页，国民革命军第六十一师 1929 年版。

的细节。他写道："我回到肇庆，把东征的事情向蒋光鼐、戴戟等人说了，他们都很高兴。……次日，我到梧州，先与张发奎团长面商，他完全同意东征。……随后，我即到李任潮（李济深）的公馆去见他。李平素下决心很迟缓，对于东征表现得非常游移。我在传达了政府意旨后，立即催他下命令（命令我旅东征）。他迟疑不决，我即在他的办公桌上，拿越纸写好了命令，请他签署。他仍推诿，我挪着他的手签名。"① 这一记述表明，当时第一师内部在是否参加东征的问题上的确存在一些杂音。

2月14日，右翼军分三路向淡水之敌发起攻击。洪兆麟部自潮汕抵惠州，移兵增援。从当日下午开始攻城，激战至次日上午10时，黄埔教导团奋勇队百余人，在炮火掩护下攻入淡水城。洪兆麟部退出城北外围，组织两次反攻，均被击败。东征联军全歼守城敌军1个旅，洪兆麟部退往平山、三多祝等地。

攻克淡水后，右翼军乘势于20日向平山合击，21日进占平山。22日许崇智在淡水白芒花主持召开军事会议，周恩来、张民达、叶剑英、许济、蒋介石以及苏联顾问和团以上领导参加了会议。会议认为，鉴于滇、桂军已按兵不动，决定暂不攻取惠州；由张民达率第二、第四师主攻三祝多之敌；由蒋介石率黄埔二团从平山绕过三祝多迂回海丰，袭击叶举残部；由陈铭枢旅及警卫军从平山、新泰向公平前进。各部均于24日上午出发。

按照以上部署，张民达部第四旅张和团在平山会议后一天即绕道秘密占据三祝多猪兜岭的牛皮嶂制高点。翌晨，张和团按计划向驻扎在山腰的敌军发起突击，敌军狼狈逃下山去。张民达部即全线向猪兜岭敌主力进攻，很快占领了洪兆麟指挥部。

此时，陈铭枢旅长率后续部队两个团，第一团团长张发奎、团附许志锐，辖3个营：第一营营长朱晖日，第二营营长缪培南，第三营营长黄琪翔；第二团团长蒋光鼐，团附方幼璇，辖3个营：第一营营长戴戟（该营随陈济棠旅进入广西攻打沈鸿英残部），第二营营长黄固，第三营营长黄质胜和警卫军一个团到达公平后即向沙田前进，阻止驻河源、龙门的林虎部的援军。

---

①陈铭枢：《陈铭枢回忆录》第39页，中国文史出版社1997年版。

五、歼灭林刘

林虎所部在淡水、平山、三多祝各次战斗中均作壁上观，以保存实力，拥兵不下2万余众，盘踞在兴宁、梅县、五华、河源、紫金一带。当叶举、洪兆麟溃败后，林虎即调动所部集结于河源、鲤湖、棉湖一线，企图一举消灭东征联军，进而称霸广东。

在前期的东征作战中，第二团主要担任后续增援任务，尚未在第一线参加作战行动。奉命担负阻击敌援军的任务后，一些人对以新兵为主要成分的新建第二团的战斗力心存疑虑。但是，经过3个月的战前教育训练，方幼璇对本团士兵的军政素质充满了信心。同时，他在战前已按新老搭配的原则，对全团各基层单位进行了重新编组。

3月12日下午，方幼璇所在第二团随本旅由肇庆经广州、平湖、淡水、平山、三祝多、公平进至紫金属上栅时，收到探报称，河田驻有敌军林虎部黄兴中旅。上栅离河田约15公里，陈铭枢决定于次晨3时分左右两路前进，于拂晓前向由第一团正面进攻，第二团绕道抄袭敌之右侧，向黄兴中旅攻击并占领河田。进攻发起后，敌军即刻土崩瓦解，俘其团长王济中以下400余人，残部向梅林方逃窜。

就在这一天，孙中山在北京病逝。为不影响东征联军的士气，广州大本营严密封锁了这一消息。而滇军杨希闵、桂军刘震寰两部却乘机在广州发动叛乱。

占领河田后，陈铭枢正拟组织乘胜追击，接到蒋介石急电，称在棉湖与敌激战的黄埔军校教导团和学生军告急，令第一旅赶到河婆截击敌人，限13日到达。河田至河婆约30公里，第一旅星夜兼程，于拂晓到达河婆，欧阳驹警卫旅亦同时到达。此时，只见河婆满山敌军。第一旅和警卫旅立即组织渡河，截击敌军，一举击溃刘志陆部，敌军沿大山向罗甘坝溃退，第二团乘胜追击，缴获刘志陆所乘大轿一辆。第二团许多第一次参战的新兵好奇地围着大轿观望，有些新兵还争先恐后地上轿体验一回刘志陆的座驾。方幼璇不失

荷戟独彷徨

时机地鼓励新兵们藐视敌军，增强克敌制胜的信念，乘胜追击。是为东征中著名的"棉湖之役"。

3月16日凌晨3时，第一旅、警卫旅和黄埔军校教导团由河婆向安流前进，以第一旅为先头部队继续追击。急行军约35公里后，上午9时抵达安流。当时，敌军正在河对岸集结，拟向水口方向逃窜。据探报，敌军由河婆退到安流的有3万多人。此时，警卫旅、教导团和蒋介石、苏联顾问加伦将军等陆续到达。决定由第二团为前卫，第一旅和两教导团、学生军向板子岗、五华前进，进攻兴宁。

进攻前，蒋光鼐向全团官兵作了简要动员："我军限今晚赶到五华城，明早进攻兴宁，把林虎生擒过来。我们是前卫团，今天是强行军，大家要振作精神，快步前进。"①

方幼璇见不少新兵经过连日征战，已疲惫不堪，即要求各级官佐下马，在各行军纵队之首带领部队前进，马匹全部用于负载装备。新兵们见官佐身先士卒，士气大涨。经过强行军，部队于当夜赶抵五华。此时，原驻五华的林虎部军士教导队1000余人已闻风而逃。

是日，第一旅和钱大均教导团奉命向兴宁进发，于下午2时到达。第二团部署在兴宁城外南济桥竹子赍山，隔河与义向围一带之敌李易标部对峙。

方幼璇组织现地勘察，发现普济桥上游水浅可以徒涉，便向蒋光鼐提出涉水强渡的建议，蒋光鼐当即同意。次日拂晓，在第一团第三营的支援下，蒋光鼐和方幼璇率全团渡河进攻。入伍几个月的新兵毫不畏惧，端着上刺刀的步枪高声呐喊着冲入敌阵，几经搏杀，攻下了敌义向围阵地。同时，张发奎团也攻下兴宁神光山，敌溃败而逃。当时坊间笑传说林虎残部是一路拉稀逃跑的。这一传说事出有因，当地百姓对林虎部憎恨之极，故意把桐油倒入粥中给林虎部官兵吃，不少人因此闹肚子，只能边拉肚子边逃命。

苏联专家加伦将军在蒋介石陪同下到第二团所在的竹子赍山阵地视察后

①《广东文史资料精编·上编第2卷·民国时期军事篇》第420页，中国文史出版社2008年版。

说："按照计划，我军本来准备下午 1 时开始进攻的，今天上午 11 时外围之敌已被你们肃清，你们同苏联十月革命战争时的红军一样英勇。"①

3 月 20 日拂晓，东征联军各部对兴宁发起总攻。战至当天日暮时分，攻占兴宁。与此同时，右路军又攻占了五华、梅州市梅县区、蕉岭、大埔等区县，洪兆麟残部逃往粤闽边境；林虎残部退入江西，潮（州）梅（州）地区全部为东征联军收复，困守在惠州孤城的陈军杨坤如部见援兵无望，出城向东征联军投降。4 月 20 日，东征联军左路滇军遂进入惠州。至此，第一次东征作战结束。

第一次东征，参战联军不足 3 万人，而陈炯明部和其他敌军总数约 6 万人之众，但卒为东征联军所击溃。此次东征胜利，除了孙中山正确决策和东征军英勇作战之外，共产党的合作帮助也是重要因素。时任第二团第三营副营长的林君勉在一篇回忆文章中写道："由于当时得到共产党的合作帮助，在军队的组织、训练、作战中，在群众中，起了重大作用。当时周恩来任黄埔军校政治部主任，随军出发派出的党代表、政治指导员在前头作宣传工作，发动群众，取得群众的支持，为我军刺探敌情，担任运输，供给食物，作向导等等。又以党代表指导以不怕死的牺牲精神，激励了官兵斗志，而敌军则因作恶多年，为民众所痛恨，处处陷于孤立，因此在敌我兵力悬殊情况下，取得了胜利。"②

关于方幼璇在第一次东征中的功绩，在《方幼璇先生哀思录》年表中记载："竟能以三月之新兵歼灭素称善战之林虎、刘志陆部于东江之河田、兴宁。"③

3 月 27 日上午，蒋介石集合教导两团官兵在兴宁县城东门外宣布了孙中山在北京逝世的消息，并撰文哀告全军将士。是日上午 9 时，在兴宁县北门

荷戟独彷徨

---

①林君勉：《我参加第一次东征和讨伐南路军阀的回忆》，载《广东文史资料精编·上编第 2 卷·民国时期军事篇》第 420 页，中国文史出版社 2008 年版。

②林君勉：《我参加第一次东征和讨伐南路军阀的回忆》，载《广东文史资料精编·上编第 2 卷·民国时期军事篇》第 421 页，中国文史出版社 2008 年版。

③《方幼璇先生哀思录》年表部分第 13 页，国民革命军第六十一师 1929 年版。

外大坝里，举行了盛大的追悼孙大元帅及阵亡将士大会。各军官兵及社会各团体共 5000 余人参加。大会由何应钦司仪，蒋介石主祭，并率全体国民党员宣读誓词，由政治部主任周恩来宣读祭文，最后由蒋介石演说。

方幼璇听到孙中山病逝的噩耗，悲痛万分。他不禁回想起自己从 18 岁加入同盟会开始，忠实追随孙中山三民主义，投身民主革命的艰辛历程。孙中山亲切的音容笑貌始终浮现在眼前，尤其是辛亥革命期间在南京训练北伐学生军时接受孙中山检阅，投身驻粤滇军时兼负卫戍总司令部警卫孙中山任务，避居上海时执行孙中山阵营指令等亲身经历的情景，如烙印般

◎ 东征军在兴宁举行追悼孙中山大会，手持祭文者为周恩来，其左前为蒋介石

镌刻在脑海中。在那些悲痛不已的日子里，夜深人静之时，方幼璇总是在案前研读、沉思或奋笔疾书。经过这些年的坎坷求索，他把许多新的思考和感悟写进了《三民主义之研究》这部论著中。

第七章
保国府回师羊城　定南路再讨叛军

　　1925 年的广东政局纷繁复杂、战事频仍。在方幼璇的军旅生涯中，这是参与作战行动最为频繁的一年：开年东征作战，初夏平定杨刘，盛暑中山剿匪，岁末南征讨邓……全年几乎都是在炮火硝烟中度过的。本章主要记述方幼璇在第一次东征之役胜利结束后又回师参加平叛、剿匪和南征作战等情况。时间从 1925 年 4 月至 1926 年初。

一、平定杨刘

　　陈铭枢在《副旅长方公传略》中概括地记述了方幼璇在 1925 年中的主要战斗历程："十三年铭枢为粤军第一旅旅长驻肇庆，委公（注：方幼璇）为第二团团附。十四年春，奉命移师赴东江讨陈炯明、林虎，旋复回师讨杨希闵、刘震寰。其年八月又随赴南路讨邓本殷。旌旗所至，逆党震慑，诸逆以次摧灭。"①

　　第一次东征胜利结束后，粤军第一师第一旅临时驻扎于梅县。当地政府和社会各界纷纷组织慰问、犒劳作战部队，许多官兵们滋长了自满情绪。旅长陈铭枢在回忆这段时间自己的心态时也坦陈：当许崇智以陈作战有功在要

_____

①陈铭枢：《副旅长方公传略》，载《方幼璇先生哀思录》像赞部分第 1 页，国民革命军第六十一师 1929 年版。

汕头单独召见时，"到汕头途中，正有春风得意马蹄疾之慨，沿途山川草木都好像在为我增添光彩，于不知不觉中陡然升起趾高气扬的神态"。[1]

方幼璇向来不是一个喜形于色的人，他看到官兵们每天都沉浸在胜利的喜悦中，庆功宴一场接着一场，心中着实有些担忧。他向蒋光鼐团长提出建议，东征虽已获胜，但广东尚未底定，应当利用作战间隙，组织部队总结经验教训，做好迎接新战斗的充分准备。蒋光鼐的想法与方幼璇的建议不谋而合，他们立即要求第二团各营停止各种庆功活动，认真组织部队整训。果然，全团官兵人未卸甲、马未解鞍，又接到了回师平息杨希闵和刘震寰叛乱的作战任务。

杨希闵（1886－1967），云南宾川人，时任建国滇军总司令；刘震寰（1890-1972），广西马平人，时任建国军桂军第三军军长。杨、刘二人都是曾经追随孙中山，后又图谋叛乱的军阀。1925年3月12日，孙中山在北京逝世，云南军阀唐继尧与杨、刘串通一气，图谋篡夺广东政权。3月以后，唐军一路向梧州，一路向粤南钦廉方向进攻，17日又突然声称就任大元帅府副元帅之职，其进逼广州、颠覆革命政权的企图昭然若揭。刘震寰亲赴云南与唐继尧勾联，杨希闵也暗地里与唐继尧联络。杨、刘所部原来都驻扎于广州附近，他们与唐继尧勾通后，开始把部队撤回广州，准备充当唐继尧内应。

以廖仲恺为首的左派和共产党人主张坚决讨伐杨、刘。廖仲恺、朱培德等于5月13日赶赴汕头，与许崇智、蒋介石、苏联顾问加伦将军等人研究讨伐杨、刘策略，决定东征军回师保卫广东革命政府。胡汉民随即以代理大元帅名义，免去杨希闵一切职务，明令讨伐。

5月中旬，联唐派在香港皇后酒店60号召开会议，杨希闵、刘震寰、马素、陈廉伯等出席，唐继尧、段祺瑞、林虎、陈炯明、邓本殷以及香港当局均派代表参加，会商叛乱计划，决议由马素负责外交，军火由香港当局负责，图谋内外夹攻，颠覆广州革命政府。

对于杨、刘的叛逆行为，方幼璇愤慨之极。按照第一旅的统一部署，他

---

①陈铭枢：《陈铭枢回忆录》第43页，中国文史出版社2012年版。

在团里组织了战前动员，激励官兵连续作战，以实际行动继承孙中山遗志，保卫革命政府。5月下旬，东征军奉命回师广州。第一纵队由黄埔军校何应钦旅和许济第四师编成，为右翼，由广九路推进；第二纵队由陈铭枢第一旅编成，为左翼，由九眼洞推进；担任正面攻击的警卫军由瘦狗岭推进。23日，方幼璇所在的第二纵队从潮安出发，经揭阳、普宁、海陆丰，于6月2日到达白云市，在此收编了杨坤如残部刘学修一团。3日就地休整。4日，第一、第二纵队同时向淡水推进，在土塘、樟木头一带集结。8日，向石滩发起攻击，当面之敌溃退。10日，第二纵队宿营于乌涌站。

6月11日，蒋光鼐和方幼璇率领第二团沿东江进广州大道，直逼燕塘。此时，作为前锋的张发奎团在瘦狗岭遇到敌军顽强阻击，部队几近败退，张发奎不得不亲自举枪督战。旅长陈铭枢命令号兵发出信号，催促何应钦部向前推进，但何应钦仍按兵不动。① 危急关头，陈铭枢命令第二团迂回到左翼增援。第二团到达指定位置后，方幼璇自告奋勇，向蒋光鼐请缨亲率第一营担负突击任务。他不顾密集的枪林弹雨，始终冲杀在队伍前列。官兵们见方团附身先士卒，顿时士气大振，越战越勇，呼喊着口号向敌阵冲去。敌军为第二团的勇猛声势所震慑，纷纷溃退。蒋光鼐和方幼璇率第二团乘隙长驱直入，攻入市区。

◎ 张发奎编《第四军纪实》

在这次战斗中得益于第二团有力支援的第一团团长张发奎在他的《第四军纪实》中这样记述："我军遇伏，战斗至烈。……第一旅旅长陈铭枢亦指挥第二团来援，我军声势大盛。剧战移时，敌始不支向广州溃退。第一旅跟踪

---

①陈铭枢：《陈铭枢回忆录》第32页，中国文史出版社1997年版。

追击，毙敌无数，敌军残部沿粤汉铁路逃窜，溃不成军。"①

第二团乘胜占领燕塘、沙河后，即向沙河东川路追击前进，遂于 6 月 13 日中午 12 时收复广州，驻惠州一带的滇军和在西江一带的桂军也被朱培德、李宗仁部解决，迫使困守惠州的陈炯明部杨坤如军向革命军投降接受改编，广东革命根据地得到进一步巩固扩大。

二、中山剿匪

平叛激战正酣，匪患又起事端。6 月 11 日，正当第二纵队逼近燕塘，进攻瘦狗岭之时，位于中山县的横档乡发生了一起震惊全省的惨案。该县第九区最凶残的"汉明"匪帮在英国炮艇"罗便号"的炮火配合下，对横档乡烧杀抢掠，死伤和掳走100 余人。使案情复杂化的是，匪帮首领梁金敖、林才在案发前已由驻防中山的粤军第三警备司令部

◎ 廖仲恺

吴泽理所收编，委任梁金敖为第二统领，林才为第二邦统。这样，"汉明"匪帮就被披上了"军人"的外衣。因此，这又成为本国军人勾结外国军队共同犯下的案件。中山县县长卢家驹为了息事宁人，刻意隐瞒案情，不向省里报告，使这一惨案迟迟未得以查办。

国民党中央农民部和广东省农民协会了解此情后，一再函请国民政府严厉查办。平定杨刘之战结束后，农民部部长廖仲恺于 7 月中旬致函国民政府，要求"迅速向英国领事提出严重抗议，以维国体；一面令行军事部刻日解散匪军，严缉著匪林才等归案征办"。② 7 月 20 日，国民党中央政治委员会第三十七次会议决定，组成专门的调查委员会，并由军事委员会派出得力的部队随同前往中山县调查此案，相机严肃处理，以正军纪，以平民愤。

①张发奎：《第四军纪实》第 44 页，文海出版社 1948 年版。
②《英舰助匪炮击中山横档乡》，原载《广州民国日报》1925 年 7 月 18 日。

第二团受领了赴中山剿匪的任务，同时接到上级密令，"现驻中山及小榄吴某所部，包烟庇赌，军纪甚坏，着该团将其缴械……"① 中山县原驻军吴泽理部也接到了调防广九路石滩站的命令。方幼璇心中十分清楚，剿匪所面临的对手在战斗力上虽然不如叛军强大，但能够横行一地的匪患，通常与当地各种势力有着千丝万缕的联系。因此，剿匪行动既要斗勇更要斗智。

8月12日，蒋光鼐和方幼璇率领所部两个营乘船抵达中山，此时，据探报吴泽理部尚未开拔，他们商量后便将部队泊于石歧长洲一带。社会各界闻讯纷纷前来控诉吴部在当地勾结土匪、鱼肉乡民的恶行，请求中央派来的队伍解散吴部。

8月14日，第二团再获情报，吴部已将开拔经费带回中山，拟于16日晚开拔。方幼璇向蒋光鼐提出了一个"欲擒故纵"的方案，得到了蒋光鼐的批准。第二团故意放出消息，声称该团大部分兵力将开往黄梁一带剿匪，仅留下少量兵力看守船只。而后，让部队大张旗鼓地向黄梁进发。吴泽理听说第二团主力已经开往黄梁剿匪，自认为当前在中山已暂无威胁，便于15日晚在隆都码头准备几艘民船，并通知已备好的3艘轮船准备第二天溜之大吉。

8月16日清晨5时许，方幼璇率第二团主力突然由黄梁回兵，以迅雷不及掩耳之势杀了个回马枪，包围了驻扎在县城的吴部驻地，吴部发起抵抗，第二团围攻1个多小时，即将兵匪一家、祸害百姓的吴部一举缴械、清除，但第二团也伤亡30余人。吴部缴械后，中山各处土匪有的逃匿，有的作困兽之斗。第二团各营分头围剿，不到半个月便肃清了中山境内的匪帮。

清除行动结束后，第二团立即在中山城里张贴安民告示："……该警备司令所部媚外勾匪，蛊毒同胞，天日为昏，现已派队将该部缴械。凡我父老昆季，须知该部实为包庇盗匪渊薮，本团此举实为整饬国家军纪，及保障中山县人民生命财产起见，祸原既除，匪氛可戢。"②

---

① 蔡廷锴：《蔡廷锴自传》第132页，黑龙江人民出版社1982年版。
②《蒋光鼐收缴吴泽理全部枪械详情·团长蒋光鼐布告》，载《广州民国日报》1925年8月18日。

荷戟独彷徨

8月16日，国民党中山县党部也发出宣言，对第二团的行动表示赞赏和支持，呼吁民众保持稳定。宣言如下："夫军队所以保护人民生命财产，维持地方治安，关系至为重要。我邑自建国粤军第三警备司令吴泽理驻防以来，常离职守，任用参谋长李朝彦、参谋兼补充营长李维汉，对于地方，毫无保护实力。且收编匪党梁金敖、林才等，籍军队之美名，行劫掠之举动，四处招摇，骚扰地方，焚烧横档乡，惨杀农民。且暗设机关，私铸军械银毫，包烟庇赌。近则私运粮食出口，接济外人，无恶不作。此等败类军队，简直是反革命派。经于本月十六号晨刻，由建国粤军第一师部，将吴泽理部军队悉数缴械解散。现在地方如常安靖，且第一师部军队，纪律严明，秋毫无犯。诚恐各界未明真相，特此宣言，务望我亲爱之同胞，即日照常营业，幸勿自相惊恐，是为至要。"①

8月17日，蒋光鼐召集县党部和社会各界30多个团体代表在崇义祠开会，说明此举系出自为人民群众的意愿，以武力清洗图谋私利的军阀积习。第一师是由邓仲元师长组建起来的，所干的都是革命事业。第二团与当地第三警备司令部吴泽理部并无个人恩

◎ 中山县旧景

怨，亦不为本团势力扩张。表示将缴获的300多支枪械悉数送与中山人民。第二团的行动得到了中山人民的热烈拥护。中山县人民代表大会专门致电国民党中央执行委员会、国民政府、广东省政府、省农民协会，请求褒奖第二团："夫自党治更新，国民政府成立，其首先揭示以告于全国拥护革命之群众者曰整饬军纪，然而负责者几何人，实行者几何人。今蒋团长独能恪遵党义，毅然应人民之请求，以为大元帅故乡除此大患，欢欣鼓舞者盖不独敝县而已。伏望我国民政府军事委员会暨省政府诸公，厚加奖擢，以鼓励革命军人，使

①《蒋光鼐收缴吴泽理全部枪械详情·团长蒋光鼐布告》，载《广州民国日报》1925年8月18日。

闻风兴起，益奋忠勇，以为人民造福。"①

8月20日，中山县人民代表大会就第二团将所缴枪支送与中山人民一事再次致电相关机构赞扬第二团"不避嫌怨，奋其忠勇，以实行党训，为中山除此大害，而又功成不居，以所得枪械还诸人民，使武力为人民之武力，无毫发自私之意。我邑人民欢欣鼓舞，认为民国十三年来未有之创见，业于本日全县人民代表大会表决正式接受蒋团长盛意……后兹驻中山军队，其有破坏人民武力，一反蒋团所为，以危害我市廛畎亩之安宁者，誓合全力相周旋"。②

8月23日，中山农工商学团警各界2万余人在旧学宫召开欢迎革命军大会，并即席决议"挽留蒋团驻县办理绥靖地方事宜，便剿匪得竟全功"，为此电呈有关方面："伏乞俯允电饬蒋团驻县，使人民得享安居乐业之福。"

在社会各界的广泛支持下，第二团在中山的剿匪行动进展顺利。9月30日，蒋光鼐接到以刘成、方镜如为匪首的"竞进长生社"准备在溪角乡聚集的情报，即派第一营营长蔡廷锴率五连兵力于当日午夜1时从石歧出发，兵分4路，经水路分别向沙溪墟、龙聚环、豪涌、西河进发，拂晓时分抵岸后立即展开围捕，擒获匪徒120余人。

根据蒋光鼐的部署，方幼璇和县长黄居素、农民部秘书罗传国及团部短枪队、县游击队、农民自卫军等亦于9月30日11时驰抵沙溪墟，③而后，发出由蒋光鼐和黄居素会衔解散"竞进长生社"的布告，并将5名主犯就地枪决。中山剿匪和清理吴部行动至此圆满结束。

三、南征伐邓

平定杨、刘叛乱之后，国民党中央执行委员会于1925年6月15日通过决

①《蒋光鼐解散吴泽理部续讯·中山县人民代表大会电》，载《广州民国日报》1925年8月19日。

②《中山县人民代表大会第二次通电》，载《广州民国日报》1925年8月23日。

③蒋庆渝：《天地悠悠——我的父亲蒋光鼐》第29页，中国文史出版社2008年版。

议，改组大元帅府为国民政府，将建国军改称为国民革命军。7月1日，中华民国国民政府在广州正式成立，汪精卫为主席。3日，国民政府设立以汪精卫为主席的军事委员会，决定取消以省别为军队的名称，统一称国民革命军。8月1日，粤军、湘军、滇军和攻鄂军总司令分别发出通电，宣布解除各自的总司令职务，将所属军队交由国民政府军事委员会统率。26日，军事委员会议决编组国民革命军第一、二、三、四、五军。

第四军由原建国粤军第一师李济深部编成，许崇智任军长一个月后，由李济深继任军长，陈可钰为副军长。在初编的国民革命军5个军中，第四军力量最为强大，共辖第10、11、12、13师和叶挺独立团。9月，第四军第十师在江门成立，陈铭枢任师长，蒋光鼐升任副师长。原第一旅第二团在这次整编后改番号为第二十八团，蒋光鼐兼任团长，方幼璇为团附；孙纯任第二十九团团长；戴戟任第三十团团长，吴仲禧为团附。当年一起赴粤的保定军校同学方幼璇、吴仲禧此时又同为第四军第十师的战友，并且同样担任团附。

当第一次东征的部队回师广州平定杨、刘叛乱时，陈炯明率其残部趁机又从闽南向东江回窜，已达石龙、增城一带，并赶走许崇智部东征留守的少数部队，对广州政府造成新的威胁。为了彻底消灭陈炯明反革命武装，巩固和统一广东革命根据地，9月1日，国民党中央特别委员会会议决定出兵东江，进行第二次东征。27日，国民政府任命蒋介石为东征军总指挥。

10月6日，东征军各纵队陆续开赴前线。是日，蒋介石率司令部进抵石龙。8日，广东石龙各界人士召开欢迎东征军大会。东征军总指挥部政治部主任周恩来发表讲话，号召人民与革命军联合起来，互相援携，共同歼敌。

◎ 广东石龙周恩来东征演讲塑像

按照原计划，国民革命军"第一军全部、第四军大部以及警卫军、豫军、攻鄂军、鄂军等部队，全数出发东江，以捣陈炯明逆军之根据地；第二、第三军，全数出发北江，解决附逆之熊克武部"，① 而仅以第四军第十师陈铭枢部奉命在江门布防，主要担任广东南路警戒任务。10 月 16 日，蒋光鼐、方幼璇率第二十八团随第十师从肇庆移驻江门。

所谓广东南路，是指广东省过去的高州六属，雷州三属，钦廉四属和两阳，即茂名、信宜、电白、化县、吴川、廉江、遂溪、海康、徐闻、灵山、合浦、钦县、防城、阳江、阳春 15 个县和梅菉一个市。

在第二次东征展开时，盘踞南路的军阀邓本殷亦乘机蠢动，纠合中部的申保藩、苏廷有及其他反革命势力进犯阳江，已达恩平、赤坎，企图联合东江残部夹攻广州。

邓本殷（1879—？），防城人，曾在援闽和回粤作战中立过战功，得到孙中山和陈炯明的赏识。后追随陈炯明叛变，任陈部第三独立旅长，固守琼崖。1923 年，邓联合申葆藩等部，成立南路高、雷、钦、廉、琼、崖、罗、阳八属联军，任总指挥。在陈炯明、段祺瑞和帝国主义支持下，八属联军渡过琼州海峡，先后攻陷高雷钦廉琼崖罗阳等地，一统广东南路，成为这片几乎占广东二分之一面积的地区的南霸天。

中国共产党最早发出了南征的呼吁。1925 年 8 月 11 日，省港罢工委员会

◎《工人之路特号》1925 年第 48 期

发表的《请愿书》指出："谓邓本殷、陈炯明在国为贼，在民为害，在罢工期间则为汉奸。贼害汉奸之徒，讵容恣肆于我革命策源地之粤省，以致外敌得利用而势愈张，国民被虐而生愈促。"②

苏兆征、邓中夏也在《工人之路

---

①国民革命军第四军第十师司令部参谋处编纂：《南路作战纪》，《军事政治月刊》第十期（1926 年），第 9 页。

②《讨伐邓洪林等请愿书》，载《工人之路特号》第 48 期，1925 年 8 月 11 日第 3 版。

荷戟独彷徨

特号》上发表文章或演讲,号召工人组织起来,"请求国民政府肃清南路,收复东江"。① "请愿国民政府肃清帝国主义走狗邓本殷。"② 对于邓本殷军阀的种种罪行,广东社会各界也义愤填膺,纷纷以各种形式发出声讨。

邓本殷对广州的进犯,就迫使国民政府调整作战计划,在东征军攻克惠州、乘胜东进之时,拉开南征之役的序幕。决定将第二军、第三军、第四军分别从北江、东江调往南路,与担任南路警戒任务的第四军第十师和部分广西部队统一组成南征联军。

10月24日,方幼璇所在第二十八团作为南征军先锋,与第十二师一道向四邑三埠开进。不料当第二十八团到台山白沙墟时,忽闻十二师师长梁鸿林部叛变,勾结邓本殷军苏廷有部以近万名兵力向第二十八团逼近。蒋光鼐、方幼璇沉着应对,率第二十八团星夜背进,从白沙墟乘火车撤到公益埠,随即在进攻江门的咽喉之地——鹤山、开平之交的单水口布防,半依村落取兼顾攻守。

在敌方苏廷有部主力及梁鸿林叛军形成进犯南征军的趋势时,陈铭枢曾分别致电国民政府主席汪精卫和蒋介石,请示战守决策,但始终不得要领。汪精卫复电内容是:"即退守新兴,待援。"而蒋介石则说:"可在单水口拒止敌人,以待赣军增援。"由此看来,在单水口是否与敌决战,全看第十师指挥员以及所属各团的决心了。

此时,第三十团团长戴戟也率仅有的一营兵力赶到公益埠。方幼璇和吴仲禧在战场上不期而遇。当戴戟征询蒋光鼐意见,苏廷有和梁鸿林部等共有8000余名兵力,在敌我悬殊的情况下能否在单水口与敌决战,蒋光鼐毫不犹豫地回答:"打了再说!"③ 第二十八团团附方幼璇和第三十团团附吴仲禧会心地相视一笑,这两位"同乡同学同军"又要并肩作战了。

---

①苏兆征:《肃清内奸》,载《工人之路特号》第44期,1925年8月7日第1版。

②《青年军人联合会代表演说》,载《工人之路特号》第46期,1925年8月9日第3版。

③林君勉:《我参加第一次东征和讨伐南路军阀的回忆》,载《广东文史资料精编·上编第2卷·民国时期军事篇》第421页,中国文史出版社2008年版。

此时，陈铭枢也下定了作战决心，命令驻新会县城的第二十九团即乘火车向单水口开进，统归副师长蒋光鼐指挥。蒋光鼐以第二十九团为左翼、第二十八团为右翼，分两翼布防。由于蒋光鼐位于师前指统一指挥两个团的行动，因此，由他兼任团长的第二十八团的作战行动，主要由团附方幼璇代理指挥。

10月25日晚，方幼璇组织第二十八团在单水口连夜构筑防御工事，以半村落式成两线，取攻势防御。但是，工事刚构筑完毕，苏廷有军全部、叛军梁休年、梁汉昭、苏广泉、洪敦耀等部万余人，就向单水口发起了攻击。26日晨，苏廷有部与防御单水口一线正面的第二十八团相遇，蒋光鼐、方幼璇指挥第二十八团顽抗御敌军进攻，双方展开激战，南征序幕由此正式拉开。

当时，苏廷有等部以其主力攻击单水口正面，以林桓杰团迂回何村，攻击国民军侧背。第二十八团仅有1000多人，在蒋光鼐和方幼璇指挥下，全团官兵沉着应战，奋勇御敌，先后击退了进攻普济桥、麦村和冲渡村的敌军，守住了阵地。此时，敌军徐汉臣部沿松望之线企图从右翼包抄，已行至石岗。第二十九团孙纯部及时赶到，从游村前往迎敌，将徐汉臣部击退。

10月27日，敌军增加兵力，再次猛攻普济桥、麦村和冲渡村，企图在国民军援军到来之前拿下单水口。此时，第二十九团、第三十团全部加入战斗。双方激战三昼夜，毙敌营长1名，敌兵百余人，伤敌数十名，缴枪百余支，敌军始终未能得逞。见敌气势衰竭，蒋光鼐下令左翼第二十九团发起冲锋，很快占领了前山独立高地。

10月27日晨，蒋光鼐命令方幼璇率二十八团从右翼向苏廷友部出击。方幼璇身先士卒，挥枪上阵，指挥官兵一路勇猛冲杀，敌军望而生畏，丢盔弃甲，向白沙、金鸡方向溃退。方幼璇令蔡廷锴营奋起直追，将敌逐至开平城附近。此战以伤亡200余人的代价，取得缴获敌枪支千余，毙、伤、俘敌数百人的战果。

10月28日，固守单水口的国民革命军集中兵力向敌军发起全线冲锋，一举将敌军击溃。29日，第十师渡河占领公益埠，越过单水口、牛湾、石步，追击邓本殷部。30日，第三军（滇军）赶到鹤山，军舰江固号、华捷号、隆安号等也陆续开到，逡巡于单水口、公益埠江面。同时，国民政府军事委员会命令第二军加入南路作战。

四、乘胜追击

单水口战役后，为加快南征胜利进程，广州国民政府从北江战场调遣第二军一部和第三军全部南下，加盟南征军，委任第三军军长朱培德为南征军总指挥。南征军分为4路大军：第四军第十师为第一路军，由陈铭枢指挥；第三军为第二路军，由王均指挥；第二军为第三路军，由戴岳指挥；广西军为第四路军，由俞作柏指挥。此外，以陈章甫的新编第二师为右侧支队。

10月31日，朱培德在鹤山下达了《国民革命军南路各军作战计划》，明确第一路军由开平向恩平、阳江进攻；第二路军由开平向恩平、阳春进攻；第三路军由肇庆向新兴进攻；第四路军由广西陆川向廉江、化州进攻。右侧支队由云浮向罗定进攻。首先肃清两阳，然后攻占高雷、钦廉。与此同时，广东省航空局派出4架飞机前往江门，支援南征行动。

单水口之战的失利，迫使邓本殷不得不调整作战计划，停止进攻肇庆，收缩兵力，企图力保南路八属。

按照作战计划，第十师属第一路军，方幼璇所在第二十八团为该路前卫。11月1日，南征军各路部队起兵发起攻势，挺进八属。蒋光鼐、方幼璇奉命率第二十八团从台山向阳江追击。一路急行军，进展神速，于3日下午即占领金鸡圩。4日晨，敌军四五千人在苏廷有指挥下，分三路向金鸡圩发起反攻，大有对陈铭枢部围而歼之势。陈铭枢令第一路军当即分左右两翼展开，一边正面迎击，一边抄袭敌后，陷敌于首尾难顾，苏廷有部的围攻企图没有达成，一触即溃，向阳江逃窜。是日，恩平克复。

以第二十八团为前卫的第十师乘胜穷追，在那扶地域再次击败敌军，俘敌、缴械甚多。紧接着，相继占领那龙、合山和北惯。11月7日克复阳江，苏廷有部、徐东海部弃城而走，蒋光鼐、方幼璇率部占领了苏廷有指挥部。8日，王钧率南征军第二路到达阳江，与陈铭枢部会合。9日，阳江农工商学会各界召开大会，欢迎国民革命军。紧接着，第十师仍以第二十八团为前卫，取道蚌场、儒洞、电白、水东进攻高州。

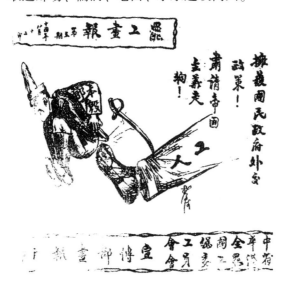

◎ 中华全国总工会、省港罢工委员会支持南征的宣传漫画

为挽回败局，邓本殷在溃败后，慌忙将军队撤回高州，企图集中兵力在高州与南征军殊死一搏。陈炯明也急派军事专家多人，赶赴高州指导邓本殷作战。高州是邓本殷指挥部和南路八属公署的所在地，由邓本殷亲自坐镇，属易守难攻之要塞。南征军兵分四路，合围高州。

蒋光鼐、方幼璇率第二十八团所向披靡，于11月15日抵织篑，将邓军姚之荣部改编为国民革命军高雷游击支队。18日，攻占电白，苏廷有部闻风而逃。19日，南征军四路合围高州。蒋光鼐、方幼璇指挥第二十八团由电白攻高州之东，王钧部由阳春攻高州之北，戴岳部由罗定、信宜攻高州之西，俞作柏由化州攻高州之南。20日，邓本殷率部突围而逃，蒋光鼐、方幼璇率部攻入高州城内。

第二十八团继续向钦廉挺进，于11月24日攻占廉江、遂溪，邓军申葆藩、苏廷有部向钦廉溃退。在经过合浦县所属之白涓时，突遇苏廷有残部千余人凭河抵抗。方幼璇率第二十八团一部实施迂回攻击，使敌军遭受两面夹击，惊慌失措，遂纷纷缴械投降。当各路大军到达公馆后，陈铭枢即下令合围廉州，守敌弃城向钦州逃跑。30日，蒋光鼐、方幼璇率团收复廉州。

12月8日，蒋光鼐、方幼璇率第二十八团由安铺进攻雷州，俞作柏部由化州配合，敌守军乘舰向琼州逃窜。9日，雷州克复。

1926年1月22日，南征军攻占邓本殷老巢琼州，2月，全面肃清琼州，

荷戟独彷徨

南征取得最后胜利。南征胜利，使广州国民政府统一了广东，推动了两广的统一，促使广州国民政府领导的革命根据地得到了巩固，对此后的北伐起到了推动和促进作用。

在1925年10月至1926年2月为时5个月的南征作战中，兼任第二十八团团长的蒋光鼐，以第十师副师长身份辅佐陈铭枢师长指挥全师作战，第二十八团的组织指挥重任就必然地落在了团附方幼璿的肩上，这也是他从军以来直接指挥一个团队连续数月作战的重要历练。方幼璿按照陈铭枢师长的作战决心，在蒋光鼐副师长的直接指挥下，带领蔡廷锴、黄固、黄质胜等营指挥员，连克数地，所向披靡。尤其是名盛一时的单水口防御战，成为以少胜多的经典战例。

五、北海驻防

南路平定后，第十师奉命到北海州驻防训练，并担负清剿土匪、维持治安等的任务。从1924年10月开始担任团附的方幼璿，在马不停蹄、连续征战一年零四个月后，总算有了一段可以稍事休整的机会。

南路地区多年战乱，社会动荡不安，以至匪患丛生。广州国民政府在军事上节节胜利的同时，十分重视剿匪工作，国民政府军事委员会向各军下达了清剿土匪的命令。陈铭枢率第十师刚进入廉州，就接到报告："全博廉三属交界之平山、周屋、大墟、高岭、长恩陂、青草陂一带，擁集土匪约有七八百人，计有：匪首刘明光人百余，枪七十枝；梁南才人百余，枪四十枝；庞耀庭人二百余，枪八十枝；罗寿堂人三百余，枪二百枝，粉炮一门；龙得才人五十余，枪八十支。该匪等声势汹汹，所过村落，户舍为墟。"[1]北海是陈铭枢的家乡，他对当地的民情社情十分了解。他深知，匪患不除，社会治安稳定无从谈起、军队威信无从树立。于是，陈铭枢"即调动部队严为痛剿，一路集中公馆，一路集中山口，由师部、合浦县长、政治部派一员为剿匪委

---

[1]《第十师廉州剿匪详情》，载《广州民国日报》1926年2月17日。

员，随同军队出发，各部按期到达预定地点，协同进剿，务在歼灭，如果逃窜，则决定跟踪追剿，以绝根株。一面会俞指挥作柏在钦属认真剿匪，以此钦廉匪患，或可肃清"。① 方幼璇带领第二十八团未及正式安营扎寨，就投入了剿匪行动。他们发动当地群众，经过全力清剿，沉重打击了北海地区的土匪势力，匪患明显减少，社会秩序很快得到恢复。

当时的廉州，除了剿匪是当务之急以外，如何处置停止抵抗的敌军残部也是一个现实问题。当时广州国民政府和南征军总指挥部明令不得收编敌军。但是，陈铭枢"将在外君命有所不受"，他认为："我当时为对地方、对国家负责，认为南路已没有仗可打了，今后的问题只有收编敌军才能消灭祸患。因敌军原是改编的土匪，能胜不能败，一败之后对其残部若不收编，必至成流匪，小则糜烂桑梓，大则仍给北伐以后顾之忧。故我仍率部进击，并给予敌军各种名义，大事收编。"② 当时苏廷有部、余六吉部尚有六七千人驻在合浦城内，武器装备较好，兵力数倍于第一师。根据陈铭枢的命令，方幼璇带领第二十八团责令苏廷有残部全部到指定地点集合，到场后即下达架枪口令，将其全部缴械。对于余六吉残部，则以乘船至广州编练为由，在第二十八团的监督下全部登船，而后交给张发奎部在其上岸时缴械。至此，南路的敌军残部全部肃清。

在驻防北海期间，除了清剿土匪、收编敌军残部这些军事行动以外，方幼璇在深入研究三民主义，探索农民运动和参与改善民生等方面，也投入了较多精力。他一方面利用难得的作战间隙，继续写作他的《三民主义之研究》论著，一方面根据第十师派遣，带领宣传员深入城镇、乡村，宣传三民主义思想，指导农会建设，帮助解决相关民生问题。南征军第四路指挥俞作柏对此举感触颇深，他由灵山行营电称："钦廉二属，此次我军克复，广派宣传员下乡宣传，唤起乡民，使知三民主义之要旨，及大元帅建国方略之大要，而各乡民亦大加觉悟，收效甚伟。""钦廉农工阶级，久处军阀积威之下，可谓

---

① 《第十师廉州剿匪详情》，载《广州民国日报》1926 年 2 月 17 日。
② 陈铭枢《陈铭枢回忆录》第 47 页，中国文史出版社 2012 年版。

绝无生趣，故关于联络合作之事，绝无端倪可观。今我军克复，即派员宣传三民主义，故该二属之农工，已觉非实行联合，与军兵合作，不可以图存。现已纷行组织农民协会及工会，而灵山附近农民，尚有农民自卫军之组织，请我军派员前往指挥训练。"[1]

在带领宣传员下乡宣传三民主义期间，方幼璇积极参与扶持、推动历史悠久的钦州坭兴陶的生产开发。坭兴陶是中国四大名陶之一，其工艺传承千年，以钦江东西两岸特有的紫红陶土双料混炼，通过窑变出彩，其陶器造型和陶刻纹印也极具特色。坭兴陶工艺始于唐朝，至清咸丰、同治年间发展兴盛。朝廷在钦州设道署，官吏来往频繁，都喜欢选购、带回坭兴陶器作为珍贵礼品。当时横街一处就设有黎家园、仁我斋、符广音、麦兴记等数十家坭兴陶专营店。宣统二年，清朝在江宁举办第一次劝业会，坭兴陶花瓶及糖罐获金牌奖。1915 年，黎昶春、黎昶昭兄弟合作的一对陶瓶，在巴拿马运河开航太平洋万国博览会上荣获第二名。但是，晚清以来的长期战乱，使坭兴陶行业迅速败落，日渐萧条。方幼璇在调研中一方面为绝无仅有的坭兴陶工艺及其曾经拥有的辉煌而深感震撼，一方面也为长期战乱导致这门传统工艺几近人亡艺绝而痛心疾首。

面对此情此景，方幼璇自然联想到当年溧阳知县陈鸿寿扶持宜兴紫砂业的一段佳话：乾隆年间享有"西泠八家"之誉的篆刻名家陈鸿寿在任溧阳知县期间，与宜兴紫砂艺人联合创制"鸿寿壶"，促使宜兴紫砂工艺名扬四海。方幼璇因此萌生了利用自己国画和书

◎ 方幼璇驻北海期间制置的坭兴陶笔筒、水滴

①《俞作柏报告钦廉行政状况》，载《广州民国日报》1925 年 12 月 22 日。

法上的一技之长，效仿陈鸿寿推动坭兴陶工艺重振雄风的想法。他与黎昶春、黎昶昭兄弟联手探索坭兴陶工艺和品种创新，在制作传统的瓶、罐、壶、盘等陶器基础上，增添笔筒、墨床、水滴等文房用品以及文玩摆设，并亲手为陶器绘制兰梅竹菊"四君子图"和松竹梅"岁寒三友图"等画稿和甲骨、篆隶体铭文。方幼璇还曾赴广州拜访居粤乡亲、著名书画家沈演公（1868－1943），请他联络岭南画界大家为坭兴陶坯上落墨运刀，经煅烧后成为高端陶刻艺术品，以此提高坭兴陶的身价。

◎ 1928 年戴戟署款赠方幼璇坭兴陶对瓶

方幼璇扶持坭兴陶业的举动得到李济深、陈铭枢等儒将的一致赞许。当时驻粤国民革命军正在开展"倡节俭、讲文明、反对铺张"活动，各级官员交往中礼尚往来也提倡以物美价廉又富有文化品位的坭兴陶为首选。这些举措有效推动了坭兴陶业的振兴，也促进了当地民众生活水平的提高。此后的 1930年，黎氏兄弟创作的坭兴陶"岁寒三友"猪胆瓶，在纪念比利时独立 100 周年时举办的世界陶瓷展览会上荣获第一名金奖。

方幼璇所参与的南征军这些举措，也对南路各地农民运动的发展产生了巨大的推动作用。到 1926 年 5 月广东省第二次农民代表大会召开时，南路 15 个县中已有阳江、茂名、化县、电白、信宜、吴川、廉江、遂溪、海康等 9 个县建立了农民协会，共有乡农民协会 144个，农会会员 4.5 万多人。方幼璇在驻防北海期间的这些社会活动，对于他的三民主义理论研究以及 1927 年回闽后对黄展云创办长乐营前模范村的学习考察提供了实践样本。

第八章
征两湖北伐先锋　战江西功建铁军

北伐战争烽火连天，方幼璇始终行进在闻名遐迩的铁军方阵中。攻醴陵、占长沙、越汀泗、通贺胜、克武昌、取德安、战马回……在血与火的征程中，他身先士卒、冲锋陷阵，机敏缜密、参佐戎幕，从第四军第十师师部参谋以功擢升少将参谋长，这是他军旅生涯中的又一个里程碑。本章主要记述方幼璇参加第一次北伐的情况。时间从 1926 年 6 月至 11 月。

一、首途入湘

方幼璇投身粤军第一师后，在东征讨陈、平定杨刘、中山剿匪、南征伐邓等连续作战中经受了严酷的锻炼和考验，成长为一名成熟的指挥员。广东刚刚底定，他又面临着北伐作战的新征程。

1926 年 1 月，中国国民党第二次全国代表大会在广州召开，会议提出"对内当打倒一切帝国主义之工具，首为军阀"。2 月，中国共产党特别会议，提出了进行北伐，推翻军阀的政治主张。5 月 21 日，中国国民党二届二中全会通过了北伐战争决议案。6 月 5 日，广州国民政府通过了《兴师北伐案》，并于 7 月 1 日颁布北伐总动员令。4 日，国民党中央临时全体会议通过《国民革命军北伐宣言》。9 日，蒋介石就职国民革命军总司令并誓师北伐。

北伐军的主要敌人为直系军阀吴佩孚、孙传芳和奉系军阀张作霖、张宗昌。面对强大的敌人，北伐军采取各个击破的战略，首先剑指盘踞两湖、河南京汉路沿线的吴佩孚部。

自从 5 月 20 日第四军叶挺独立团先遣北伐开始，方幼璇就摩拳擦掌，急切地盼望着再次出征的命令。6 月初，已调任师部参谋的方幼璇终于等到了总司令部的预先号令。21 日，方幼璇随第四军第十师北上。《上海民国日报》报道："国民革命军第四军第十师师长陈铭枢所部，前经奉命出发北伐入湘。21 日早 9 时，陈师长率带所属士兵部队等乘粤汉专车出发。军政界送行到黄沙车站者为李军长济深，陈厅长公博，俄顾问及各界代表妇女界团体及李军长夫人、刘文岛夫人、唐生智夫人，百数十人……何香凝致送北伐纪念旗，预祝北伐胜利。旋奏军乐，唱革命歌，欢呼口号而别。"①

荷戟独彷徨

◎ 国民革命军北伐誓师大会

组织部队登上北征的列车，全副武装的方幼璇心中充满了战斗豪情。方幼璇进入粤军不久，第十师就对官兵进行了北伐动员。那是 1924 年 9 月，孙中山组建了北伐军，将大本营移于韶关，并于 18 日发出了《北伐宣言》，庄严地提出："此战之目的，不仅在覆灭曹吴，成在曹吴覆灭之后，永无同样继起之人，以继续反革命之恶势力；换言之，此战之目的，不仅在推倒军阀，尤在推倒军阀所赖以生存之帝国主义。盖必如是，然后反革命之根株乃得永绝，中国乃能脱离次殖民地之地位，此造成自由独立国家。"20 日，孙中山在韶关举行了北伐誓师大会，而后兵分两路进击。但是，由于时局剧变，广州国民政府受到叛军的严重威胁，北伐陷于停顿，不得不先回师东征讨陈，稳定广东根据地。转眼间近两年过去了，孙中山先生也已仙逝，但他肃清军阀、统一中国的夙愿，方幼璇始终铭记在心。继承孙中山遗志，踏上北伐征程，方幼璇的使命感、自豪感油然而生。

———————————

①1926 年 6 月 21 日上海《民国日报》。

6月底，方幼璇向陈铭枢师长呈报了第四军转发总司令部的训令，训令要求"第四军于7月1日以前，先行集中安仁附近，如无特情，俟第三军先头部队到达柳州、安仁间，再移向攸县集中"。① 根据陈铭枢指示，方幼璇立即草拟了第十师的行军计划，并对本师的集结行动作了缜密安排。3日，第十师到达攸县。此时，负责指挥第四军作战的陈可钰副军长尚未从广州赶到湖南前线。当晚，陈铭枢和张发奎共同组织第十师和第十二师召开团以上指挥官开会，决定在陈副军长到达之前，暂由陈铭枢师长指挥作战。作为第十师师部参谋的方幼璇，也参与了两个师的作战参谋任务。这次会议决定，第十师第二十八团在攸县对茶陵、莲花方向警戒，其余大部由新市船湾一线直趋醴陵。

根据会议部署，方幼璇与两个师的参谋一道紧张地展开图上作业。此时，当地平民救国团得知第四军将至，及时送来了自制的地形图。方幼璇判读后得知，夏家桥西沿沈潭至泗汾、豆田一线河流横亘，难以徒涉，敌布有重兵，倚为天然防线，应当另辟蹊径，即向陈铭枢师长提出建议。经陈铭枢、张发奎研究，由张发奎率第三十五团、第二十九团为右翼，从高枧出发，越过长家桥，向沈潭之敌攻击前进；由叶挺独立团为左翼，由黄土岭出发，向泗汾之敌佯攻，以牵制敌主力；由陈铭枢率第三十团为预备队，由黄土岭相机推进，策应各方。② 在北伐前夕，方幼璇的老同学吴仲禧已从暂编第八旅调至第三十团任团附，辅佐戴戟指挥该团。

7月4日，在第十师师部处于临战状态的方幼璇，收到了第四军转发唐生智前敌总指挥命令：当第八军和第七军于5日5时向湘江西岸驻扎的敌军攻击时，第四军的任务和作战区域如下："1. 我们的军队连同第八军第五团向醴陵前进。2. 战线：湘江东岸由第四军担任（第四军来到之前则由叶团长和第五团担任）。"③ 接着，又收到关于进攻醴陵的命令。方幼璇即按陈铭枢要

---

①《近代稗海·北伐阵中日记》第8页，四川人民出版社1988年版。
②张发奎：《第四军纪实》第65页，文海出版社1948年版。
③《陈铭枢师长报告》，1926年7月10日。

求草拟了第十师向醴陵进攻的命令。

7月8日，右翼军在高枧集结，于9日各就攻击前准备位置。当面之敌为唐福山和谢文炳部，分据醴陵城南一线与北伐军对峙。10日拂晓，进攻开始了。第三十五团以第一营由将军岭攻击沈潭下湖，第二营由成仙桥攻击夏家桥，第二十九团向瓦子街绕出敌之左侧后阻敌退路。当日上午7时，第三十五团第一营占领沈潭，该团第二营和第二十九团第三营衔尾直追。敌人组织的反攻被第三十五团击溃。叶挺独立团于拂晓前向泗汾之敌佯攻，敌集中兵力反攻并有谢文炳部2000余人增援。独立团血战至上午10时，第三十五团由夏家桥向泗汾夹击，独立团乘势以三面向敌发起冲击，半小时后，占领泗汾。

攻占沈潭、泗汾后，各团乘胜推进，于7月9日15时将株萍铁路以南地区之敌完全肃清，敌大部向萍乡溃退，一部退回醴陵之敌不敢固守，遂弃城逃遁。第三十五团和独立团分别进驻醴陵东北和西北，第二十九团在楚东桥警戒，预备队第三十团到达后也进驻醴陵，其余各部在醴陵郊外驻扎。这一仗，毙敌200余人，俘敌230余人，缴获火炮1门、机枪3挺、步枪400余支、枪弹20余万发。第四军第十师和第十二师伤亡72人。

醴陵既下，浏阳无险可守，长沙屏障尽失。7月上旬，第四军、第七军和第八军在安仁、衡阳、永丰地区集结后，分三路向长沙进攻，于11日进占长沙，俘敌2000余人。攻克长沙、醴陵，是北伐战争第一个战役的胜利。

7月24日，方幼璇随同陈铭枢参加了唐生智在长沙召开的军事会议。会议决定分三路大军攻击湖北和江西。明确第四军、第七军、第八军为攻击武汉的主力，这3个军的主力配置于京汉铁路以东的平江至营田一线，按照第四军、第七军、第八军的顺序自东向西部署。

返回驻地后，方幼璇立即按照会议要求制订本师作战计划。但是，接下来的情况却让毫无心计、专注谋战的方幼璇大惑不解。他发现第四军不断地派代表从醴陵到长沙，与唐生智的第八军会商，似乎在刻意拖延进军时间。后来他才知道，唐生智想尽快向武汉推进，力图把两湖作为他的地盘，而广东国民政府则故意拖延进军计划，有意掣肘唐生智。北伐军内部的矛盾和暗斗，在方幼璇的心中罩上了一层阴影。

8 月 12 日，蒋介石在长沙召开军事会议，研究作战计划。方幼璇再次随同陈铭枢师长参加会议。会议形成了集中力量打击吴佩孚，对孙传芳采取中立政策，在军事上警戒江西的决议。同时，提出了第二期作战计划。

第二期作战计划明确第四军第十师、第十二师编入中央军的右纵队，其任务是："于总攻击开始以前，接收第七军分水岭以东一带之陆地，向分水岭、横板桥、北港之线上及其以东地区之敌攻击；但其主力须经平江、南桥、九岭、大沙坪向蒲圻前进。""右纵队为期歼灭敌人于黄盖湖以南之地区，须以迅速动作进击敌人侧背，第四军动作犹须猛烈神速。"① 会议研究，总攻击开始日期为 8 月 18 日。

8 月 17 日晨，第四军代军长陈可钰召开团长以上指挥员军事会议，研究攻打平江作战行动。进攻命令明确："第十师任右翼，由该师陈师长铭枢指挥，进占三眼桥后经肥田、红石嘴、密岩寨、围山铺绕攻平江城之北，前进时先分一部，将中洞之敌扑灭，使我右侧背安全。"②

8 月 19 日拂晓，攻击开始。按照作战计划，第四军右翼第十师第二十八团进攻中洞大山，第二十九团、第三十团策应。第二十八团正面进攻时，敌人顽强抵抗。该处山高林密，地形险要，大小道路布满地雷，敌居高临下，战斗至烈。团长蔡廷锴肩部负伤坚持在一线督战。10 时 40 分，平江城被第十二师和叶挺独立团攻克。敌城中守将陆沄逃遁不及开枪自尽。此战第四军俘敌军官 79 人、士兵 1061 人，火炮 11 门，步枪 776 支，机枪 3 挺，子弹 10 余万发；第四军伤亡 171 人。③

第四军占领平江后，日夜兼程追击敌人。时值 8 月酷暑，部队多在山林露营野炊，只能利用造饭时间休息片刻，饭后又继续向通城、大沙坪、崇阳、中伙店、汀泗桥兼程挺进。22 日，第四军占领通城。

---

① 李新、陈铁健：《北伐战争》第 169 页，上海人民出版社 1994 年版。
② 张发奎：《第四军纪实》第 72 页，文海出版社 1948 年版。
③ 李新、陈铁健：《北伐战争》第 201 页，上海人民出版社 1994 年版。

二、血战汀泗

从 8 月 22 日至 26 日，第四军以风卷残云之势，陆续占领了通城、崇阳、羊楼司、蒲圻等地。吴佩孚残部纷纷向咸宁撤退，企图据守汀泗桥一带待援。

第十师召开作战会议上，陈铭枢正组织团以上指挥官研究攻打汀泗桥的方案。

"方参谋，你给大家简要介绍一下汀泗桥的兵要地志。"陈铭枢示意参谋们展开地形图。

"是！"方幼璇仔细地判读过汀泗桥地形，他走到图前，言简意赅地介绍："这座桥坐落在咸宁县南，被称为湖北南部第一门户天险。桥梁前临巨浸，后枕高山，西南北三面环水，东北至西南为粤汉铁路桥横贯其间，桥上铁丝网密布，桥北山陵起伏，除张央园、赤岗亭一路外，其他通道都是草木丛杂的崎岖小路，难以行进。"

"我的印象中当年湘军数日没有攻下此桥。"戴戟团长插话。

"是的。1911 年湘鄂战争时，赵恒惕、宋鹤庚率数万湘军对汀泗桥连攻数日，都无法飞渡这一天险。吴佩孚因此而得全鄂，威震一时。"方幼璇补充道。

吴佩孚仍施故智，拟恃汀泗桥阻止北伐军。他调兵南下，亲率湖北暂编第四师和陆军第八师抵达汉口，令自岳阳、通城败退的湖北暂编第一师和卫兵旅等部共万余人固守汀泗桥，并派中央第二十五师第十三混成旅另 1 个团增援。另以陆军第八师进至贺胜桥地区设置坚固阵地；武卫军占领纸坊，鄂军第三旅及部分湘军残部在白螺矶、新堤、嘉鱼一带，协同海军阻止国民革命军渡江。

"第四军司令部已下达向汀泗桥前进的命令，要求我师 8 月 23 日近程家西坡，24 日近浪口畈及谢石畈，25 日近青王山及峡冲，26 日近汀泗桥。以上任务大家是否明确？"陈铭枢向与会人员传达了军司令部的命令。

"报告师座！"方幼璇突然请求发言，在得到陈铭枢许可后，他起立报告："我们刚刚截获敌陈嘉谟部电报，电文称陈家谟将于今日率第十三混成旅及第二十五师的新编营向汀泗桥前进，对该桥守敌实施援助。根据发文时间，我们进行了图上推演，判断陈嘉谟部可能已接近汀泗桥，建议报请军司令部批准，在崇阳或石坑渡迎击敌人。"

方幼璇的建议得到了陈铭枢和与会指挥官的赞许，立即要求将此建议呈报军司令部批准。军司令部很快同意了此建议，要求第十师以最快的动作包围敌人，速向蒲圻前进。方幼璇立即按照师长意图草拟下发给各团的作战命令。

8月25日下午，方幼璇收到陈可钰代军长在石坑渡发出攻击的命令，要求"第十师明日（26日）午后4时由山峡冲附近宿营地出发，经陈湾、张家桥、饶家湾、赤岗亭附近之道路，对该取包围之势，攻击前进"。[①] 26日6时，各部队依照命令分头向汀泗桥前进。10

◎ 北伐军在汀泗桥之战中缴获大批武器

时30分，左翼前锋第三十五团第二营最先到达桥边，在汀泗桥南端左侧之高猪山与敌相遇。一营迅速将敌人赶到汀泗桥，但被敌机枪阻截无法前进。第三十六团进至汀泗桥东南高地前，也遭敌俯射，前进受阻。此时第十师已向敌东北高山压进，第二十九团、第三十团分别在第三十六团两侧展开，激战入夜，仍无进展。战斗中第三十团团长戴戟负伤，由团附吴仲禧任代理团长。方幼璇奉陈铭枢命令率师部参谋人员抵近第一线了解战况，并协调第十二师第三十六团支援进攻作战。

第十二师师长张发奎决心以叶挺独立团和炮兵营向汀泗桥东北的古塘角迂回，从右侧后包围歼敌。8月27日凌晨，叶挺独立团从小路隐蔽接近古塘角，配合正面部队的全线攻击。在第十师和第十二师的协同攻击下，直军遭前后夹击，全线溃败，残部向北逃遁。第四军占领汀泗桥。在汀泗桥之战中，

①张发奎：《第四军纪实》第78页，文海出版社1948年版。

第四军俘敌军官 157 名、士兵 2296 名，缴获大炮 4 门、步枪 1526 支，机枪 8 挺、短枪 16 支；第四军伤亡 241 人。

三、勇夺贺胜

汀泗桥失守后，气急败坏的吴佩孚亲率湖北暂编第四师和陆军第八师及在汀泗桥战役中败退的残部共 2 万余人，在贺胜桥及其以南的杨林垱、桃林铺、王本立地区梯次设防，企图死守。

贺胜桥地处湖北咸宁北大门，紧邻武汉江夏，地势岗陵起伏，茶树丛生。西南有黄塘湖，东北有梁子湖，河流交错，低洼地区被水淹没，一片汪洋，粤汉铁路纵贯南北，为鄂南第二门户要冲。

8 月 28 日，方幼璇随同陈铭枢师长在咸宁参加了前敌总指挥唐生智召开的高级指挥官会议，研究作战计划。综合各方情报，得知敌大部分兵力集中在贺胜桥附近，主阵地在杨林垱、王本立一线，在桃林铺和孟家山等处还设有第二道阵地。会议决定，第七军于 30 日拂晓向王本立及其以东地区之敌攻击；第四军于 30 日拂晓向杨林垱、桃林铺之敌攻击；第一军之第二师和第八军之第八团于 30 日前到达咸宁，为攻击预备队。当夜，第四、第七军开始向前推进。29 日，第四军发出进攻命令，第十二师为主攻，第十师为预备队。

进攻发起后，第七军第八旅在袁家铺附近击退直军约 1 个团的抵抗后，向王本立前进，途中遭直军反击，被迫后撤。第四军第十二师在杨林塘附近与直军激战后，也形成对峙。30 日拂晓，第四军、第七军继续攻击，叶挺独立团猛打猛冲，在杨林塘突入直军主阵地，向桃林铺攻击前进。此时，直军一部从侧翼反击，企图对叶挺独立团实施包围。张发奎商请陈铭枢派第二十八团在独立团之右向北攻进。

方幼璇根据陈铭枢师长指示，即草拟下达第二十八团在独立团之右向北增援攻击的命令。同时，向陈铭枢师长提出，第二十八团团长蔡廷锴在平江之战中负伤住院，自己对该团情况比较熟悉，请求随团作战。陈铭枢即刻批准了方幼璇的请求。

方幼璇在第二十八团出击前赶到第一线，官兵们见原团附在关键时刻从师部亲赴前线指挥作战，士气倍增。此时，敌军已退到第二线阵地顽强抵抗，阵地当面的杨林垱以北地带树林荫蔽绵亘10余华里，部队行进于此间联络十分困难。方幼璇要求官兵全部在颈部系上有红蓝白三色标志的带子，以此辨别敌我。此时，独立团第二营正受困于敌第八师增援部队的包围，处境险恶。此时，方幼璇和团附蒋严博率第二十八团及时赶到，他们以勇猛的冲锋在右翼打开一道缺口，叶挺也派机枪连赶到，使独立团被困部队化险为夷。紧接着，方幼璇和叶挺分率两团协同突击，冲破了第二道防线，敌军向贺胜桥方向狼狈逃窜。

张发奎在他所著《第四军纪实》一书中，曾这样记述第二十八团增援叶挺团的战斗："时我总预备队第十师亦由官埠桥开抵贺成铺，张师长因商请陈师长，令该师第二十八团赶快前进，在独立团之右延伸增加。而敌退至第二线阵地，仍扼守工事，节节抵抗……我独立团第二营进至黄家窑附近，遇敌第八师增援部队，几被包围……已而该团第五连亦在铁路附近被包围，叶团长闻报，立派机枪连驰援……迨第二十八团赶至，加入右翼……至九时四十分敌第二道阵地乃复为我所占。未几，敌阵完全瓦解，狼狈向贺胜桥逃窜。"[1]

吴佩孚见兵溃如潮，急忙派出督战队将退却的旅团营长数人砍头，悬首级于贺胜桥上，但是，其败势仍无法挽回。右翼第七军阵地战也进行得非常激烈。敌军向第四、七军结合部进攻，第七军奋力抵抗，策应第四军正面进攻，经过几个回合的拉剧战，敌全线动摇。

◎ 北伐军攻下贺胜桥后押送敌军俘虏

当第十二师正面冲上贺胜桥后，吴佩孚所乘火车已为该师炮兵所击中，吴佩孚慌忙乘车北逃，吴军全线败退。第十二师因血战一昼夜，部队十分疲

①张发奎：《第四军纪实》第89页，文海出版社1948年版。

怠，陈铭枢与张发奎会商后，将后续追击任务交由第十师担任。方幼璇继续带领第二十八团奋勇追击逃敌。北伐军一些士兵由于追击速度过快，遥遥领先于大部队，甚至与吴军溃退的士兵混杂在一起，不经意涌入了武昌城，直到被敌所围捕才发觉脱离了部队，这些士兵至克复武昌后才获救。

8月30日上午，北伐军占领贺胜桥。此战第四军俘敌军官159人、士兵2386人，第七军俘军官46人、士兵948人。第四军缴获大炮20门，第七军缴获4门。第四军伤亡官兵497人，第七军伤亡官兵439人。

四、攻克武昌

武汉是武昌、汉口、汉阳的总称。武昌位于长江南岸、汉口位于长江北岸，汉阳位于长江和汉水交汇的三角洲上。武昌是湖北的政治中心，汉口是经济中心。武汉三镇中唯武昌筑有坚固的城墙，城高二丈余，城外有护城河，水深2至3米。武昌城周围约30公里，有大小城门9座。武昌城内有蛇山居高俯瞰全城，城北靠长江，东有沙湖，南有洪山，西有南湖。城郊地势平坦，是易守难攻的古城，因位于交通枢纽，地势险恶，是兵家必争之地。

吴佩孚败退汉口后，收拾余烬，企图固守武汉三镇，等待援军，守城部队合计1.6万余人。同时，吴佩孚唆使孙传芳由江西斜出平江、通城，绕击北伐军后路，以解武昌之围。

8月30日晚，方幼璇随第十师追击部队首先逼近武昌城下，立即展开攻城，但因城墙高峻坚固未能攻克，便守据城基附近房屋与敌相持。继而，第四军全部推进至武昌城下。

9月2日，北伐军各追击部队全部到达后，唐生智总指挥在余家湾车站召开攻城作战会议，会议就攻城战斗作出部署并于当日18时发出作战命令。

9月3日拂晓，攻城战斗打响了。位于小龟山阵地的炮兵首先向武昌城轰击，而后，第十师向会意、宾阳二门发起攻击，方幼璇随蒋光鼐率领的前进指挥所，抵进城下指挥攻城。战斗一开始就打得异常激烈，蒋光鼐曾这样记述这次攻城战斗："各部队奉命后，各就攻击准备位置，并预为分配手枪、手榴弹，集民间竹梯等，无分昼夜，状至忙迫。而将士自告奋勇，准备爬城者，则有笑傲自若，买酒痛饮者矣；有念及生离死别，而狂歌当哭者矣；有忠义激发，慷慨赴义，指天矢日，攘臂大呼者矣。于凄风惨雨中，表现出庄严壮烈气象。然各部队卒以时间短促，攻城材料不能预期运至城下。天将晓，仍依令开始攻击，一时炮声、枪声、机关枪声、手榴弹声，密密如联珠。其声音密度，为数年战争所未尝见闻。而城上敌人，犹以为未足。投巨石，掷火球，纵横跳跃，流光迸裂，恍同白昼。我军伤亡枕藉，毫无功效。天已明，不得已停止攻击。"①

方幼璇从第一师前进指挥所向第四军发回的战斗要报称："我们向会意门和宾阳门进攻，当我们到了城墙面前已经天亮了，敌人的炸弹从上面扔下来，我们的兵士不断地被杀死，我们各团停在城池边上，不得要领。第二师与第七军的一部分也遇到同样情形，并且失败了。"② 攻城停止后，根据师指挥员要求，方幼璇组织各团进行休整，补充弹药、后送伤员，调整力量，做好再次攻城的准备。

9月5日3时，第四军下达了第二次攻城的命令。第十师负责的攻城地段为宾阳门至忠孝门一段。宾阳门是敌人的防守重点，最为险要。城外地势平坦，夜间敌方点灯照明，犹如白昼，攻城兵力难以隐蔽抵近。进攻前，部队四处搜集木梯，再将几架木梯捆绑、衔接起来，以达到攀援城头的高度。第十师挑选两营精兵，由张世德和李耀五两位营长率领负责攀城。是夜，第十师攻城官兵于1时集合，按照惯例，在陈铭枢师长训话后即是一番痛饮。官兵们沉浸在视死如归的悲壮气氛中。酒过数巡，攻城令下达，官兵们摔碎酒碗，端枪呐喊着向城下的开阔地冲去。但是，一开始就遇到了固守城头敌军的强烈抵抗，除了张世德营架起了4个木梯以外，其余各部都没能顺利地将木梯运至城下。几个回合之后，城下阵亡官兵的尸体堆积数层，场面极其悲壮惨烈。第二次攻城又失败了。

---

①蒋光鼐：《武昌围城之役经过概要》，载《军事杂志》1928年第3期。
②《第十师第一次进攻的情形》，中央档案馆编《北伐战争》第113页，1980年版。

指挥这场战斗的蒋光鼐曾撰文叹曰："语不云乎：争地以战，杀人盈野；争城以战，杀人盈城。革命军牺牲之大，死事之烈，未有如武昌围城之役者也。集全国之健儿，拼死以求孤注之一掷者，亦莫过于武昌围城之役也。不观夫城外之青山乎？荒烟蔓草，断碣残碑，块然垒然者，非当日战士冒弹丸、犯白刃之白骨耶！又不观夫城边之河流乎？

◎ 武昌城下准备进攻的北伐军

晶莹带碧，靡波含愁，或皎或殷者，非当日先烈登梯爬城之遗血耶！"①

两次攻城战斗失败后，第四军决定采取长围久困的办法，逼敌投降。严密的围困行动持续了一个多月，敌军多次突围失败，只好派员出城求降。

10月10日零时，方幼璇跟陈铭枢师长，带领第二十八团、三十团从洪山出发，于2时30分到达长虹桥。见中和门未开，方幼璇即率领第二十九团一部以绳索爬上中和门城楼，紧接着，第二十八团、三十团冲入城内，对敌军残部展开搜索。7时30分，陈可钰代司令由中和门进至蛇山，到达省议会。攻城部队在花街捕获敌守城主将陈嘉谟。至此，武昌城完全被北伐军占领。

蒋光鼐在总结这场战斗时认为，武昌攻城战最终取得胜利的根本原因是"官兵明了主义"，"故能奋发不怕死、守纪律、耐劳苦之精神"，同时，"到处得到民众协助"。"此次我军攻城，上自司令官、师长，下至士卒马夫，莫不在城基附近与敌争持，而奋勇队于爬城时，尤能前仆后继，奋不顾身。可见深明主义之军队，见危致命，会不斯须待也"。②

武昌之战后，第四军第十师荣膺铁军称号，在作战中建立功勋的师部参谋方幼璇被提升为该师参谋长。这是方幼璇军旅生涯中不长的一段担任正职

①蒋光鼐：《武昌围城之役经过概要》，载《军事杂志》1928年第3期。
②蒋光鼐：《武昌围城之役经过概要》，载《军事杂志》1928年第3期。

官长的经历。与此同时,方幼璇的"同乡同学同军"好友吴仲禧,也晋升为第二十四师参谋长。

五、进击江西

处于"吴头楚尾,粤户闽庭"的江西,南部毗连粤北,梅岭又是由广东北上的孔道。控制江西,北伐根据地广东可免后顾之忧。因此,攻下江西,是北伐战略中的重要一环。

当北伐军围困武昌时,号称江苏、浙江、福建、安徽、江西五省联军总司令的孙传芳,为挽救吴佩孚,调所部精锐五师兵力,从江西进扰湘鄂边境,袭击北伐军侧后,企图解武昌之围。蒋介石亲率嫡系王柏龄第一军、程潜第六军进入江西。9 月中旬,在南昌战役中,王、程两军受挫,第七军军长李宗仁所部也在德安一役败退武宁。孙传芳 10 万余众在南浔线摆开长蛇阵,准备与北伐军决战。此时,一、二、三、六、七各军已与孙传芳部血战月余,形势危急。蒋介石遂急令第四军入赣增援。

当时,第四军副军长陈可钰因病住院,第十师师长陈铭枢留任武昌卫戍司令,叶挺独立团也留守武昌,因此,由第十二师师长张发奎率该师第三十五团、三十六团、炮兵营和第十师第二十八团、二十九团以及第三十团第二营组成混成师入赣作战。作为第十师参谋长,方幼璇既要辅佐蒋光鼐副师长指挥,又要听命于指挥混成师的第十二师张发奎师长。

在方幼璇的遗墨中,存有从 1926 年 10 月 19 日至 11 月 6 日这 19 天的江西作战阵中日记手稿(详见本书附录)。在紧张的行军、作战中,身为师参谋长的方幼璇,每天晚上在临时宿营地以工整的蝇头行书草拟当日阵中日记,并以手工标绘作战(行军)经过图,为后人研究北伐战争中的江西战役,留下了极其珍贵的原始资料。

根据方幼璇阵中日记的记载,第十师从 10 月 19 日开始,奉副军长命令,"仰该师长(指陈铭枢)转饬蒋副师长率该师归张师长(张发奎)指挥"。20日,因相关保障尚未完备,原定行军计划推迟一天进行。

从 10 月 21 日至 11 月 1 日，第十师连续进行了为期 10 天的艰难行军。21 日，第十师除第三十团、炮兵营等用轮船输送外，第二十八团、二十九团由火车输送至山坡站，次日晨开始徒步行军，先后经过金牛镇、花油树、荻田桥、阳新、木石港、黄沙坑、羊肠山、王家铺、白水街、尖山、夏家铺等地，按照方幼璇记载，每天行军里程都在 60 里左右。按照现在的徒步行军速度，基本算是常行军标准。但是在敌情背景下连续 10 余天徒步行军，且时常跋山涉水、餐风宿露，委实不易。

方幼璇在 10 月 27 日的阵中日记中记载："本日各团队依昨日规定时刻陆续出发，由木石港经下彭坳、陈贤仙、上下雾岭、双港桥、仙人岭、横路铺，向黄沙坑前进。其间遇上下雾岭及仙人岭羊肠曲径，上下困难，马与人两行。上下雾岭为赣鄂两省交界处，颇为高耸……"在他的阵中日记中还经常看到"携带粮秣一日份""给养兵携带饭一餐"等记述，这说明连日行军中的保障十分艰难，需要逐日甚至逐餐筹措粮秣。

◎ 方幼璇撰写的阵中日记《江西作战录》

部队到达集结待命地域后，方幼璇接到总司令部命令，要求于 11 月 2 日全线发起总攻。第四军和第七军、独立第二师为左翼军，其中第四军由乌石铺渡河，攻击德安敌右侧。张发奎即命令"第十师本晚须派出一营归黄团长琪翔指挥，其余部队为总预备队，于明（二）日上午七时三十分以前到达蔡家大屋附近集中候命"。

方幼璇对总司令部总攻命令和本部任务作了认真研究。左翼军的作战目的，在于截断南浔铁路，切断孙传芳运输兵员粮械的命脉，使其军队陷于瘫痪；北伐军可趁势夺取九江，控制由九江至汉口的全段水域，为继续北伐奠定基础。

11月1日，在抵达烂泥坡、夏家铺一带时，情报参谋送来敌情报告。方幼璇阅后即向蒋光鼐报告："副座，经查敌德安守军甚少，其主力集中在德安以北的孤山、万家垄、马回岭一线，利用铁道运输，相互策应。建议适当调整以主力进击德安敌军的方案。"

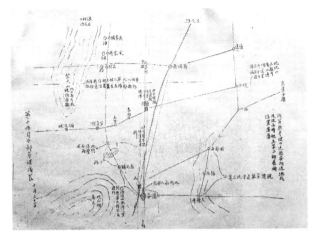

◎ 方幼璇绘制的作战略图

蒋光鼐向张发奎作了报告，二人研究后认为，方幼璇的判断有理有据。第七军已足以应付德安敌军，故决定主力进攻孤山、骆驼山、万家垄。遂令三十六团团长黄琪翔为指挥官，率第三十五团、三十六团之一部及炮兵一个连于2日7时前由陈家湾、三家墩向万家垄攻击前进，其余为总预备队。并决定击破万家垄之敌后，如敌向马回岭退却，则会同独立第二师夹击之；如敌向公因亭、关爷庙方向退却，则追击到关爷庙后停止待命；如敌向德安退却，则与第七军夹击之。①

11月2日中午，孤山、骆驼山、万家垄均被攻克，敌军向德安方向败退。张发奎遂令黄琪翔率第三十六团向德安方向衔尾追击，直至德安城外铁路桥北端。德安守敌以为北伐军已向德安进攻，急调马回岭守军向黄琪翔部后方进击，张发奎和蒋光鼐旋即率其余部队迅速转向马回岭攻击。

马回岭守敌实力较强，且天险可恃，易守难攻。方幼璇随蒋光鼐率第三十五团、第二十九团向马回岭正面攻坚；第二十八团在第发奎率领下，经卒子岭、五谷庙直逼火线前沿。

①全国政协、广东省政协文史资料委员会：《革命军北伐亲历记》第166页，中国文史出版社1994年版。

3 日午后，第三十五团、第二十九团有两个营在横山与敌遭遇，即一举将之击溃，追击至马回岭之南。敌军据险而守，北伐军择险而攻，战况十分惨烈。蒋光鼐指示方幼璇即向张发奎报告战况，张发奎下令：

（一）第三十五团继续向右翼运动，将攻击位置由正南面延伸至马回岭东南，相机分遣余力进入马回岭背后高地；

（二）第二十九团进入车站，控制其进出口两端；

（三）第二十八团衔接第二十九团左翼切铺开，严防敌人突围或反攻；

（四）炮兵营即利用横山布阵候命；

（五）各部就原地紧密联系，互相通报情况。①

方幼璇立即报知蒋光鼐，并奉命向第三十五团、第二十九团下达任务。为加强攻击力量，张发奎和蒋光鼐决定调回已经与第七军会师的第三十六团加入正面进攻。守军顽强反扑，并对北伐军施行包围。此时，方幼璇率第二十八团从左翼向敌右后方包抄，配合正面攻势。这支从后方出现的部队，使守军阵脚大乱，终于全线溃败，向沙河方向逃窜。

在方幼璇的阵中日记中，对马回岭之战作了比较详细的记述："马回岭战役我师为总预备队……约上午十时而攻马回岭之第十二师第三十五团亦经开始攻击。下午五时推进至辛子岭前方高地。当战斗开始至下午一时枪声紧密，得十二师通报，对于左前方马回岭方面须特别注意。于是，每经停止均增派有力部队向左前方警戒，抵辛子岭高地又接十二师训令，派一团沿铁道向马回岭右侧攻击并与第三十五团联系云，随即派第二十九团依令沿铁道进出。六时接该团长报告，若第三营已接近马回岭与三十五团之左翼联接，第二营向马回岭之右侧，侧击马回岭之敌。其团部及第一营则在周村附近之高山。同时左翼枪声忽较猛烈，又奉令将第二十八团移向左翼，以一营进出接联第

①全国政协、广东省政协文史资料委员会：《革命军北伐亲历记》第169页，中国文史出版社1994年版。

荷戟独彷徨

二十九团之左翼。将派有力探哨与孙村附近之独立第二师联络。薄暮战斗尤为激烈，枪声杂雨声并作。入夜各部队均在战线，彻夜师部转移于附近之吴家村。十时第十二师通报德安已经克复，拟翌三日晨三时调第三十六团及第三十团第二营回马回岭共同扑灭该敌，转饬前线，各团严防拂晓时敌人之反攻云。随即将此情形通报独立第二师，并请其明晨六时协同进攻。是夜枪声双方不绝。翌三日晨五时三十分第三十六团及第三十团之二营到着各归回本师。前方亦经开始进攻，随令第二十八团增加一营，接连前线之营向敌突击。全线鏖战二小时遂将马回岭之敌阵完全占领，敌一部向南康，大部向浔阳溃退。第二十九团追击到马回岭以北约七千米高地而止，时正上午九时也。是役与我交战之敌为颜景琮第八混成旅上官司云相，第十三混成旅马登瀛四营，我师计俘敌杨芸恺营长，孔祥隆排长，兵百余。获枪四百余支，大炮三门，机枪二挺。第十二师卤获亦多。我师伤营长毛维寿一员以次官兵约百五十余名。"

北伐军攻占马回岭后，敌军卢香亭部由涂家埠沿铁路向德安反攻，与李宗仁第七军激战于九仙岭。第十师、第十二师奉命驰援。由蒋光鼐和方幼璇率第二十八团、第三十团一部和第三十六团，向德安李宗仁军长通报听候调遣，张发奎则率其他部队直接向九仙岭加入第七军作战。

当方幼璇随蒋光鼐抵达当八里铺时，敌增援部队正沿铁路反攻，以优势火力向第七军猛烈射击，情况十分危急。蒋光鼐见状急令第三十六团抢越铁路，占领右方高地，并截断卢香亭部之后路，终使卢香亭部全面崩溃，反攻德安彻底失败。当方幼璇带领部队攻入敌军阵地时，发现敌所遗辎重上留有白粉写下的大字："再遇四军，不可轻敌！"①

十多年后，陈铭枢曾书赠蒋光鼐一首七律，其中有"寨黑林青来远梦，马回力转着先鞭"一句，可见对马回岭之战记忆之深刻。

不久，北伐军相继占领南昌、九江，孙传芳在江西的主力全部被解决，从此一蹶不振。第四军奉命回师武汉。

---

①全国政协、广东省政协文史资料委员会：《革命军北伐亲历记》第 170 页，中国文史出版社 1994 年版。

第九章
陷迷茫挂冠回榕　返旧部说卢驱谭

1927 年，在方幼璇的生命里程中是一个人生抉择的重要分水岭。面临宁汉分裂和第一次国共合作失败的复杂局面，作为辅佐叶挺将军的国民革命军第二十四副师长，往左迈一步，就行进在中国共产党领导的南昌起义军行列中；往右挪一步，就加入了蒋介石背叛革命的反共阵营。极度困惑和彷徨中的方幼璇最终选择了回避。本章主要记述方幼璇在参加北伐之后面临的政治困顿以及返乡后的情况。时间从 1926 年 11 月至 1927 年 8 月。

一、政治漩涡

第四军班师回鄂后，方幼璇转战湘鄂赣半年来戎马倥偬、疲于奔命的状态始得弛缓。当北伐铁军到达武昌时，全城沸腾了。盔甲未卸的官兵们置身于欢迎的花海、赞誉的声浪和犒劳的欢宴中，一封封慰问信、贺电像雪片一样飞向第十师、第十二师师部。武汉各界民众还铸造了一个铁盾送给第四军，铁盾上镌刻着"铁军"两个大字，并附一段铭文：

烈士之血，主义之花；四军伟绩，威震迩遐。

能守纪律，能毋怠夸；能爱百姓，能救国家。

摧锋陷阵，如铁之坚；革命担负，为铁之肩。

功用若铁，人民倚焉；愿寿如铁，垂忆万年。

方幼璇随同张发奎、蒋光鼐参加了隆重的赠盾集会。返回师部后，方幼璇便埋头整理北伐作战中亲笔拟就的阵中日记，忽闻译电员敲门报告："参谋长，总司令部特别党部来电！"

参谋长？方幼璇抬头看着译电员，愣怔了片刻才缓觉过来，译电员确实是在向自己报告。因在北伐征战中功勋卓著，方幼璇刚从第十师师部参谋直接晋升为参谋长。委任状甫下达，他还不太习惯这一"参谋带长"的称谓。向来事必躬亲的方幼璇，立即提笔签批电文并面呈陈铭枢师长。

◎ 武汉各界民众铸造铁盾敬赠第四军

这份来自国民革命军总司令部特别党部的电文写道："汉口国民革命军第四军第十师、第十二师全体将士公鉴：自公等出发前方后，频获捷音，备悉公等努力杀贼，勇往直前，为革命军之冠。此次醴陵、平江、汀泗桥、贺胜桥、宾阳门、通湘门诸役，战绩卓著，树立奇功，而宾阳门至通湘门一役，牺牲尤大。而复爱护人民，注重军纪，是皆素日锻炼有力与主义激发之使然。夫革命军人，本以流血沙场、马革裹尸为乐事，即杀敌致果，除军阀、救斯民，亦公等应有职责。是以自出发之后，所往无前，前仆后继，军纪肃然，生死不恤，是公等深明军人之大义与职责之所致也。尚希继续努力，以竟全功。务使军阀荡平，国有宁日，庶可慰先总理在天之灵……"[1]

读罢电文，北伐征战中那炮火轰鸣、硝烟升腾的战场和那些冲锋陷阵、英勇捐躯的将士形象，又浮现在方幼璇的眼前。他打开阵中日记，在昼夜兼程中草就的作战文书清楚地记录着，第十师于 1926 年 6 月 21 日出征离粤，11 月 19 日开始班师回鄂，[2] 自己随铁军北伐征战共计 145 天。这是他军旅生涯

---

① 张发奎：《第四军纪实》第 127 页，文海出版社有限公司 1948 年 5 月。

② 张发奎：《第四军纪实》第 125 页，文海出版社有限公司 1948 年 5 月。

中连续作战时间最长、转战地域最广，最为艰辛也是最值得铭记的一段经历。

在武昌休整、驻防的一个多月很快过去了。1927年1月，第四军扩编为两个军，即第四军和第十一军。张发奎任第四军副军长，陈铭枢任第十一军军长兼武汉卫戍司令。第十一军由第十师扩编而成，辖第十师、第二十四师。蒋光鼐任副军长兼第十师师长，副师长范汉杰。第十师下辖第二十八、二十九、三十团。戴戟任第二十四师师长，蔡廷锴任副师长，吴仲禧任参谋长，下辖第七十、七十一、七十二团。

◎ 第十一军成立大会，演讲者为军长陈铭枢。此照片系方幼璇拍摄

第十一军政治部成立那天，第二十四师参谋长吴仲禧代表本师致祝词，全文如下：

> 帝国主义，流毒世界，
> 侵略弱小，民族之害。
> 五军崛起，解除障碍，
> 铁中铮铮，风闻中外。
> 主义光辉，政治是赖，
> 军队党化，以诚以爱。
> 努力工作，勿荒勿怠，
> 大部成立，范模当代。①

此后不久，吴仲禧改任第二十六师副师长，后又代理该师师长。同时，

---

①广东政协文化和文史资料委员会：《深潜龙潭老将军——吴仲禧纪念文集》第85页，中国文史出版社2015年版。

第十二师扩编为第四军，辖第十二师和第二十五师，张发奎晋升为军长。

1927年在中国近代史上是极不平凡的一年。这一年，国民党在武汉的汪精卫和南京的蒋介石集团不合作，发生了"宁汉分裂"；这一年，以蒋介石为首的国民党新右派发动"四·一二"反革命政变，国共两党第一次合作失败；这一年，中国共产党联合国民党左派发动"南昌起义"，揭开了中国共产党独立领导武装斗争和创建革命军队的序幕。面对纷繁复杂的党内外斗争局势，处于风口浪尖的方幼璇深深地陷入了变幻莫测的政治漩涡。

当时的武汉，是政治风云的聚焦之地。北伐的辉煌战果，使蒋介石声望陡增，而他集党政军权于一身又引起了国民党内许多人的不满。1926年11月，留在广州的国民党中央委员会召开党内外中央联席会议，决议提高民主，反对独裁，发展工农运动，实行二五减租，并拟修改总司令部组织法。接着，又形成迁都武汉的决议。

正在南昌指挥北伐的蒋介石对这些决议心怀不满，他主张应当将中央政府迁往南昌。这样，在武汉的国民党中央和蒋介石之间在迁都问题上出现了严重分歧，武昌形势急速左转。中国共产党在武汉的工会等组织也展开了反对独裁等倒蒋活动。担任武汉卫戍司令的陈铭枢面对这一局面深感束手无策，内心亲蒋的他艰难地斡旋于两派之间，同时预感形势对自己不利。

1927年3月7日，国民党第二届中央委员会第三次会议在武汉召开，会议集中批驳蒋介石，并一致要求罢免他的职务。李烈钧和陈铭枢提前退场。陈铭枢直接回到军部，向蒋光鼐讲述了会议情况，并透露了准备离开武汉去南昌投奔蒋介石的打算。蒋光鼐也表示了自己的去意。①

次日清晨，彻夜辗转反侧、难以入眠的方幼璇踱步窗前，缓缓地拉开幔帐，跃然入眼的分明是一派"北山吹雨送残春，南涧朝来绿映人"的暮春景象。不过，从那略显潮润的晨风中，方幼璇却隐约嗅到了一丝令人难以宁靖的气息。

一会儿，勤务兵送来了当日的《汉口民国日报》，方幼璇从报上得知，国

①蒋庆渝：《天地悠悠——我的父亲蒋光鼐》第42页，中国文史出版社2007年版。

民党中央委员会已于 3 月 7 日作出决定，罢免蒋介石一切职务，改组政府，废除主席制，由吴玉章、谭平山、陈公博担任秘书长主持工作，苏兆征为工人部长，谭平山为农民部长。至此，这个国共合作的政府已由共产党完全占据了优势。

接下来的局势更令方幼璇感到忐忑不安。10 日，陈铭枢在临时召见戴戟、蔡廷锴、方幼璇等话别后，即于当日化装乘日轮离开武汉，出走南昌。陈铭枢原担任的武汉卫戍司令即被唐生智所取代。方幼璇意识到，当局对第十一军已有防范了。

3 月 12 日，为纪念孙中山逝世 2 周年，武汉三镇同时召开纪念大会。大会发表了谴责蒋介石分裂革命的通电，时任总政治部主任的邓演达发表了演讲。是日，又到第十一军作了关于当前政治形势等问题的报告。16 日晚，邓演达再次召集第四军和第十一军军官作报告，他指出：

"自这次党权运动发生，陈军长走了。陈军长为什么要走？就是他不晓得革命，不明了革命，没有革命的决心。他一方面是要带我们的军队，同时一方面又不能将封建的思想感情打破，所以他不能不走了。我们革命的军队，没有决心革命的人是不能带的。我们第十一军、第四军要永远为党流血。我们不要说陈军长走了，我们便没有革命的决心。……我们此时应下决心了，我们要决心去革命，去拥护中央执委第三次全体会议。我们现在若没有这种革命的决心，将来就是反革命。因为现时只有两条路摆在我们面前，不是革命，便是反革命。……同志们，我们应下决心了。我们革命的向左来，不革命的赶快走开，不要犹豫不决，不要马马虎虎，致误自己及我们的兵士。……革命的联合起来，不革命的尽快让开。若不革命，又不走开，在这里有什么捣鬼的行动，我们党一定有断然的处置。"①

演讲台下，方幼璇埋头作着记录，心中却如翻江倒海一般难以平静。长期的僚佐戎幕，使他养成了一切遵从上级、听命官长的习惯。蒋介石作为国民革命军总司令，在他的心目中有很高的威望；陈铭枢是对他有知遇之恩的

---

①梅日新等：《邓演达文集新编》第 82 页，广东人民出版社 2000 年版。

保定军校学友、老上级。同时，在东征、南征和北伐作战中，他也亲身感受到以共产党人为骨干的黄埔军校教导团、叶挺独立团是如何冲锋在前、浴血奋战的。他由衷地希望国共两党能在孙中山三民主义和三大政策的政治基础上真正地精诚合作，希望自己为之奋斗和献身的民主革命能够早日迎来中华民族的自立和崛起。但是，在这非左即右的政治抉择面前，他真的一时找不着北了！

面对错综复杂的政治局势，身为第十一军副军长兼第十师师长的蒋光鼐更感到难作抉择。他召集本军团长以上军官秘密开会，讨论第十一军的前途。他提出两个对策请大家表态：第一，保存革命力量，一切服从武汉政府，归张发奎指挥；第二，离开武汉投奔蒋介石。多数军官不认同武汉政府的作为，但同时认为如果取第二方案，会引起张发奎部与第十一军的互相残杀，实无必要。① 会议不了了之。会后，心灰意冷的蒋光鼐换上便装，不辞而行，避居庐山。

革命阵营的分裂，使许多在战场上置生死于不顾的资深军人感到深深的失望。蒋光鼐出走后不久，第二十四师师长戴戟也满怀抑郁地离开军队上了庐山。

陈铭枢、蒋光鼐和戴戟的先后出走，使犹豫、彷徨中的方幼璇更加六神无主。3 月下旬，第十一军的师以上领导又作了调整。陈铭枢不告而辞后，第十一军由张发奎代管；蒋光鼐和戴戟相继出走后，第十师由蔡廷锴接任师长，第二十四师由叶挺接任师长。

方幼璇没有想到的是，此时一纸关于他的晋升命令从天而降！

"下面宣布命令：'兹任命国民革命军第十一军第十师参谋长方幼璇，为第二十四师少将副师长。此令。第十一军代军长张发奎。'方副师长是

◎ 叶挺将军

我在保定军校的学长，从援闽粤军到四军北伐，我们一直在同一个阵营里战斗。方副师长是一位文武兼长的军官，他博学多才，战功卓著，足智多谋，

---

① 《广州民国日报》1929 年 5 月 16 日。

待人宽厚。他到任副师长，是本人之幸事，也是全师之幸事！"宣读委任状的是第二十四师新任师长叶挺。这位共产党员师长，对辅佐自己的国民党员副师长表示了由衷的赞许和真诚的欢迎。

叶挺师长话音刚落，会场上当即响起热烈的掌声。方幼璇，这位"秉质温惠，内劲外柔，态度雍容，无疾言厉色，临机赴事则奋勉果断异于常人"①的新任副师长，在第四军素来有很好的口碑。

非常时期从天而降的职务晋升，令方幼璇心情十分复杂，当叶挺师长宣读委任状、致欢迎辞和官兵们热烈鼓掌时，他的头脑中却是一片空白。

在这种错综复杂的形势下，晋升方幼璇为辅佐叶挺的副师长，究竟意味什么？且不说当时方幼璇如坠五里云雾，即便是事后旁观者或当代史学者，也有不同的观点。一种观点认为，这是共产党对他的争取。当时第二十四师有较多的共产党员，该师新成立的教导队几乎全是共产党人，实际上这已经是一支由共产党控制的部队。这一任命反映出共产党对他这位科班出身的军事人才在人品和素养上的充分肯定，对他今后在革命斗争发挥更大作用寄予厚望。另一种观点则认为，这是张发奎对他的安插和利用。有当代历史学者这样评说："……张发奎还是对中共党员有所戒备，他安排了第二十四师副师长方玮（即方幼璇）、参谋长黄庆藩及第七十四团团长古勋铭、第七十一团团长欧震等亲信军官，甚至亲自过问营长一级的任命。"② 其实在副师长任命下达之前，方幼璇与张发奎并无直接隶属关系，只是在北伐江西时因临时配属和临时指挥，与张发奎有过交集。况且，福建籍军官在张发奎眼里并不受待见。

4月12日，一直令方幼璇感到不安的那股诡异气息，骤然演变为一阵暴虐的腥风血雨！蒋介石在上海公开叛变革命，大肆逮捕、屠杀共产党人。4月18日，南京国民政府宣布成立。胡汉民任主席，蒋介石任总司令，陈铭枢任总政治部副主任。身为国民党员的方幼璇，面对宁汉分裂、国共第一次合作

①陈铭枢：《副旅长方公传略》，载《方幼璇先生哀思录》传赞部分第1页，国民革命军第六十一师1929年版。
②宋健、李婉霞：《三大起义主力部队在武汉的形成》，载《党的文献》2017年第4期。

荷戟独彷徨

失败的复杂局面和深不可测的政治漩涡，陷入了痛苦的迷茫和无助的彷徨。

山风欲来风满楼。方幼璇隐约感到，随这支部队再走下去面临的将会是一场更加猛烈的风暴。在战场上屡屡出生入死的他，并不畏惧马革裹尸，但是，令他茫然不知所措的是，在这场即将到来的暴风骤雨中，自己究竟应该为谁而战。

极度困惑和无奈中的方幼璇，终于痛下决心，作出了与蒋光鼐、戴戟一样的选择——回避！他换上便衣，与自己所钟情的部队不告而辞，一步三回头地上了庐山，找到住在芦林 64 号"交芦精舍"的蒋光鼐和戴戟。

"蒋副军长、戴师长，真没有想到我们为之献身的革命阵营竟如此分崩离析，真是撕心裂胆、五内俱焚啊！"见到蒋光鼐和戴戟，方幼璇再也难以抑制心中的痛苦，声泪俱下。

"幼璇学长，我也感同身受啊！你在这复杂局面中能获得张军长和叶师长的信任、提携，担任第二十四师副师长，这实属不易。但你忠官长、重袍泽、念旧部，不惜弃官而走，我们都很感动。"戴戟也难忍夺眶而出的热泪。

"幼璇，我们是老同学、老战友了，我了解你，更理解你。现在南京政府有意让我出任第二十二师师长，我拟前往就任，你随我去南京再续袍泽之情吧。"蒋光鼐真诚地劝说方幼璇。

"军座，我们第十一军，铁军之谓，举世无双。我的根在于斯、我的魂在于斯。既然第十一军已名存实亡，不能再为这支部队尽心效力，那么我宁愿回故里为布衣！如果第十一军有重整旗鼓的那一天，您有令，召必回！"方幼璇仍然难以割舍他的旧部情怀和袍泽情愫，更难以在复杂的政治漩涡中找到明确的方向。

蒋光鼐和戴戟都了解这位情同手足的学长和幕僚的品性，也不强留，只好恋恋不舍地把方幼璇送下庐山。

二、故里和风

自 1924 年投奔粤军后，方幼璇一直戎马倥偬，一仗接着一仗打，难得有机会回家。尤其在出征北伐后，更无暇返乡省亲，连书信都极少往来。回到福州，他迫不及待地迈进南门兜夏体井弄里的方宅，家的气息扑面而来。还是那厢二进老屋，檐下雏燕呢喃；还是那座塔影书斋，耳际诵声犹在；还是那片花红柳绿，园中蜂飞蝶舞……上座父母的絮叨，屋里妻子的柔情，身后胞弟的敬服，尤其是膝下那一双可爱的儿女祖谦和静婉，故里的一切都令方幼璇倍感温馨。

听说方幼璇回到福州，故知、亲友都争相前来探望，尤其是当年塔影书斋的同学们。时任福建省政府军事厅参谋长的吴澍曾多次造访方宅。这位从塔影楼书斋、福建陆军小学堂、南京陆军中学堂直至保定陆军军官军校第一期的同学，后来又同在方声涛麾下的战友，与久别重逢的方幼璇有说不完的话，他们忆年少、叙友情、话军旅、谈国是，每每攀谈从早到晚仍意犹未尽。吴澍曾撰文回忆当年重逢方幼璇的情景："后先同回闽，首造君邸宅。相见喜如狂，音容犹曩昔。卢李分外亲，盘桓数晨夕。"①

同是塔影楼的同学，著名诗人林云康也是方宅的常客。他很喜欢来方宅，来塔影楼，一是同学叙旧，二是故地重游。他还邀约方幼璇一同去塔影楼学长、方幼璇堂姐夫陈笃初家，谈古论今，交流画技，赛撰诗钟。已是名擅榕城的中医和诗画家的陈笃初，十分看好这位博学足智、擅文能武的学弟和内弟，对他的前程充满期待。林云康对这些往事记忆深刻："公以亲老为念，岁或归省或数岁一归，归必集侪侣叙契阔，余常常与焉，因忆丁卯余从公姊丈陈还爽（注：陈笃初）家重温雅故，并念公之勋业前程且不可限量，方期他日衣锦还乡，得与故山亲旧杯酒相于乐也。"②

在参加陈笃初、林云康等组织的诗社活动中，方幼璇结识了在福州诗坛上颇富名声的"三生会"成员。当时福州"同光体"闽派诗人层出，盛行结

①吴澍：《挽幼璇学兄》，载《方幼璇先生哀思录》挽诗部分第3页，国民革命军第六十一师1929年版。

②林云康：《福州方公治丧办事处祭文》，载《方幼璇先生哀思录》祭文部分第20页，国民革命军第六十一师1929年版。

社吟唱。"三生会"是由著名诗人刘敬（字龙生）、何振岱（字梅生）、高向瀛（字颖生）三人组成的，这三人表字中都带有"生字"，故名之。方幼璇与其中的高向瀛相识后结下莫逆之交。高向瀛（1868-1946）字颖生、郁离，侯官人，光绪十四年（1888）举人，曾任浙江台州知县，民国后接任福州商务印书馆经理，著有《环翠楼诗文集》《郁离岁纪》等。其妻为陈宝琛之妹。方幼璇常应邀去高向瀛家吟诗作画品茶，其间，在高向瀛处谒拜闽中讲坛巨擘陈衍

◎ 方幼璇返榕后与妻子、儿女合影

（1856-1937），得到其悉心指导，受益良多。方幼璇还参加了福州讬社，与陈元璋、林云康、陈实怀、高冠杰等诗人来往甚密，惜无诗集留世。

　　高宅位于福州道山路怀德坊，大门正对道山路，斜面便是林则徐祠堂，东侧为乌山东北麓之天皇岭弄口，后门为永祚社小巷，对过接乌山八十一阶登山道便是文昌阁等胜景。高宅是典型的福州传统格式民宅，五间排三进木构大屋，后花园内建有一座洋式楼房，因置身于乌山之麓的绿丛碧野环抱之中，故取名为"环翠楼"。楼前一株历经风霜的古植丁香树，见证了环翠楼的变迁。环翠楼由高向瀛曾祖父高鸿湘（1792-1851）于嘉庆年间所建。高鸿湘字在京，号蠹三，嘉庆二十四年（1819）举人。高鸿湘的儿子、高向瀛的

◎ 陈衍

祖父高明远（1810-1881），在此读书近40年。高明远字纯凯、号镜洲，道光十五年（1835）年进士。1917年，高向瀛整修旧宅时重建环翠楼。陈宝琛在《高颖生姑婿五十诗序》中记述："颖生既自浙归，欲重修环翠楼，尝征诗于予。环翠楼者，君曾大父教谕公筑以藏书，大父大庚公年末强仕，即弃官归养，读书其中垂四十年，君《述德》诗所谓'有道犹不仕'者。余诗久不就，而楼已于今夏成，于是君年五十矣。"① 高向瀛曾为此楼自题楹联："埋名甘市隐，绝谷爱楼居。"环翠楼修复后，严复曾应邀前来作客，并应高向瀛请求作《高颖生向瀛征题环翠楼》诗一首：

荷戟独彷徨

溯从革命还，天地日蛙黾。

争民施夺余，何地作榛梗。

有贤者高生，抗怀等箕颖。

北海乃高明，南阳贵宁静。

趣与时世疏，味乃诗书永。

颇闻环翠楼，汲古得修绠。

四叶引调同，三绝在务屏。

陆沈黄绶间，拂衣逮俄顷。

舒啸向乌山，杖藜窥丹井。

乃知君子心，用意极幽冷。

不见魏晋贤，神理托酩酊。

中秋之夜，高向瀛邀约方幼璇到环翠楼赏月品茗。主客登上露台，沏上一壶上好的茉莉花茶，举头眺望薄云衬托着的一轮明月，高向瀛脱口吟诵七绝一首："高楼岁岁畅芳春，酌酒娱花乐事真。如此丁香方洁白，满头堆雪对诗人。"

"好景好楼好茶好诗啊！"方幼璇拍手称道。

---

①吴可文：《福州分灯吟社唱和考论》，载《闽台文化研究》2018年第2期。

"唉……"不想高向瀛却摇头叹道，"此乃20年前福州文风浓郁，诗人结社成风，余与刘敬、何振岱结为弟昆，每月一聚酬唱之难忘情景。而今何兄北上京都，'石交三生缘'也只能留在梅生所绘之《三生图》中了。"接着，高向瀛又把心中的苦楚向方幼璇娓娓道来。

高向瀛年幼之时，21岁的父亲就因经商失败，郁郁寡欢，病重而卒，后来嗣祖也相继去世，两代人留下的沉重债务全都落在他的肩头上。几十年来，不断有债主借继嗣之题上门追讨，索债张本。高向瀛物质上、精神上一直背负着沉重的压力，遂萌生卖祖宅替嗣祖还清债务之意。

俗话说，有心栽花花不开，无心插柳柳成行。方幼璇回榕后，见伯父方廉友子孙颇多，弟弟方琛也已成人，夏体井老屋居住拥挤，生活诸多不便，心中期盼着能为老父、贤妻、子女和胞弟购置一处较为宽敞的安居之所。他对高宅院落的环境和布局十分中意，尤其是那座环翠楼，总能让他联想到祖宅的塔影楼。听闻高向瀛所述后，方幼璇几度欲开口商谈购屋之事，但又知其价不菲，恐难承受，一时不便启齿。不过，最终方幼璇还是成为怀德坊此宅的新主人。此为后话。

在这段难得的闲暇时光里，方幼璇仍然笔耕不辍。暂时离开了军旅和沙场，他更加专注地潜心研究孙中山先生的三民主义思想，并持续著述他的《三民主义之研究》一书。在福州，有一位令方幼璇十分敬仰的导师和故交——曾任孙中山先生秘书长的黄展云先生。寓居上海时，方幼璇与黄展云来往密切，后来又奉孙中山先生指令，共同返闽从事驱李斗争。李厚基在福建的军阀统治结束后，方幼璇又在黄展云直接领导下从事盐务工作。黄展云于1926年担任福建省农工厅厅长，他致力于闽省社会改造和乡村建设工作。1927年3月，黄展云选择长乐营前，展开了以三民主义为纲领、以三大政策为主导，以村政改革和土地改革为重点的"模范村"实验。[1]

---

[1]黄以雍：《回忆先父黄展云创办长乐营前模范村史迹》，载《福州文史资料选辑》第11辑。

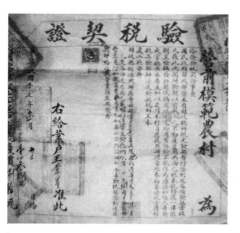

◎ 长乐营前模范农村使用的验税契证

应黄展云邀请，方幼璇来到"模范村"参观。他亲眼看到黄展云施行的"耕者有其田"政策、禁烟禁赌、普及教育、改善人民生活等方面的举措及其实际成效。方幼璇还常到设于吉庇巷谢家祠的"模范村"驻榕办事处参加讨论，亲耳聆听黄展云关于三民主义和三大政策的真知灼见，很受震撼和启发。

从营前"模范村"回到塔影楼，方幼璇的心情久久不能平静。结合黄展云所致力探索的"模范村"建设，以及北伐前部队驻防北海期间，受第十师派遣深入村镇指导农会、帮助解决当地民生问题的社会实践，他对自己所认知的三民主义作了更加深入的思考。

黄展云对方幼璇的人品和才华都十分认可，1929 年 7 月，因冤案正在上海避居的黄展云得知方幼璇阵亡的消息后，悲痛不已，与其兄黄翼云同撰挽联"南霁云有保障之功喫箭英灵自是千秋宜俎豆，王彦章以孤军而困铁枪骁勇岂因一死挫威名"，[①] 以此寄托哀思。

时间过得很快，一眨眼方幼璇挂冠回里已 3 个来月了。8 月上旬的一天，父亲方仲璇急匆匆地唤来方幼璇。

"灼儿，你快看看，共产党在南昌发动起义了，叶挺师长是前敌总指挥，那你们第二十四师就是起义的中坚啊！"走进父亲的客厅，只见方仲璇拿着一份报纸，神色异常紧张。

"幸好灼儿回来得及时，总算是躲过了这场是非！"继母王氏在一旁插话。

"依爹、依妈，你们不用担心，我这不是好好地回来了，往后我就在福州找点事做，比如，协助黄展云先生建设'模范村'，实践孙中山先生的民生思

---

①黄展云等：《挽联》，载《方幼璇先生哀思录》挽联部分第 90 页，国民革命军第六十一师 1929 年版。

想。"方幼璇尽力宽慰二老。

"唉，现在兵荒马乱的，可你弟弟方琛还总想步你后尘，走从军之路呢。"方仲璇想听听长子的意见。

"从军确实可以锻炼人，琛弟已经成年，要走的道路让他自己选择吧。儿的内弟赖雄也有此意。"显然，方幼璇是赞同弟弟从军的。

方幼璇的品格和素养对其胞弟影响很大。比他小17岁的同父异母弟弟方琛（1908-1935，本名方绍棠，字昌荫，号琛），从小就对哥哥充满了敬仰之情，哥哥每次返乡省亲，他都是甩不掉的"小尾巴"。年少的方琛志存高远，一直期盼着能和哥哥一样从军效国。

赖卫珂的弟弟赖雄也是方幼璇的崇拜者。他比方琛年长一岁，常常与方琛在一起商议，效仿方幼璇，共同报考军校。

1927年8月，在蒋光鼐和方幼璇的鼓励和支持下，方琛和赖雄赴广州参加黄埔军校第七期入学考试。当年黄埔校区共录取1400名预科生，方琛和赖雄双双顺利录取。入学前，方仲璇也和当年送方幼璇赴宁上军校一样，为小儿子举办了婚礼，方琛娶了与自己同年出生的王雨琴（1908-1971）为妻。

◎ 赋闲在家的方幼璇与女儿静婉和胞弟方琛合影

◎ 方幼璇胞弟方琛（左）与蒋光鼐

从第七期开始，黄埔军校学生修业时间改为三年制。其间，校名一度称为"国民革命军黄埔军官学校"。在这3年中，政治风云多变，地方各派势力互相争斗激烈，造成师生风潮迭起，也使学生星散不少。军校曾因蒋介石下野一度中断学习，1928年5月方复课。至1930年9月26日毕业生实为666人，称第七期第二总队（一总队设于南京本校）。在第七期学员即将毕业之际，蒋介石电令广州"第七期毕业后黄埔校停办"，因此，在校教职员工有的归并南京本校，有的发饷两个月遣散，同年10月24日广州的黄埔本校就完全结束了。

在哥哥的影响下，方琛在黄埔军校期间也是一个品学兼优、文武兼备的学员。方幼璇阵亡后，黄埔军校教官文建勋在所赠挽联的下联中专门为方琛写下了一笔赞扬之词，以期告慰其兄方幼璇："将军苦战白坭拼死扫妖氛闽海珠江永留壮气，令弟肄业黄埔峥嵘露头角武功文德继起有人。"[①]

三、借道闽北

虽然已挂冠回乡，但对自己的老部队——第十一军尤其是第十师的前途命运，方幼璇始终魂牵梦萦。

奉汪精卫集团之命，第二方面军东征讨蒋，于7月下旬到达九江。后来，蔡廷锴率领第十师参加了南昌起义，并提任第十一军副军长。当起义部队到达江西进贤时，蔡廷锴遣散了部队中的共产党人，脱离起义军，欲投奔蒋介石。后因蒋介石下野，部队无所归宿，给养无所接济。陈铭枢接到蔡廷锴电报后，在上海愚园路私宅召集蒋光鼐、戴戟、朱绍良等商议第十师去向。此时，在座的吴澍建议第十师进驻福建，得到陈铭枢的同意。时任福建省政府主席的杨树庄接到吴澍的电报后，即带林知渊等来沪与陈铭枢等商谈。双方商定，第十一军经闽返粤，在闽休整期间由福建提供保障给养，由第十一军

①文建勋：《挽联》，载《方幼璇先生哀思录》挽联部分第40页，国民革命军第六十一师1929年版。

协助解决驻闽谭曙卿新编军的问题。①

新编军是在福建民军基础上建立起来的一支地方武装。1926年何应钦率国民革命军第一军入闽时，谭曙卿为该军第三师师长。奉何应钦之命，谭曙卿收编福建各地民军，成立新编军第一军，下辖两个师，第一师由卢兴邦所部改编，第二师由郭凤鸣所部改编，另有1个独立旅和3个独立团。何应钦离开福建后，杨树庄主政福建，谭曙卿心怀不满，唆使新编军将领反对方声涛执掌军事厅，煽动工潮，把持财政，扰乱地方，影响民生，省府政令难出省会。因此，杨树庄想借第十一军之力拔除谭曙卿这个"毒瘤"。

会后，蒋光鼐携带10万元从上海来到上饶河口慰问第十师官兵，宣布恢复第十一军建制，仍由蒋光鼐任副军长，将原第十师分编为第十师和第二十四师。方幼璇的老同学陈维远时任第十一军参谋长。

部队就要进入闽北地区了，此时最让蒋光鼐不放心的是盘踞闽北地区的卢兴邦新编军第一师。不过，很快他就有了主意。

这天，两名由第十一军派出的军官来到方宅，向方幼璇面呈一封公函。方幼璇打开信封一看，内有一封委任状和一封蒋光鼐的亲笔信。委任状的内容是任命方幼璇为第十一军军部高级参谋。信件的主要内容是请方幼璇带领这两名军官到卢兴邦部协商疏开闽北通道、确保第十一军顺利进入福州。

◎ 卢兴邦

蒋光鼐派遣方幼璇做卢兴邦的工作，一是因为方幼璇曾在原福建民军总司令部参赞戎幕，对这支部队的底子比较熟悉，当年也曾做过面说王永泉参与驱李的工作，有一定经验；二是因为方幼璇是卢兴邦师参谋长余伯良、参谋次长陈仲聪和第二旅参谋长王斌图等人在保定军校的学长，有一定的人脉。

---

①吴艺五：《我所知道的方声涛》，载《福建文史资料》第12辑，政协福建省委员会文史资料研究委员会1986年版。

收到来函，方幼璇心中那团几近熄止的火焰又复燃、升腾了起来。他立即提笔给卢兴邦写信，说明第十一军假道入闽意图，约定前往其师部面商的行程，并差人火速送往卢兴邦部。而后，方幼璇带领第十一军两名军官启程前往延平。

初秋的福建，夜间凉意乍袭，但白天仍然酷热。方幼璇一行三人昼夜兼程，一段顺风水路、一段蜿蜒山路，直奔卢兴邦师部所在地延平。第一天傍晚，走在崎岖小道上的方幼璇不慎扭伤了脚，眼看着夜幕即将降临，天黑前难以按计划到达原定的夜宿旅店，方幼璇临时决定就地安顿歇息。

第二天一早，脚痛稍缓的方幼璇带领两名军官继续前行。当经过原定前一夜住宿的旅店时，只见路边聚集着一些观望的群众，几名警察正从旅店里抬出3具血淋淋的尸体。随行军官上前向警察打听，才知道昨夜这家旅店有3名当天住宿的男性旅客被暗杀了，但携带财物却完好无损。凶手借夜幕逃逸，身份不清、动机不明。方幼璇和两名随从心中明白，这宗凶杀案一定是卢兴邦冲着他们来的，若不是因为方幼璇脚伤，未按计划下榻这家旅店，恐怕很难避过这一凶险的血案。

方幼璇的顺利抵达，令卢兴邦大失所望。他不得不对第十一军派来的高级参谋以礼相待。方幼璇告知卢部，第十一军只是借道闽北，不会与卢部发生冲突，希望其敞道相迎。在方幼璇几位保定军校老同学的附和、劝说下，卢兴邦终于同意为第十一军打开方便之门。不过，心有余悸的卢兴邦为了预防第十一军对其动手，还是提前把全部枪械、弹药藏进了深山密林。这就样，方幼璇侥幸避过了凶险的暗杀，成功智取第十一军入闽第一道关卡的"钥匙"。

9月下旬，第十一军抵达建瓯，卢兴邦派出代表前往迎接。到达延平时，又亲率部众数千人到郊外相迎。入城后，卢兴邦还设宴犒劳第十一军官兵。

四、突袭谭部

10月10日，第十一军进入福州，在西门外接官亭受到万余名各界群众夹道欢迎，许多人高举、呼喊请求驱逐谭曙卿的口号，还派出代表向第十一军请愿倒谭。蒋光鼐为稳定局面，对请愿者婉言劝解。谭曙卿见势不妙，立即宣布取消当晚"双十节"灯会，实行宵禁，并封禁发表反谭言论的报刊。福州局势开始动荡。

10月12日晚和13日清晨，第十一军相继收到省政府主席杨村庄和南京政府军事委员会的电令，指示解除新编军武装。13日这一天，新编军第一师参谋长柯杰夫给儿子办满月宴，谭部军官多前往赴宴。这天下午，省政府拟设宴欢迎第十一军将领，请新编军将领陪同。因此，谭部没有丝毫戒备。作为军部高级参谋的方幼璇，向蒋光鼐提出当日采取行动的建议，并制订了详细的作战行动计划。

师出有名，军令如山，战机适当，势在必行。蒋光鼐、方幼璇一早就来到设在于山顶的军指挥所。[1] 蔡廷锴、陈维远组织部队行动。4年多前，方幼璇就是在这里与保定军校同学吴仲禧、陈维远共同商议投奔粤军的，没有想今天回到这里不是故地重游，而是并肩作战。

◎ 谭曙卿

正午时分，第十一军兵分两路，一部由蔡廷锴、陈维远率部借野外操练为名，整队途经设在东街旗汛口新编军司令部门前。当队伍过去一半时，突然下令停止前进，将司令部包围，冲入大院，勒令驻军缴械。新编军毫无戒备，措手不及。虽有少数士兵抵抗，但很快被制服。另一部由蒋光鼐、方幼璇带队，在于山南麓架炮，随时准备攻击新编军在南校场、西营里、蒙古营、南营等处驻军。不到两小时，新编军就全部瓦解。第十一军共缴获枪械约

◎ 陈培锟

① 赖雄：《缅怀蒋憬然将军》，载《蒋光鼐将军》第64页，团结出版社1989年版。

5000支和一批弹药、辎重。谭曙卿被俘后，经何应钦疏解，放其离闽赴日。

关于这次作战行动和方幼璇的功绩，时任福建省政府委员、省财政厅厅长、省赈务委员会主任的陈培锟（1877-1964）曾这样记述："遑岁闽城聚新军万数千人，经制饷糈巧立给养名目，籍若干日必一索，迟则叫嚣弗予将哗变，渠率惬弱不能控驭，文吏齮龁久之，诉枢府檄铁军。援闽铁军者粤第十一军，转战东南新造方锐之锋，当者辄披靡，故云间道星夜驰至，列营郊外数十里勤兵不出。一日晨起蓐食传綦严，向午揭若垒若，自骁将偏裨以至卒伍咸股栗惴惴然，束手舍持械，执讯获丑，听编遣而去。是役也，商不闭肆，士不辍学，行旅不辟途，曹署不废务，闾阎不震惊，事定官民犒牛酒相属于道曰：有吾邑方公幼璇隶所部，居间参知厥谋功为多予始从。"[1]

五、主事兵工

顺利解决谭部后，替省府解了忧，为民众平愤，第十一军也站稳了脚跟。在省政府举办的庆功宴上，方幼璇与蒋光鼐、蔡廷锴、陈维远等老同学、老战友把酒言欢，敞开压抑已久的心扉，畅叙离别部队的情思、旧部重建的愿景和首战得胜的喜悦。

"幼璇，我已向省府建议，让你担任福建兵工厂兼福建造币厂的厂长，你看如何？"蒋光鼐端着酒杯走过来，突然抛出一个令方幼璇感到意外的话题。

"副军长，第十一军复建，职倍感欢欣鼓舞，我行伍出身，对办工厂毫无经验，还是让我为您参赞戎幕吧。"方幼璇以为要让他离开第十一军，满腹疑虑。

"第十一军当然离不开你，你还是我的高参。我们急于接手管理福建兵工厂和福建造币厂，主要因为第十一军在闽期间需要通过这两个工厂的运营，来弥补省库的不足，支撑部队的保障。你熟悉闽省情况，省府军事厅厅长是

---

①陈培锟：《陆军中将方公幼璇诔辞》，载《方幼璇先生哀思录》诔辞部分第1页，国民革命军第六十一师1929年版。

你的族兄，军事厅参谋长吴澍是你的同学，这个职务非你莫属。"蒋光鼐对方幼璇充满期待。

"是啊，兵马未动粮草先行。保障第十一军乃我省和海军应尽义务，但如今省府财政捉襟见肘，不广开财源军需难以为继啊！"在一旁的杨树庄不失时机地补充道。

"明白了，我当尽力而为之。"方幼璇就这样成为第十一军军部高级参谋兼福建兵工厂和造币厂厂长。

据《李厚基在闽纪事》一文记载，当年李厚基从湖北汉阳兵工厂和山东德州兵工厂各调技术人员和工人百余人，同时在福建招收约 200 名学徒，在福州洪山桥附近的黄店设立兵工厂，制造枪炮。该厂曾生产仿德国马克沁式重机枪，生产了"刘式渊水压机关枪"（刘式渊为当时该兵工厂总办），后又仿制日本山炮。福建造币厂是李厚基藉以筹饷

◎ 福建兵工厂徽章

之名，于 1916 年按照广东省铸造毫洋的先例建造的。先是铸造辅币，后又铸造铜币。该厂厂长也由刘式渊兼任。① 李厚基被驱后，两厂归孙传芳部管理。1926 年 10 月，北伐东路军挥师入闽后，从孙传芳手里接收了福建兵工厂和造

◎ 1927 年福建造币厂铸制的革命军北伐胜利纪念币

---

①《文史资料·第四卷·政治军事编·第二册》第 82 页，福建人民出版社 2002 年版。

币厂。北伐军离开福建时，何应钦又把两厂交给了新编军。在这次驱谭行动中，两厂被第十一军接收。

第十一军重组入闽和方幼璇就任福建兵工厂、造币厂厂长，也给方幼璇解决夏体井祖宅居住拥挤的问题带来了契机。部队入闽后，蒋光鼐副军长常到方宅看望、叙谈，几次提起希望以方宅为依托，在福州设一处能够为第十一军联系、沟通高层人士提供方便的处所，其实就是第十一军在福州的联络点。但是，蒋光鼐也感到夏体井方家祖宅过于局促。于是，方幼璇便向蒋光鼐叙述了道山路怀德坊高宅的情况。蒋光鼐实地考察后十分满意，当即拍板在购房资金上给予支持，让方幼璇与高向瀛商谈，购下此宅。蒋光鼐的这一决策也正合高向瀛之意，就这样，方幼璇一家就从夏体井祖宅迁入道山路怀德坊。这个新宅被称作"方公馆"，后花园洋楼的"环翠楼"之称为旧主高家所用，方幼璇将其起名为"双塔影楼"，取登楼可将白塔、乌塔两处名胜尽收眼底之意，同时也此区别伯父方廉友在夏体井巷沿用的"塔影楼"之名。曾有闽中著名诗人为此楼题联曰："老屋塔叠双倩影，左海龙卧方正家。"

担任兵工厂和造币厂厂长期间，方幼璇起早贪黑地忙碌着，在料理好生产和管理事务的同时，竭尽全力为刚复建的第十一军后勤保障协调奔忙。高伯奇曾在《陆军中将方公幼璇事略》一文中记述："十六年，铁军入闽，公任兵工厂厂长。时省库支绌万分，但公精思擘画，军实竟无绝源之憾，公不辞苦不畏难之精神，由此可见也。"①

第十一军在福建站稳脚跟后，又扩编了两个团，正式恢复了第二十四师。而后，蒋光鼐和蔡廷锴电告远在日本的陈铭枢，请他回闽复任军长之职。11月2日，陈铭枢从日本返抵福州，复任第十一军军长。

---

①高伯奇：《陆军中将方公幼璇事略》，载《方幼璇先生哀思录》传赞部分第5页，国民革命军第六十一师1929年版。

第十章
驻钦廉已生去意　驰白坭却成赴死

　　痛苦彷徨之后的方幼璇终究没能按照自己选择的回避之路走下去。返回第十一军后，面对的又是新军阀混战、旧袍泽互残。而军事编遣后铁军旧部撤销，又使他再次失去了精神寄托和心灵港湾。或许虚云长老的口占也驱动了他的去意。但是，方幼璇的"信道之笃与趋义之勇"，注定了他一旦置身血与火的战场，便能慷慨赴死、舍生取义。本章主要记述方幼璇再度赴粤、驻防钦廉和阵亡于白坭一战的经过。时间从 1927 年 8 月至 1929 年 5 月。

一、"三同"聚首

　　1927 年盛夏，令人窒息的阴霾，笼罩在暑气蒸腾的大地上。而风云变幻、雷雨交加的政治气候，如同闷热的酷暑那般令人焦虑难耐。南昌城头枪炮声余音缭绕，正义与邪恶博弈正酣。风口浪尖上的铁军旧部，每个人在腥风血雨面前都回避不了历史潮流的荡涤和时代抉择的拷问。

　　驱谭告捷后的一天，陈维远告诉方幼璇，原在张发奎部任副官长的保定军校同学吴仲禧也挂冠回榕了。方幼璇喜出望外，立即张罗着在于山下的一方观景酒肆里订好了丰盛的酒菜，并早早地前往恭候老友。

　　说起来，方幼璇、陈维远、吴仲禧三人有太多的共同点：都是福州人，都毕业于保定军校，结伴同赴广东投身粤军，在铁军中都曾任副团长、团长、师参谋长和副师长，在北伐等作战中都屡建奇功……用陈维远的话说，他们是名副其实的"三同"，即"居同邑、学同师、职同袍"。①

3位老友一见面，便激动地紧紧拥抱在一起，一时哽咽无语。

"奋飞（注：吴仲禧字奋飞），你怎么也回福州了？什么时候回来的？"方幼璇迫不及待地接连发问。

吴仲禧一声长叹，沉默了一会儿，缓缓地向老同学敞开了心扉。

1927年6月，武汉政府将原第四军扩编为第四集团军第二方面军，以张发奎为总指挥，下辖第四军（军长黄琪翔）、第十一军（军长朱晖日）和第二十军（军长贺龙）。原代理第二十六师师长的吴仲禧副师长，在扩编中没有正常升任师长，而是改任为第二方面军副官长，提拔许志锐任第二十六师师长。吴仲禧认为，这是张发奎对他这个陈铭枢老部下的不信任，刻意要使用嫡系许志锐。同时，吴仲禧也知道张发奎有意回广东抢占地盘，而他也不愿意追随。因此，吴仲禧于7月中旬随张发奎第二方面军总部到九江后，便放弃副官长职务，挂冠回乡。②

"奋飞，我们都回第十一军，再续袍泽之谊吧……"方幼璇话音未落，陈维远就举杯敬酒，打断了这个令吴仲禧难堪的话题。

原来，6月7日吴仲禧率部回师武汉，在许昌宿营时，第十师师长蔡廷锴曾找他通宵密谈，劝说他一同率部从许昌经豫东、皖北开往南京，投靠第十一军的老上级陈铭枢和蒋光鼐。受到大革命教育，在第二十四师与叶挺共事过的吴仲禧，不愿为报效旧日官长而投靠南京政府，便婉拒了蔡廷锴的相邀。蔡廷锴自己兵力不济，也不敢单独发难，遂称病住院。③

陈远维知道这段经历，并曾私下告诉过吴仲禧，第十一军的一些领导人

①陈维远：《挽联》，载《方幼璇先生哀思录》挽联部分第29页，国民革命军第六十一师1929年版。

②广东政协文化和文史资料委员会：《深潜龙潭老将军——吴仲禧纪念文集》第65页，中国文史出版社2015年版。

③广东政协文化和文史资料委员会：《深潜龙潭老将军——吴仲禧纪念文集》第160页，中国文史出版社2015年版。

因此认为吴仲禧太不够朋友，讲了他不少坏话。① 这件事令吴仲禧十分难过。他知道，虽然第十一军业已重建，并且就驻扎在眼前，但自己却不可能再迈入这支部队了。

酒过三巡、菜过五味，绕过吴仲禧回归第十一军这个尴尬的话题，"三同"又借着酒劲开始评说张发奎以许志锐取代吴仲禧一事。

关于吴仲禧和许志锐的任用，在部队确有反响。张发奎后来在口述自传中坦言："蔡廷锴的副手许志锐升任第二十六师师长。为什么让他接替吴仲禧？因为吴仲禧是福建人，福建出产不了勇士，但他是个出色的参谋人员。"② 这段话颇令人回味。难道这就是第四集团军主官的地域歧视和偏见？难道这也是闽籍军官方幼璇、陈维远等人长期处于幕僚或副手地位的原因之一？

在旧军队中，长官的"看法"要比各种"法"重要得多。方、吴、陈"三同"当然不认可张发奎这种看法。至于闽人是否勇烈，旁观者也有与张发奎完全相左的观点。方幼璇阵亡之后，有人以他为例这样评说闽粤籍先驱的勇烈："自先总理倡革命，吾国士夫，前仆后继，七十二烈士固为革命之急先锋，亦死事最惨。顾其中则闽人盖什四五焉，粤人亦什四五焉，他省或绝无，或仅有，或什一二焉，此其故何也？闽粤之人，去国者多，目击欧美之强，身受睥睨之辱，天竺交阯，沦为贱隶，事事皆易地相处，其境可哀，其危可懔，故革命思潮，不得不自心坎中昕夕疾涌，所以挺而赴难愤而揭竿，乃较他省人为烈，有以然也，后死者接气承风，由是荆卿专诸聂政之伦，继七十二先烈以起，盖不知几何人矣，至于典军经武，志不可夺，勇不忘元，能披坚执锐，以赴国难者，他省姑置勿论，闽粤中人，必推公为最烈焉，顾公闽人也，吾所谓接气承风者非耶。然而继七十二烈之赫赫轰轰者，吾敢谓闽省

---

① 广东政协文化和文史资料委员会：《深潜龙潭老将军——吴仲禧纪念文集》第 162 页，中国文史出版社 2015 年版。

② 夏莲英访谈及记录：《张发奎口述自传》第 90 页，当代中国出版社 2012 年版。

人，又当以公为第一焉，鸣呼烈士?"① 这段话的大意是七十二先烈中，以闽粤人为多；闽粤人较他省人为烈，而接气承风者又推方幼璇为烈。相比较而言，陈铭枢的看法比较中肯，他为方幼璇的题辞就是："仁者必有勇。"②

客观地说，张发奎以吴仲禧为例论及"福建出产不了勇士"，确实有失公允。汀泗桥之战，第十师第三十团团长戴戟和副团长吴仲禧抵近前沿，戴戟负伤后吴仲禧代理指挥；攻克武昌之战，吴仲禧指挥第三十团首攻敌军司令部；临颍决战，吴仲禧亲临火线指挥这场北伐以来伤亡最大的战斗……

月上树梢，宿鸟归巢。古榕上聒噪了一天的蝉鸣变成零星的嘶哑的呻吟，些许清凉的微风穿过簇密的绿叶，时抑时扬地荡起慈祥的榕须，安抚着饱受暴虐的阳光灼烤过的岩壁，石缝中渗析出的水渍吃力地浸润着夏夜，天幕在星光的点缀下显得格外宁靖。方幼璇、陈维远、吴仲禧在畅饮和欢叙中暂时忘却了困惑和烦恼。

◎ 1927 年吴仲禧（后排中）携家人与方幼璇（右后）、陈维远（后排左）合影

榕城"三同"有着共同的求学和从军经历，但是，后来他们的探索路径和人生终点却大相径庭：吴仲禧于 1937 年加入中国共产党，并成为以国民党将军身份为掩护的共产党情报人员，新中国成立后曾任政协广东省委员会副主席等职，1983 年因病逝世。陈维远于 1941年进入汪精卫南京伪政府，官至汪伪军政部常务次长，于 1942 年去世。有的资料记载陈维远是加入军统后奉命潜伏于汪伪政府的，死于日本特务的投毒。但是，至本传记收笔时尚未查寻到可靠的佐证。至于方幼璇的结局，那就更是令人扼腕叹息了，此为后话。

①潘梓庄：《诔辞》，载《方幼璇先生哀思录》诔辞部分第 5 页，国民革命军第六十一师 1929 年版。

②陈铭枢：《题词》，载《方幼璇先生哀思录》插图部分第 2 页，国民革命军第六十一师 1929 年版。

二、铁军相残

从 1927 年春宁汉分裂后脱离第二十四师，到再返重建的第十一军前，方幼璇经历了半年多痛苦煎熬。他一直把这支荣膺铁军称誉的部队视为自己精神的寄托、心灵的港湾、事业的根基。在他的军旅生涯中，投身粤军第一师、随第一师改编为第四军第十师、北伐后扩编为第十一军，一直在这支部队中艰辛磨砺、不懈奋斗。重返旧部、再披战袍，对方幼璇来说是一种无可替代的慰藉。

随第十一军赴粤前，方幼璇向父母叩首辞行。继母王氏不停地抹泪："唉，你弟方琛已入黄埔军校，你再随营入粤，家里又是一门弱少了。"

"依妈别难过，厝里还有我和弟媳呢，我们会帮助依爹依妈操持好这个家的。"贤惠的赖卫珂细声安抚婆婆。

方仲璇老人没有说话。战乱之时，凶险莫测，他何尝不愿把这个长子留在身边尽孝。但是，这位深明事理的老人深知儿子心里想的什么，他不能让儿子出征时还对一家老小牵肠挂肚。不过，他没有想到，方幼璇这次迈出家门后，父子竟成永别。

12 月下旬，部队向广东进发了。还未进入粤界，军部高级参谋方幼璇已从各方得来的情报中，感到广东方面事态之严重。

南昌起义后，贺龙、叶挺率起义部队沿赣江以东地区南下，向广东潮梅进攻，在赣南地区先后击溃钱大钧第三十军和黄绍竑第十五军，钱黄残部分别向闽西和潮梅地区逃窜。李济深急调兵力前往潮汕增援并收容钱黄残部，广州防卫因此出现了空隙。此时，张发奎带领原第二方面军仅剩的黄琪翔第四军趁隙进驻广州。眼看引狼入室，但从道义和力量上又都难以阻止，李济深如哑巴吃黄连，有苦说不出。

11 月 17 日，张发奎、黄琪翔在汪精卫支持下，趁李济深赴上海出席国民党第二届四中全会预备会之机，发动了"广州事变"，将李济深、黄绍竑部缴械，攻占了虎门要塞和石井兵工厂，包围和解散了黄埔军校，并以国民党广州政治分会名义，通缉黄绍竑。

李济深抵南京后，经多方协调，南京国民政府于 12 月 2 日下令讨伐张发奎、黄琪翔。无奈之下，张、黄辞职逃遁香港。第十一军军长陈铭枢受命担任东路总指挥，与潮汕陈济棠部在东江会合，西路黄绍竑在梧州集结，会同南路徐景唐部，共同向第四军发起攻击。

进入粤界后，第十一军沿梅县、兴宁、五华向龙川西进。原计划与西路黄绍竑部会师，但到达岐岭附近时，第四军已前推至五华城。第十一军立即调头向东，在五华县双头墟岐岭一线与第四军许志锐、黄镇球部展开激战。

◎ 许志锐

巧合的是，北伐回师武汉后，方幼璇曾任第十师参谋长，许志锐曾任第十师副师长；方幼璇在赴粤扩编后所在师和第四军许志锐师的番号也都是第二十六师。但是，当年北伐时同为并肩作战、生死与共的铁军部队，此时又在新军阀混战中成为兵戎相见的敌对阵营！

战斗十分惨烈。北伐时的铁军骁将、第四军第二十六师师长许志锐，殒命于第十一军的猛烈攻击之中。张发奎编著的《第四军纪实》中记载了 1928 年 1 月 14 日潭下墟作战中许志锐阵亡的情形："许师长以身先士卒，果敢杀敌，竟中弹伤及右膊，然犹奋勇督战如故。未几，腹部又中一弹，虽伤及要害，仍神色自若。时秘书朱江以许师身受重伤，急着特务连士兵抬回后方。翌晨，因伤势过重，与世长辞。"[1]

此战虽然以陈铭枢部获胜为结局，但是方幼璇和第十一军中从铁军走过来的将领们似乎没有丝毫胜利的喜悦。

蒋光鼐在上世纪 50 年代给张发奎的一封信中，仍然表达了对铁军部队相互残杀的痛惜之情："总统府一役，知兄神勇无匹；肇庆夜饮，亦识兄之豪爽。马回岭前，檐下谈兵、并辔督战，至今记忆犹新。唯龙川、衡阳，同室

①张发奎：《第四军纪实》第 213 页，文海出版社 1948 年版。

操戈，兄弟相残，不堪回首……"①

　　蔡廷锴在其自传中也为当年的豆萁相煎而痛心不已："许志锐前乃本师之副师长，在河南回师武汉始调接二十六师师长。当彼调升之时，曾调本师干部三十余前往补充。此次互相残杀，所俘获及阵亡官长多为本师之旧部，当时见之无不痛心掉泪。"②

　　对于这一战果，方幼璇的心情更是极为复杂。他和陈维远都万分庆幸吴仲禧没能成为第四军第二十六师的师长，否则这场混战中倒在第十一军袍泽枪下的可能不是许志锐而是吴仲禧！此刻，身在福州的吴仲禧会想什么，他更应该庆幸自己的执意出走和没有投身第十一军。如果他还是第四军第二十六师的师长，那么，此战就难免与第十一军的方幼璇和陈维远兵戎相见；如果他投身第十一军，那么，就必须与几个月前还生死与共的战友同室操戈。看到北伐铁军的战友许志锐惨死于袍泽的枪下，方幼璇重返第十一军时的心灵的慰藉，瞬间又为茫然若失所取代。

三、坐镇钦廉

　　战事结束后，第十一军于 1928 年 2 月回到广州，军部设于原大元帅府的士敏土厂。此时，第十一军又扩编了第二十六师。

◎ 26 师戴戟师长　　◎ 26 师方幼璇副师长

戴戟任第十一军参谋长兼第二十六师师长。在戴戟的力荐下，方幼璇由军部高级参谋调任第二十六师副师长。在这次扩编中，陈维远与方幼璇齐头并进，被委任为第二十四师副师长。

---

　　①蒋庆渝：《天地悠悠——我的父亲蒋光鼐》第43页，中国文史出版社2007年版。
　　②蔡廷锴：《蔡廷锴自传》第188页，黑龙江人民出版社1982年版。

3月15日，国民党广州政治分会委任徐景唐、陈铭枢、陈济棠、王应榆为广东省东、南、西、北区善后委员。第十一军跟随陈铭枢驻扎在南区。南区包括高州、雷州、钦州、廉州和琼州。军部先设在海口，后移至北海。第十师师部驻扎在琼州，第二十四师师部驻扎在高州，戴戟、方幼璇所在第二十六师师部驻扎在钦廉。

钦廉地区是指由广东划入广西前廉州府的4个属县，即合浦县、钦县、灵山县和防城县。把战功卓著的第十一军安排在广东当时最贫穷的南区，引起了第十一军许多官兵的不满。但方幼璇却既来之则安之。

部队驻扎后，根据戴戟的安排，方幼璇负责筹备建立第二十六师师党部，后来被推举为师党部执行委员兼常务委员，全师的党务工作多由他负责筹划。在方幼璇的大力促成下，第二十六师成立了以学习研究三民主义为主旨的党义研究会，他积极组织党义训练班，并亲自编写教材为训练班授课。

◎ 1928年11月第十一军党部暨党义研究会成立大会现场

在此期间，方幼璇更加深入地研究三民主义，每天读书写作到深夜。他结合对历史的回顾、对时政的分析以及自己的曲折经历，特别是在榕期间跟随前辈黄展云实践孙中山先生民生思想，创办长乐营前"模范村"的经验，潜心撰写《三民主义之研究》一书。这部在坐镇钦廉期间脱稿成书的三民主义理论专著，已经湮灭在久远的历史烟尘之中，目前尚未发现存世成书或完整底稿，只在1929年出版的《方幼璇先生哀思录》中留下了一页影印手稿。

在这页仅存的手稿中，方幼璇这样写道：

"中国提倡民权，可借鉴欧美，不可仿效欧美；欧美实行民权于今百五十年，中国提倡民权时居其后，应当事事仿效，何以只可借鉴？盖不能仿效，原因计有二：

1. 社会上民情风土习惯不同。

政治为管理众人之事，中国几千年来，社会上民情风土习惯与欧美不同，则管理社会之政治亦应不同。如不顾中国之风土民情习惯，强将欧美管理社会的政治搬来运用，便生大错。应按照中国的社会情形，迎合世界潮流，简明一种办法，社会才会有改良，国家才会有进步。否则退化，且民族前途非常危险。

2. 欧美对于民权政治尚无解决办法。"①

这段文字如今读来仍感深刻，从一个侧面反映了方幼璇对民权和国情关系的深入思考，彰显了他对三民主义思想的全面理解和对社会改良思路的完整认知。

方幼璇阵亡后，第三师第八旅政治指导员办公厅同仁回忆："副旅长从陆军小学、中学，保定军校，而入陆军大学，不特受了最完备的军事教育，就是我国旧集中之经史子集以及政治经济及各种科学书籍，莫不涉猎及之，而且从这里面得到高深的修养。所以他平时恂恂如儒生，决不类军界中人，而且学如不及，诲人不倦。他在廉州时，每天都是手不释卷，不然就是俯桌急书。在廉州前后不过8月，《三民主义之研究》1册，《摄影回思录》4册，都是在这时完成。教人更是善诱循循，我们每次在党义研究会时，都能感觉得到，所以他有了这种修养，有了这样学识，才能静如处女，动于脱兔，冲锋陷阵，勇往直前。"②

————————

① 《方幼璇先生哀思录》插图部分第12页，国民革命军第六十一师1929年版。
② 第三师第八旅政治指导员办公厅：《为方副旅长殉国告全旅官兵》，载《方幼璇先生哀思录》哀辞部分第7页，国民革命军第六十一师1929年版。

驻扎钦廉不久，方幼璇就请假返回福州接来了夫人和两个儿女。在那兵荒马乱、动荡不已的年代，有多少家庭颠沛游离、支离破碎，作为戍边军人，能与家眷相互厮守实属不易。从婚后即赴宁就读陆军中学堂开始，方幼璇就与夫人聚少离多，温婉贤惠的赖卫珂在家侍奉老人、养育儿女，年幼的儿女祖谦和静婉更多的是从长辈们的述说中知道一些父亲戎马倥偬的故事。方幼璇深感对家人尤其是对夫人有一种难以言表的愧疚。

钦廉虽然地处偏僻，但在这里的随营军眷生活，却是赖卫珂一生中最为幸福的时光，她可以每天和儿女们一起陪伴在方幼璇的身边。闲暇中，她常教儿女们诵咏清代钦州诗人冯敏昌歌颂钦廉的诗文，尤其是这首《天涯亭》：

荷戟独彷徨

> 不信愁边天有涯，茫茫飞日但西斜。
> 诗词易起流亡怨，肝胆最为楚越分。
> 山外几黄茅岭瘴，亭前空白佛桑花。
> 儿童不踏长安陌，莫到长安更忆家。

◎ 虚云老和尚

赖卫珂和子女们在钦廉随军一段时间后，蒋光鼐见钦廉驻地生活条件很差，不利于小孩学习、生活，便劝说方幼璇在自己的广州住宅边租房安顿家属。因此，蒋光鼐和方幼璇的家人就成了两户一院的邻居，来往更加密切。5岁的方静婉与蒋女定闽朝夕相处，成为好朋友，蒋光鼐对她甚是喜爱，将其认作干女儿。

1929年初春，主持粤政的陈铭枢约见方幼璇夫妇。

"前几年，福州鼓山涌泉寺的虚云长老在云南重建昆明鸡山云栖寺，现在香港募缘塑佛。他与你父子都是好朋友，你一定要把他请来，我诚邀他主持广东曹溪南华寺。"曾专心学佛的陈铭枢，给方幼璇交代了这样一项任务。

方幼璇果然请来了年近鲐背的虚云长老。陈铭枢把长老安顿在颐养院热情款待，并亲自陪同他浏览了白云山、能仁寺。但是，虚云长老还是婉拒了来广东主持曹溪南华寺的邀请。他的理由很简单："福州鼓山涌泉寺是我的父母寺，且早已应允福建省主席杨树庄和前主席方声涛的盛请，重主涌泉寺。"

一个皓月当空、清明如洗的夜晚，虚云长老与方幼璇夫妇在石桌前佳茗对饮。他们从20年多前的相识谈到方幼璇如今的建功立业。虚云长老谈禅论道，话中有话地婉转劝说方幼璇不可久为执兵之凶事，当早日解甲洗手、以度生灵。说话间，虚云长老手指道旁的满树桃花，口占一偈：

> 今夕桃花红满枝，明日黄落倏变时。
> 卉木无言存灵感，天道幽冥自可知。①

秀外慧中的赖卫珂自幼笃信佛教，她立即心领神会地双手合十，用期盼的眼光注视着夫君。饱读诗书的方幼璇当然明白虚云长老此话的用意，但作为一名尚在执掌兵符的将军，他此时不便多说什么。

夜深了，零星闪烁，晓风透寒。月牙疲倦地依偎着云絮，远处那低回婉转、韵味浓郁的粤剧板腔也渐渐地消散于夜幕中。方幼璇夫妇恋恋不舍地与虚云长老话别，他们相约翌年在鼓山相会。

"幼璇，你希望我肚里的这个孩子是男孩还是女孩？"回到钦廉后，赖卫珂抚摸着微微隆起的肚子问道。

"弄璋也好、弄瓦也罢，都是自己的骨肉，我都喜欢。"方幼璇摩挲着虚云长老赠送的如意纽石章，似乎还在回味着长老的诗句。

"都说童言无忌，就让祖谦和静婉猜猜吧。"赖卫珂有意冲淡丈夫的思绪，"你们说，依妈肚子里怀的是依弟还是依妹？"

"是依弟！"祖谦和静婉异口同声。

---

① 王植伦：《寿山石缘》第 8 页，海峡文艺出版社 1997 年版。

"为什么一定是依弟呀?"听到儿女稚气的声音,沉思中的方幼璇才缓过神来。

"丈夫团长大了可以和依爹一样当将军、打坏人。"祖谦抢先说。这个回答又把赖卫珂刻意避开的话题给拉了回去,夫妇俩一时无语。

"幼璇,那你就给老三起个名字吧!"赖卫珂还在努力地拽着方幼璇往自己营造的语境里钻。

"大儿子叫祖谦,这个儿子就叫祖让吧。两兄弟都要作谦逊礼让之人。"方幼璇轻轻地拍着祖谦的头。

四、去意已定

方幼璇在《三民主义之研究》手稿上点下最后一个句读时,一抹晨曦已经隐约渗进了书房的窗纸。他揉了揉双眼,惬意地伸展着肢体,长吐一腔积气,口中喃喃:"结束了,天道幽冥自可知啊!"

"幼璇,这不是虚云长老的口占吗?你悟出什么了?"守候一宿的赖卫珂端来热茶、递上毛巾。

"卫珂,我已经想好了,准备辞职回家,跟随展云先生探索三民主义的真谛。"方幼璇开门见山地说。

赖卫珂却丝毫没有感到意外,平静地问道:"怎么,将军不当了?"

"来,你坐下。"方幼璇拉着妻子的手,让她坐在身边,把自己心里酝酿已久的深思熟虑和盘托出,"其实,早在聆听虚云长老好言相劝之前,我就开始考虑这个问题了。然而,真正促使我决意挂冠返乡的,还是今年发生的三个事件:一是李公被拘,二是军事编遣,三是何遂辞职。"

方幼璇所说的第一个事件中的"李公",是对李济深的尊称。1928年,南京国民政府北伐讨奉战争取得胜利后,冯玉祥的西北军、晋系阎锡山和桂系李宗仁、黄绍竑、白崇禧三大军事集团的势力也发展起来,他们拥兵自重,盘踞一方,与蒋介石的矛盾越来越尖锐,其中最为突出的就是蒋桂矛盾。蒋介石一直把李济深视为桂系一分子。3月21日,李济深在国民党中央政治会议上反对蒋介石对桂系下达讨伐令，当晚就被逮捕并软禁于汤山。蒋介石任命陈济棠为广东编遣区特派员，负责广东军队的整编，并节制省内军队。

李济深被蒋介石拘禁的消息传到广东，引起了强烈反响。粤军将领邓世增、蒋光鼐、蔡廷锴、余汉谋、徐景唐、陈章甫等联名通电蒋介石，要求释放李济深，并表示限 3 日内答复，否则实行武装和平之法，并下达了总动员令。方幼璇与他们的立场也是一致的。后在陈济棠、陈铭枢努力下，瓦解了粤桂联盟，化解了蒋介石面临的危机。但是，粤桂关系也由此变得紧张了。

◎ 李济深

183

第十章 驻钦廉已生去意 驰白堤却成赴死

李济深是粤军一师的老师长，方幼璇对他十分敬重。他突然被蒋介石拘禁，使方幼璇的立场要在定于一尊的总司令和敬重的老师长之间作一个难以选择的选择。同时，对于各大军事集团称霸一方、剑拔弩张，尤其是粤桂之间的关系错综复杂，成为新军阀争斗的热点，内战一触即发，这又使方幼璇倍感厌倦。

方幼璇所说的第二个事件，就是 1929 年 1 月蒋介石对全国军队的缩编。为削夺军事实力派的兵权和地盘，蒋介石从 1928 年 6 月底开始，就策划制订了损人利己的裁军《善后案》，但遭到了各军事集团的坚决反对。蒋介石马上调整方案，重新出台了《军事整理案》，8 月 8 日召开的国民党二届五中全会上通过了此案。1929 年 1 月 1 日，全国编遣会议开幕，通过了《国军编遣委员会进行程序大纲》。全国分为 4 个编遣区，另设 1 个广东编遣区。

3 月 15 日，广东完成编遣，驻在广东境内的陆军 3 个军全部缩编为师，师缩编为旅，统归国民政府第八路指挥部指挥。其中原第四军缩编为第一师，由陈济棠指挥；原第五军缩编为第二师，由徐景唐指挥；方幼璇所在原第十一军改编为第三师，该军原军长陈铭枢任广东省政府主席，原副军长蒋光鼐任改编后的第三师师长，该军原辖 3 个师改编为旅，陈维远为第七旅旅长，戴戟为第八旅旅长，方幼璇为副旅长；蔡廷锴为第十旅旅长。

接着，蒋介石任命陈济棠为第八路总指挥，统领广东三师讨伐桂军。当时，军界对陈济棠的军事才干颇有微词。《我的父亲蒋光鼐》一书中写道："陈济棠虽然不断升迁，但自带兵以来，战绩乏善可陈。"[1] 方幼璇内心对陈济棠的军事指挥能力也不持认可态度，他对陈济棠能受到蒋介石的重用也感到不理解。

"皮之不存，毛将焉附?"方幼璇用这句古语向赖卫珂表达了他与第十一军血肉相连、融为一体的真情实感。没有了精神支柱和事业根基，他觉得就是截断了他军旅生涯的血脉。

除了李公被捕、军事编遣两个事件外，黄埔军校代理校务何遂的辞职也是方幼璇萌生去意的重要原因。何遂对蒋介石在南京另设军校极为不满，认为这一做法有悖孙中山开办黄埔军校的宗旨，因此愤而辞职。何遂是方幼璇在陆军小学堂的学长；方幼璇就读保定军校期间，参与了何遂策划的起义行动；在北平陆军大学校期间，何遂又是方幼璇的教官，因此，他们在广东也交往甚密，无话不谈。何遂辞职前曾与方幼璇商议二人今后去向。

去意已定的方幼璇，马上提笔，以编遣裁军需减少冗员糜饷为由，给新任旅长戴戟书就一封恳切的辞职函。戴戟对这位学长和战友十分看重，他没有同意。但这次方幼璇态度坚定，已没有任何彷徨了，他又以妻子有孕在身，需护送回家并循规省亲为理由，呈报了长假申请。戴戟没有理由再阻拦，只好勉强同意并呈请蒋光鼐师长批准。

后来，戴戟曾记述了这段令他难忘的往事："二十六师缩编为第八旅，幼璇恐以冗员糜饷，假省亲坚辞副旅长职。然国军之于幼璇，相须正殷倚之如左右手，岂能任其修然远引若寻常人之去留哉。"[2]

方幼璇坚辞副旅长之职的消息传出后，许多人都为他感到惋惜。老同学陈维远诚邀方幼璇夫妇来其驻地茂名高州散散心。

编遣前，在时任第十一军副军长蒋光鼐的提议下，驻高州的第二十四师

①蒋庆渝：《我的父亲蒋光鼐》第50页，团结出版社2013年版。
②戴戟：《方幼璇先生哀思录序》，载《方幼璇先生哀思录》第1页，国民革命军第六十一师1929年版。

副师长陈维远和当地县长商议，在城南荒地上建一个公园。后来，该师出动工兵营改塘为湖，筑路植树，建起了延续至今的潘州公园，成为当地民众休闲的好去处，方幼璇携妻子、儿女，在陈维远的陪同下，游览了潘州公园，拍摄了许多风光照片。在《方幼璇先生哀思录》中，有一幅题为《塔影孤帆》的照片，就是方幼璇在这次出游中拍摄的。这也是方幼璇留存至今唯一的一幅风景照片。

这是一幅以古塔和扁舟为主要意象元素而构建的画面，取景于广东茂名高州西南部的鉴江河畔，该塔为建于明代万历四年（1576）的宝光塔。

在方幼璇的取景框中，一派苍穹，波光如鉴，独立于水边的九级浮屠被置于画面中央。古塔在画面中所处位置似乎并不符合摄影构图的黄金分割原则。但是，深谙中西美学的方幼璇却有意而为之，他娴熟地运用了中国传统绘画艺术中的均衡手法，把古塔不偏不倚地置于水天一色的画面中心，刻意造成居于中心、定于一尊的效果。然后，在整个画面的黄金分割点上，他以点睛之笔，灵动地摄入了一叶扁舟，构成动静和谐，对称与均衡巧妙结合的深邃意境。

近百年时间过去了，鉴赏者很难准确地了解当年方幼璇拍摄这幅照片时的心境。但是，从方幼璇去意已定的这一历史背景看，似乎可以把照片

◎ 方幼璇摄影作品《塔影孤帆》
（1929）

中那定于一尊的九级古塔，视为方幼璇所忠实追随和为之献身的民主革命和军旅事业；而方幼璇此时的人生境况，又何不似那一叶缓缓游移的孤帆扁舟？形影相吊的古塔尚在孤芳自赏，而扁舟却扬起孤帆从古塔的倒影中悄然荡出，向东方的大江飘去。畅想画外水天，正所谓"孤帆远影碧空尽，唯见长江天际流"，也许这正是方幼璇去意已定时心路历程的真实写照。

方幼璇著述的《摄影回思录》洋洋大观共有 4 册，启笔于 1920 年寓居上海期间，脱稿于 1928 年坐镇钦廉期间。不过，他耗时 9 年心血书就的 4 册摄影著作，可惜目前也难寻踪影。后人可以看到的，也只是《方幼璇先生哀思录》中的一页手稿影印件和上述《塔影孤帆》摄影遗作。

五、血战白坭

1929 年 5 月上旬，准备举家返榕的方幼璇夫妇购好船票，并将包装好的家私和大样物品装上了客轮，在家等待轮船客齐货满后启航回榕。

5 月 9 日，还在黄埔军校的方琛急匆匆来到哥哥下榻处。

"依哥，徐景唐部叛离附桂后，邓彦华部又与桂军合作，海军第四舰队昨天也宣布独立，广州危在旦夕。"方琛打开一张当日的《广州民国日报》。

"听蔡廷锴旅长说了，他患病正在颐养院休养呢，昨天蒋光鼐师长来看望。蔡旅长现已抱病出院，率部赶往三水。蒋师长亲率陈维远旅跟进。"身着便装、即行还乡的方幼璇似乎还在作战状态之中。

◎ 左起黄绍竑、李宗仁、白崇禧

其实，对于当前面临的复杂形势，长期从事幕僚和参谋工作的方幼璇是非常清楚的。冯玉祥、阎锡山、张学良军事集团明确倒向蒋介石后，桂系就完全孤立了。蒋介石于 4 月 24 日亲赴长沙，部署攻桂军事计划，决计直捣桂系老巢广西。命令以何键为总指挥的第四路讨逆军分三路向桂林推进，以陈济棠为讨逆军第八路总指挥，率粤军会攻广西。李宗仁、白崇禧组织反攻，于 5 月 5 日发出护党救国军南路总司令的讨蒋通电，兵分三路向广东进攻。粤东徐景唐第五军的通电反蒋和海军第四舰队的归顺桂军，这对粤军来说无疑是雪上加霜。

"依哥，你和嫂子抓紧时间改陆路回榕吧，赶快离开这个是非之地。"方琛关切地说。听到此番话，赖卫珂也放下手中的针线活儿，注视着方幼璇的反应。

"桂军这么干真的国无宁日。我准备明天一早就去前敌指挥部面见蒋公，看看有什么需要帮助的事。"方幼璇显然已经打定主意了。

不等方琛说话，方幼璇又转身交代夫人："卫珂，你身怀六甲多有不便，这几天就好好休息一下，轮船的班次往后推一推，忙完了这件事我们就回家。"

接着方幼璇又对方琛说："依爹一直在等着我们告知轮船抵达福州的时间，你给家里写封信，就说我离粤前再会会老同学，不要提这里打仗的事。"

见方幼璇主意已定，且都已考虑周全，方琛不再说什么，赖卫珂默默地从箱子里取出方幼璇的军装。

是夜，方幼璇和赖卫珂都没有合眼。知书达理、逆来顺受的赖卫珂深知丈夫是一个

◎ 方幼璇与妻子赖卫珂最后一次合影

把军人的气节和名誉看得比生命还重要的人，他最鄙视的就是战场上的逃兵。方幼璇觉得，大敌当前，生死关头，自己却置官长和部属于不顾，携妻儿还乡，这是对传统武德的一种悖逆。就让他在回乡前打完这一仗吧。赖卫珂整宿双手合十，口中念阿弥陀佛，默默地为即将出征的丈夫祈祷。

在前敌指挥部，主动参赞戎机的方幼璇根据前敌指挥官蒋光鼐的意图，认真研判前方传来的情报，紧张地标绘着作战态势图，随着敌方队标在图上的逐渐增多和向广州的不断逼近，显示着我方面临危机的不断升级。

白崇禧率桂军入粤部队16个团与徐景唐3个旅9个团形成东西夹击之势

进攻广州，桂军总兵力 25 个团。而陈济棠拥有原属第四军的 3 个旅 9 个团 1 个独立团和归其指挥的原陈铭枢第十一军的 3 个旅 9 个团，总兵力不到 20 个团。从兵力对比上看，粤军显然处于劣势。

11 日，徐景唐部自东江西上，攻抵石龙。13 日，蔡廷锴旅收复石龙。14 日，蔡廷锴旅一部由茶山出击平山、淡水桂军，以断绝其对惠州的支援，一部由樟木头沿惠樟公路向惠州前进；陈维远旅则由石龙取道苏村、博罗、三多祝，向惠州攻击前进。

15 日傍晚，方幼璇收到部队发给前敌指挥部的报告："一、蔡旅于本日申时占领惠州城，叛军向水北方向退窜。二、收编炮兵一连，步兵约两营，虏获辎重甚多。三、邓部集中海陆丰一带，断敌归路。"①

15 日晚，桂军先头部队越过芦苞至石角之线，直逼大塘。粤军的大塘、芦苞阵地被桂军各个击破。陈济棠闻讯大为震惊，于 17 日晚令第一旅放弃清远，向东岸撤退。

第八旅刚由钦廉调防至高州，部队行装尚未卸载，就接到了向新兴进发的命令。紧接着，随着瞬息万变的战局，一纸又一纸的命令纷至沓来：欲在春湾驻扎，又奉电令迅速向省垣开拔，部队立即由春湾经新兴、高明兼程返省垣。19 日下午 14 时，第八旅抵达广州，当晚再奉令开赴位于花县军田站。

在从广州向军田奔袭途中，第八旅有人发现已请假回家的方幼璇副旅长突然出现在队伍中，官兵们相互转告，士气大涨。原来，方幼璇在前敌指挥部得知戴戟率第八旅从钦廉一路急行军至广州，并奉命开赴前出作战，就主动请缨跟随部队开往前线。

关于方幼璇主动归队作战一事，在《方幼璇先生哀思录》一书中有两种的说法。一种说法是方幼璇率部从钦防边陲驰援。如陈铭枢在《副旅长方公传略》中记述："公从钦防边陲提师东赴，历高罗新兴高明各属，更水道驰

---

①蒋庆渝：《天地悠悠——我的父亲蒋光鼐》第 43 页，中国文史出版社 2007 年版。

救。军行千四百余里，冒犯炎暑，长途遄征，备人世之厄艰，极生民之辛楚。"① 陈铭枢的记述对其他纪念诗文和挽联的表述有较大影响，不少人都取这一记述。另一说法是方幼璇是从广州归队参战的。戴戟在序言中则写道："幼璇适次省垣，闻之慨然曰：大憝不除难望国治，匈奴未灭何以家为！遂留赞总部戎机及第八旅驰抵广州。敌众已深入小北江，粤局岌岌不可终日。幼璇不可耐，竟请命赴前敌指挥作战。"② 第八旅政治指导员办公厅的告全旅官兵书也记载："我们八旅开到了广州，他就自请同赴疆场，到前敌去指挥。那时他还在给假期中，稍自退避，谁能说什么闲话，而且在平常的一般人，正可藉此而规避……"③ 戴戟是第八旅旅长，他对自己副手的行动是清楚的，且他的记述与第八旅政治指导员办公厅的文章可以相互印证。

经反复研究考证，本传记在记述方幼璇生前最后一战时，取戴戟和第八旅政治指导员办公厅祭文的说法。

花县（现为广州市花都区）位于广东省中南部，珠江三角洲北部，广州市北部。在汉朝时属番禺县辖，隋朝属南海县辖，宋代以后属番禺、南海分辖。清康熙二十五年（1686），划出南海、番禺两县部分区域置县。因地处花山，取县名为"花"。花县东部和东北部与从化交界，西部与三水相连，西南部和南海接壤，南部紧靠白云，北部与清远毗连。花县地势由东北向西南阶梯式斜降，北部多山陵，海拔高度在 300～500 米之间，属南岭九连山余脉；中部浅丘台地，南部平原。境内最高峰是牙英山，海拔 581 米；最低点在巴江河畔的万顷洋，海拔 1.2 米。

部队刚到军田，以参谋长名义实施指挥的余汉谋就召开作战会议部署任务。

---

①陈铭枢：《像赞》，载《方幼璇先生哀思录》第 2 页，国民革命军第六十一师 1929 年版。

②戴戟：《方幼璇先生哀思录序》，载《方幼璇先生哀思录》第 1 页，国民革命军第六十一师 1929 年版。

③第八旅政治指导员办公厅：《为方副旅长殉国告全旅官兵》，载《方幼璇先生哀思录》哀辞部分第 7 页，国民革命军第六十一师 1929 年版。

"第一、三两旅坚守北江左岸之阵地已有数日，抵御白逆东犯，因兵力悬殊，现已缩短战线，向永平墟、赤珠岗一线移动。你部迅速赶往白坭增援！"余汉谋把挽回劣势的希望寄托于第八旅。

"坚决完成任务！全旅急速向白坭开进，方副旅长率第十五团为前卫！"戴戟下达命令。

方幼璇立即组织部队马不停蹄地向白坭急驰而去。20日10时，第八旅前卫抵达白坭。

进入花县地界时，桂军已占领大唐、大布、莲坳村一带。方幼璇展开作战地图，用红笔在白坭这一地点上画了个红圈。白坭位于花县境内，现为广州市花都区赤坭镇白坭村。白坭西7里为大岭，面临北江，东联粤汉铁路，南通三水、肇庆，为北江之咽喉，向来为兵家必争之地。

"此地苟为桂逆所据，则直趋军田，或斜出新街，均地势平坦，无险可守，应立即占据有利地形，在白坭布防阻敌。"方幼璇重重地扔下红笔，向未及歇息片刻的第十五团团长毛维寿下达命令。

但是，布防未及完毕，桂军已从三面环攻，并相继占领了白坭西边一带高地——大岭、中东岭、小岭以至国泰西边高地，这些高地对白坭具有瞰制之利，白坭在对方有效射程之内，受到重大威胁。

第十五团第二、三营首先进入阵地堵击左翼高地，方幼璇亲率第十五团第一营堵击右翼之敌，旅长戴戟率特务营由中路加入战斗。

战斗持续至当日14时，方幼璇发现其当面之敌有增无减，敌以3个团之众向我右翼猛烈攻击，部队伤亡严重，立即向戴戟报告情况。

"此战为广州安危所系，诸将士应努力杀贼，慎毋贻铁军、羞官兵！"戴戟传令全旅官兵。

此刻，一阵更加猛烈的炮火袭来，硝烟冲腾，弹雨狂泄，伴随着刺耳的呼啸声，一枚弹片击中了方幼璇的右腿，他一头栽倒在堑壕里，顿时血流如注。

"卫生兵快来包扎！警卫员护送方副旅长撤下去！"一营长扶起几近昏迷的方幼璇，急切地呼唤着。

荷戟独彷徨

"炮火停息之后会是一轮新的进攻，不要管我，快组织部队准备防御！"方幼璇一把推开一营长，以左腿支撑着身体吃力地站立起来，高举着手枪喊道。

果然，猛烈的炮火刚刚停息，桂军便向第十五团右翼阵地发起攻击，很快两军相逼仅有百余米了。

右翼阵地倘若不保，左翼部队将受敌夹击。方幼璇清醒地知道，广州安危，系于白坭之战；白坭之战，系于右翼胜败；右翼胜败，系于帅者勇怯。

此时，赶来增援的余旅接近白坭后，即以炮火掩护部队渡过白坭河，与第八旅相互策应。

"第一营调整战斗部署，伤员装填弹药，轻重机枪集中到正面，能战斗的弟兄随我在第一道堑壕阻击敌人！"方幼璇拖着伤腿，镇定自若地指挥。

当右翼受桂军包围最危险的时刻，旅长戴戟率特务营由中路加入作战。又是一阵激烈的博弈，身先士卒的方幼璇带领官兵第一营越战越勇。《方幼璇先生哀思录》中这样记载了战斗的惨烈："抵白坭遇敌接战陷围中……敌首尾包击，中数弹犹呼冲锋，且引且战，援绝弹尽，以佩刀刺敌肉搏，敌不得向迩陷城，相持数小时，敌退却，公亦毕命……"① 戴戟也曾在回忆中使用了"肉搏"这样惊心动魄的字眼："敌众已深入小北江，粤局岌岌不可终日。幼璇不可耐，竟请命赴前敌指挥作战，声势雷

◎ 前线运回的方幼璇遗体

---

①陈培锟等：《陆军中将方公幼璇诔辞》，载《方幼璇先生哀思录》诔辞部分第 2 页，国民革命军第六十一师 1929 年版。

动，士气百倍，以至肉搏捐生。"① 据 5 月 23 日《广州民国日报》报道，在肉搏中，"方副旅长全身被刺刀所伤不下数十处"。下午 14 时许，鏖战正酣，突然，一发子弹击中方幼璇的胸部，一腔热血喷涌而出，他仰天倒地。

此时，戴戟和官兵们狂呼着"为方副旅长报仇！""与阵地共存亡！"跃出阵地，在奔涌的热泪和热血中，官兵们与近逼之敌殊死肉搏。胆颤心惊的桂军如退潮般败下阵去。

此时，守候在广州家中的赖卫珂突感腹内一阵躁动，她两天从未离手的佛珠掉在了地上！赖卫珂难以自禁地颤抖着，热泪夺眶而出，口中直喃喃："幼璇，孩子在唤依爹回家呢……"

曾任余汉谋参谋处长的赵廉回忆："全线整日激战，戴旅方幼璇率团首先在大岭夺得高地，压制住对方右翼，余旅亦逐步突破敌防线。但此时以方仍据另一山头顽抗，余汉谋遂下令彻夜战斗，至黎明展开肉搏战，尉官以下伤亡惨重。7 时，桂军不支，开始退却。"② 至 21 日下午，桂军全部撤回广西，第一次粤桂战争遂告结束。

不知道方幼璇弥留之际脑海中呈现了什么，直至遗体香殓之后，他还是睁着双眼的。"疆场死所遂汝初心，倘念平日恩勤，此去也应难瞑目；钟漏余年嗟余近况，更睹一门弱少，自伤何以得休肩。"③ 这是老父亲方仲璇在挽联中对儿子死不瞑目的痛彻解读，以及白发人送黑发人的悲凄。"初心"和"恩勤"是两个关键词。方幼璇欲遂之初心，是三民主义指引下的民主革命理想和他的从军报国愿景；方幼璇所念之恩勤，是父母的慈爱和辛劳。后来，方仲璇老人又感到这样一副挽联言犹未尽，没能把儿子的境界和追求表达出来，

---

①戴戟：《方幼璇先生哀思录序》，载《方幼璇先生哀思录》第 1 页，国民革命军第六十一师 1929 年版。

②赵廉：《我曾经历的两次粤桂战争》，载《广东文史资料》第 19 辑。

③方仲璇：《挽联》，载《方幼璇先生哀思录》挽联部分第 123 页，国民革命军第六十一师 1929 年版。

又提笔再书一副："移孝能明先哲训，立名无愧丈夫身。"① 言简意赅地表达了儿子移孝立名的人生志向和死后哀荣。

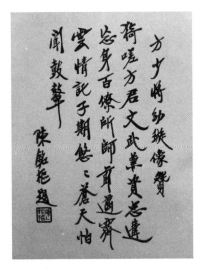

◎ 陈铭枢题词

孝敬父母之情、恩爱夫妻之情、手足同学之情、生死袍泽之情，如此初心未遂，方幼璇何以瞑目；如此恩情未报，方幼璇何以瞑目！陈铭枢闻之噩耗，痛惜不已。他取出一帧方幼璇生前赠予的照片，挥笔写下《像赞》8句36个字：

> 猗嗟方君，文武兼资。
>
> 忠谠忘身，百僚所师。
>
> 节迈霁云，情托子期。
>
> 悠悠苍天，怕闻鼓鼙。②

---

①方仲璇：《挽联》，载《方幼璇先生哀思录》挽联部分第 130 页，国民革命军第六十一师 1929 年版。

②陈铭枢：《方少将幼璇像赞》，载《方幼璇先生哀思录》，国民革命军第六十一师 1929 年版。

尾声

1929 年 5 月 20 日 14 时，国民革命军广东编遣区第十师第八旅少将副旅长方幼璇血沃疆场，结束了他 39 岁的年轻生命。本书对他短暂的一生作了概略的回顾，这里再用一些篇幅，简要记述方幼璇的阵亡在当时的社会影响，人们是如何评价他的一生，后来他的家人又是如何生活的，权且作为本书的尾声。

一、魂归故里

1929 年，南京城初夏方至，紫金山景致粲然，春韵犹存。街道旁的悬铃法桐经过烟雨的洗濯，青翠欲滴。遍地铺排的蔷薇开得张扬恣意，参差交错的草莽中，沙沙攒动着滋生冒尖的嫩芽。艳而不炽的阳光从茂密错叠的叶丛中穿隙而过，斑驳地洒落在潺潺溪流中。一簇簇凫趋雀跃的水花，争相追逐着涌向散落的涧石，溅起一阵阵嫣然的笑声，便又欢腾地顺势奔流而下。

是年 5 月 20 日正是星期一。按照国民党中央执行委员会制定的《总理纪念周条例》，"纪念周以每周之月曜日上午九时至十二时行之……"在这一天例行的纪念活动中，南京国民政府主席蒋介石的心境似乎不如夏初的景色那般透亮和轻快。尤其是他在当天的时政报告中讲到冯玉祥西北军和李宗仁桂系的反叛时，心情显然是黯淡而沉重的：

"据说冯李相约，预备桂军 15 号占领广州，做一个根据地。冯做北方总司令，李做南方总司令。不过冯军系用护党救国军名义，李宗仁系用护党讨贼军名义……惟此次他们破坏手段，非常毒狠……"①

蒋介石并不知道，此时在广州花县的白坭战场上，一场对拱卫粤府、底定广西进而除却南京国民政府心腹之患具有决定性意义的粤桂两军的鏖战，已然进入白热化阶段。

次日，蒋介石看到了广东省政府主席陈铭枢发来的告捷电：

"南京蒋主席钧鉴：蒋师长（注：蒋光鼐）马申电，我军复于河源摧破逆军，缴械二千，敌团长王道受伤，李逆务滋率残部何忠信逃连平，经电令跟踪追击。职陈铭枢呈。"②

看来粤局转安、广西底定指日可待，蒋介石心中郁积已久的那口闷气释然嘘出。不过，这摞战报中一份由陈铭枢、陈济棠联署的关于方幼璇少将在白坭之战中阵亡的报告，又使蒋介石稍显宽舒的心情平添一缕怅惋。

翻开讨逆军第八路总指挥部发来的报告电文，方幼璇短暂的人生轨迹展现在眼前……

秘书送来拟发给讨逆军第八路总部的唁电文稿：

"艳申电悉，方副旅长玮身先士卒，中弹殒命，殊堪痛悼，业已转请国民政府从优议恤矣。特复。"③

蒋介石浏览文稿后郑重地签署了"蒋中正"三个字，盖上印信。而后，沉吟片刻，又提笔蘸墨，为方幼璇书就一副挽联：

率数千健儿长驱赴义解岭海之危决胜须臾奇功不朽，

①《中华民国史事纪要（初稿）·中华民国十八年（一九二九）五至六月份》第164页，中华民国史料研究中心。

②《中华民国史事纪要（初稿）·中华民国十八年（一九二九）五至六月份》第180页，中华民国史料研究中心。

③《方幼璇先生哀思录》，国民革命军第六十一师1929年版。

拼一腔热血奋斗无前与强敌拼命失我良士此恨无穷。①

在战乱频仍的年代，蒋介石耳闻目睹过太多太多的血染沙场、马革裹尸。但是，作为国民政府主席兼国民革命军陆海空军总司令，亲自为阵亡将士发唁电、写挽联致哀的情况却不多见。

蒋介石的唁电发出后，南京国民政府和行政院就方幼璇阵亡抚恤事宜接连发出了指令和训令：

6月11日，国民政府电令："前次逆军犯粤，各军奋勇击退，业经明令褒扬。第三师第八旅副旅长方玮于战争激烈之时，屹然不动，两受枪伤，遂致殒命，死绥却敌，壮烈异常，着行政院转饬军政部从优议恤，以慰忠魂，而资矜式。此令。"②

6月15日，国民政府发出1185号指令："令国军编遣委员会，呈请抚恤方副旅长玮由呈悉，已有明令饬交行政院议恤，此令。"③

6月18日，国民政府行政院发出第2013号训令："令军政部，为令遵事案准，国民政府文官处函开迳启者奉。国民政府令开前次逆军犯粤，经在粤各军奋勇击退，业经明令褒扬。第三师第八旅副旅长方玮，于战事激烈之时，屹然不动，两受枪伤，遂致殒命。死绥却敌，壮烈异常。着行政院转饬军政部从优议恤，以慰忠魂，而资矜式。此令。等因相应录令函达查照办理再方副旅长原系少将阶级，经陈总指挥济棠、陈主席铭枢来电陈明，在案合并函明等因，准此合行令仰该部遵照此令。"④

7月2日，国民政府行政院发出第2157号训令："令军政部，为令知事前

196

荷戟独彷徨

---

①《方幼璇先生哀思录》挽联部分第1页，国民革命军第六十一师1929年版。

②《中华民国史事纪要（初稿）·中华民国十八年（一九二九）五至六月份》，中华民国史料研究中心。

③《中华民国史事纪要（初稿）·中华民国十八年（一九二九）五至六月份》，中华民国史料研究中心。

④《中华民国史事纪要（初稿）·中华民国十八年（一九二九）五至六月份》，中华民国史料研究中心。

据该呈前第三师副旅长方玮阵亡，拟照少将阵亡例给恤，除已填发令外，请鉴核备案等情到院，当经转呈并指令知照在案兹奉。国民政府指令内开呈悉准予备案仰即转行知照此令等因奉此合行令仰该部知照此令。"①

为阵亡将领方幼璇举办的悼念活动也隆重得异乎寻常。《广州民国日报》等报纸和《方幼璇先生哀思录》，都记载了在广州、汕头和福州举行的一系列悼念活动。

方幼璇阵亡后，陈铭枢、陈济棠令第八旅参谋长林劲、政治指导员徐义衡在广州负责组织方幼璇治丧事宜。方幼璇故旧黄固、苏鸣一、蒋严博、黄侠毅、高伯奇、杨道源等数十人也从各地赶来参与治丧。据《广州民国日报》报道，5月22日中午，在粤光公司为方幼璇行公祭礼，党政军要人共百余人参加，将方幼璇灵柩送到第一津的一个寺院暂安。5月27日，方幼璇治丧办事处在广州市惠州会馆三楼正式成立。办事处决定，6月30日在丰宁路警察同乐会召开追悼大会，并议定分设总务、文书、会计、庶务、交际5股负责具体筹备事宜。会后，即在省港、京沪各报刊登启事，并征集方幼璇遗著、遗墨，印发讣告。

6月30日，方幼璇追悼大会在广州召开。丰宁路沿线牌楼高耸，牌楼下以翠竹构架的甬道直达警察同乐会大门而至礼堂，甬道两旁悬挂着各界所赠的挽联、诔辞、祭帐，礼堂大门上方高悬着"方副旅长追悼大会"的横额，两旁的挽联写道："马革裹尸八闽水远，鸢韬在握百粤功高。"礼堂大门前还有3座楼牌，镶嵌着"民族、民权、民生"6个大字。祭

◎ 广州警察同乐会大门

①《中华民国史事纪要（初稿）·中华民国十八年（一九二九）五至六月份》，中华民国史料研究中心。

坛正中悬挂着一方40英寸、由鲜花簇拥着的方幼璇遗像，牌座上方则是青天白日旗和孙中山遗像，以及由陈铭枢手书的"勋垂青史"匾额。匾额前悬挂着国民政府关于对方幼璇从优议恤令和蒋中正唁电，以及香殓方幼璇的照片，两边是蒋中正、陈铭枢、陈济棠、蒋光鼐、戴戟、蔡廷锴、何应钦、宋子文、孔祥熙、林森等军政要员所赠挽联，祭坛下陈列着各界所赠花圈。会场花显悲容、翠滴哀泪，显得格外庄严肃穆。

至11时30分，陈铭枢、陈济棠、蒋光鼐，广西省政府主席俞作柏、总部参谋长李扬敬、广东省公安局长欧阳驹，以及省市党部代表、各机关各民众团体代表、新闻记者、黄埔军校学生代表、军官团代表、总指挥部和第一师、第三师官佐共千余人先后莅止。12时30分，追悼大会开始，陈铭枢任主祭行礼如仪，并与陈济棠先后宣读祭文、致哀辞，介绍方幼璇事迹；俞作柏等来宾发表演说。最后，

◎ 方幼璇追悼会现场

由方幼璇胞弟、黄埔军校第七期学员方琛致答谢辞。15时许，追悼活动结束。

方幼璇追悼会之后，治丧处即呈报蒋光鼐，转请总指挥部派出军舰运送方幼璇灵柩回福建，并请求在广州市公共场所设立纪念碑以志永念。经总指挥部批准，运送灵柩的军舰由海军第四舰队司令部负责指派，纪念碑由总指挥部政训处择地设立。

海军第四舰队司令部决定，派福安舰于7月5日启运。后因福安舰返泊黄埔时间延误至7月13日，因此，灵柩启运时间顺延至7月17日。当日7时，治丧处全体人员和送行车队在长庚路方便医院门前集合，各辆汽车上均挂以白布书写的"恭送方公灵柩回闽"条幅。7时30分，送殡人员到齐，灵柩由福裕庄移至方便医院前门。8时10分，送殡队伍排成9个方阵向黄埔方向出发。第一方阵是灯笼队，第二方阵是军医队，第三方阵是两座纸扎"命令亭"，第四方阵是香炉，第五方阵是遗像亭和鲜花，第六方阵是第三师部分

荷戟独彷徨

官兵，第七方阵是第二独立旅部分官兵，第八方阵是灵枢，第九方阵是送殡执绋人员的车队。棺罩上用鲜花缀成"方副旅长运枢回闽"八个大字。送殡队伍经长庚路、惠爱西路和中路、永汉北路和南路，于 10 时 10 分到达天字码头。全体送殡人员在天字码头公祭后，灵枢由执绋送殡人员分乘两艘紫洞艇（清代始有的一种流经广州城区珠江河段上的酒船）送往黄埔。13 时，灵枢移送至福安号军舰，19 时，福安舰起锚。第八旅司令部指派参谋长林劲、指导员徐义衡，会同方幼璇亲属高伯奇护送灵枢返回福建。

因受台风影响，福安舰于 7 月 19 日 10 时始抵汕头。汕头各界在海关码头布置了追悼会场举行公祭活动。当日 14 时，各界代表数百人分乘电船登临福安舰。因福安舰上所设灵堂狭小，遂分批组织悼念。第一批主祭为第三师副师长戴戟等，第二批主祭为汕头党部常委，第三批主祭为汕头商会代表，第四批主祭为岭东国民日报社社长倪君超。各界代表赠送了数十副挽联挽轴。第三师政训部在汕头市各主要路口张挂了纪念标语。

福安舰在汕头避风至 21 日，于当日 13 时起锚。行驶两天后，于 7 月 23 日抵达位于闽江入海口的福州马尾。因闽江口水浅不宜停泊大型舰船，福建省政府派岑诗纲少将、方幼璇堂兄方绍赓以及亲友苏兰、赵弼、李嘉尔、杨馥南、吴澍、刘尧等乘船前往马江迎接。方绍赓上福安舰向护送人员致谢并向方幼璇灵枢致奠礼。灵枢由海军吉云号浅水舰拖运停泊在南台万寿桥边，福建省政府饬令水上公安局派出警员照料灵枢。

方幼璇阵亡后，福州方面于 5 月 21 日接到电讯，其族亲即商议设立治丧办事处。并将办事处定名为"陆军中将毅烈方公幼璇治丧办事处"，内分 4 组：文书组由方绍赓、方祖干、陈福敷、董式玉组成；会计组由方祖训、方祖谋、林葆谦、高伯奇、姚奕园组成；庶务组由方瑜、赵子丹、林逸山、陈宝怿、杨馥南、陈新吾、刘伯涵、刘伯炎组成；交际组由董仁、陈其昌、林澂、吴尧修、刘伯铭、住之凡组成。治丧办事处所有开销悉由方幼璇夫人从粤指拨付的经费中支出。

为了避免方幼璇的老父亲方仲璇突悉噩耗而不堪承受，族亲们议定，先将治丧办事处暂设于南门夏体井弄祖第（时由其堂兄所居）。7 月 1 日，治丧办事处移设至方幼璇本宅道山路怀德坊方公馆，并于当日发丧。7月6日，方夫人赖卫珂携其子女自广东返抵福建，亲属姚奕园、医生王静如以及仆从数人随行。

◎ 仪仗队护送方幼璇灵柩

7月27日，举行方幼璇迎丧仪式，仪仗队分32列自福州市南台坞尾街起至西关外西林寺权屋止。当日送殡者约3000人，福建省政府派出军警沿途护卫。福安舰舰长伍自立也亲率官兵参加护卫。

7月31日在道山路怀德坊方公馆举行吊唁典礼。当日顿作大风骤雨，凭吊者仍络绎不绝。

1931年初，广州越秀山"方公幼璿纪念碑"（"璿"为"璇"的异体字）和"方公亭"落成。

二、众口评说

◎《方幼璇先生哀思录》封面

90多年前广州白坭之战的炮火硝烟早就销声匿迹，方幼璇其人其事亦在历史长河中尘封已久。通过检索披阅浩繁的历史资料，笔者概略地梳理了方幼璇在那纷乱的时代中走过的39年人生旅途。不过，作为方幼璇的第三代后人，却很难以现代人的眼光准确地透视这位祖辈真实的心路历程。好在1929年出版的《方幼璇先生哀思录》给我们留下了上至达官要员下至亲朋好友千余人为方幼璇写下的42篇诗文、766副挽联、186条挽轴（有的作品为多人联署）。咀嚼这些90多年前留下的弥足珍贵的文字资料，

荷戟独彷徨

回顾方幼璇的军旅生涯，我们从他的秉性、品行、学识、才干等方面勾勒了一个可用现代人的眼光来认知和描述的轮廓。以下所引用的对方幼璇的评价，均出自《方幼璇璇先生哀思录》中的纪念诗文和挽联，不再一一标注出处。

在人们对方幼璇的各种评述中，使用最为频繁的词语便是"温文尔雅"。的确，方幼璇秉质温良恭俭让，无论是对亲人还是对同学、对袍泽，他都是一个温惠谦和的人。但是，一旦上了战场，尤其在面对险情的时候，他总能够临危不惧，临机决断。陈铭枢对他的学长和部属方幼璇的这种秉性极为赞赏，他在《副旅长方公传略》中赞曰："公秉质温惠，内劲外柔，态度雍容，无疾言厉色，临机赴事则奋勉果断，异于常人。"时任第八旅旅长的戴戟，常把自己的这位搭档称为"今日张子房"。不过，运筹帷幄、决胜千里虽可称杰出谋臣，但历史上"冲锋陷阵"这个词语却极少用于评价张良。戴戟以长期与方幼璇生死与共的切身感受，在《方幼璇先生哀思录》序言中作了这样的评价："幼璇平时沉嘿和厚，恂恂如儒生，而临变机断神速。余常戏呼为今日张子房。孰知其跃马挥戈，摧陷敌阵奋不顾身，又岂只运筹帷幄而已。"长期

◎ 方幼璇追悼会场外悬挂的挽联

生活在家乡福州的堂妹夫高伯奇，对方幼璇的印象也是"温文尔雅"，方幼璇阵亡之壮烈令他感慨万分，他在《陆军中将方幼璇事略》中感叹："或疑方公温文尔雅，其言若不出诸口，而陷阵摧敌勇猛倍万夫殆不类然噫嘻，此所以为方公也。"时任中山舰舰长的陈涤以魏晋时战略家、政治家、文学家羊祜（字叔子）和唐朝诗人骆宾王入联，吟咏了方幼璇"内柔外刚"的秉性："跃马壮前驱本斯文之主将作威武之雄军战略自足惊人卷展不忘羊叔子；荡枭操胜算懔大义于三民卫同胞于五族英魂犹呼杀贼檄驰莫让骆宾王。"

方幼璇的"温文尔雅"当然不是与生俱来的。他自幼师从陈如璋先生饱读经典，从 18 岁开始，又援阶经历了陆军小学堂、陆军中学堂、陆军军官学校和陆军大学校 4 级正规的军事教育训练。正如曾任二十四师参谋长的黄庆藩所言："幼研经史，壮习略韬，天资温和，首推贤豪。大勇若怯，大智若愚。"时任海军中将的陈策也这样评价方幼璇的才学："公才大气宇，峥嵘军事，学识研究专精，抱匡时略，有志请缨，适蒙当道，招以弓旌，参赞戎幕，洞达军情，夙负豪气，赋诗槊横，不愧儒将。"正是在这样扎实的学习、历练中，方幼璇奠定了厚实的文化和军事理论功底。

即便戎马倥偬，方幼璇也是"卷不释手""学而时习之"。陈铭枢在《副旅长方公传略》和《祭文》中写道："公于军书傍午之暇无时不手披丛籍及从事著作，遗稿极富。""君平生卷不释手，文字战功共垂不朽。"时任第三师第八旅第十五团团长的毛维寿赞曰："方公八闽之隽，三略六韬兼擅词典正学之才、方叔之勇。"第三师第八旅政治指导员办公厅在《为方副旅长殉国告全旅官兵》中回顾："副旅长有高深的学识和高深的修养……他在廉州时，每天都是手不释卷，不然就是俯桌疾书，在廉州前后不过 8 月，《三民主义之研究》1 册、《摄影回思》4 册都是在这时完成。"很遗憾，方幼璇的这两部著作都只在《方幼璇先生哀思录》中留下几页手稿影印件，全稿已湮没在历史的烟尘中而无处寻觅。黄庆藩干脆用八个字来概括方幼璇的军旅生活："上马杀贼，下马读书。"

追寻方幼璇的军旅生涯，从许多事例中可以感受到，他是一个宽厚正直、淡泊利禄的军人。第三师第八旅政治指导员办公厅在《为方副旅长殉国告全

荷戟独彷徨

旅官兵》中称赞："副旅长待人诚挚，毫无一点机心，过事又公正严明，平居又言行不苟。待下的宽厚和爱人惜物的美德，我们都已身受。"方幼璇的同学黄固称颂他："公之道反朴还纯，功成不自诉，事败不迁嗔。"

然而，最值得称道的，还是方幼璇一生中向来不为升官晋爵所累，更不愿意为此而趋炎附势、阿谀奉承。方幼璇辛亥革命前就参加了同盟会，又在镇江起义、克复南京、援闽作战、东征南征、北伐战争等一系列重大作战中屡立战功。但是，在他从军履历中，除了约一年的团长经历以外，基本上都是参赞戎幕或担任各级副职。他的上级中有许多名将都曾是他的学弟或下级。比如，陈铭枢、蒋光鼐、戴戟等，都曾是他在陆军中学或保定军校的学弟；他任团附时，蔡廷锴为其属下的营长；与他一同赴粤的"同乡同学同军"陈维远、吴仲禧，当时的职位也都在他之上。但是，方幼璇始终尽心尽责、心无旁骛地辅佐指挥官。他阵亡前正逢部队编遣，便带头请辞回乡。戴戟在《方幼璇先生哀思录》序中记载："二十六师缩编为第八旅，幼璇恐以冗员靡饷，假省亲坚辞副旅长职。"蔡廷锴深情地回忆："廿载订金兰，忆当年赣皖讨孙、湘鄂讨吴，溯思百战相随，勷我机宜如手足。"陈铭枢更是对方幼璇英年早逝而扼腕痛惜："良将难得，用君未竟惜君才。"

方幼璇对孙中山的三民主义笃信深研。受族兄方声洞等革命先驱的影响，他早年加入同盟会，而后20余年不懈研究三民主义。他尤其关注民生思想的实践应用，在黄展云先生指导下作了许多深入的调研和思考。戴戟回忆："今国内方告统一，非积极从事建设，莫由拯民生之凋零，舍裁兵节饷以纾民力、以裕国币，又莫由谈建设也。居常与幼璇语此，每为太息时艰，激昂愤发。"

在诸多纪念方幼璇的诗文中，人们着墨最多的，当然还是他的身先士卒和英勇无畏。陈铭枢为方幼璇的题辞便是"仁者必有勇"。作为第八旅的旅长，戴戟对副旅长的忠勇有着切身的感受："是时，幼璇尚在假期，稍自退藏，谁复能议其后，而黠者弱者每有强寇当前，身任其责者尚多方巧避，苟且偷生。乃幼璇自告奋勇，前驱杀贼，贼益顽，杀益力，至授命而止。"第三师第八旅政治指导员办公厅的《为方副旅长殉国告全旅官兵》更以平实的白话记述了方幼璇的最后一仗："我们八旅开到了广州，他就自请同赴疆场，到前敌去指挥，那时他还在给假期中，稍自退避，谁能说什么闲话，而且在平常的一般人，正可藉此而规避，但他有这样伟大的眼光，有这样大无畏的精神，所以毅然决然，愿赴前方……而且同时有置生死于度外去杀敌致果的勇气，他能不贪恋一身的名利，他能不一记挂着自己的妻室与儿女，他能不顾计及家庭，跃马挥戈，冲锋陷阵，身先士卒……"曾在东征、南征和北伐中与方幼璇并肩作战的黄埔军校教官、职员、学生，也以一副简洁挽联表达了对方幼璇的敬意和哀悼："援师锐尽三边气，属纩凄于六月霜。"

方幼璇的一生是曲折而坎坷的。在民主革命的道路上，他一直在不停地探索着。风云变幻，世事无常，面对纷繁复杂的时局，他几度犹豫彷徨，复又直面人生、一往无前，直至血沃沙场、马革裹尸。方幼璇是一个传统的、正直的军人。遗憾的是，虽然他在生前最后一战前夕已经对军阀连年混战、官场污浊不堪，尤其是蒋介石借"编遣"扩大自己势力而感到极度失望，决意彻底解甲回乡，但是，他始终没能突破资产阶级民主革命的时代局限，没能冲出半殖民地半封建社会的军事教育所形成的思想禁锢，也没有认识到只有中国共产党才能复兴中华。他和他的袍泽在那纷乱时代中的艰难求索和不同归宿，都给我们后人留下了深深的思考。

三、身后家事

方幼璇的不幸阵亡，使方家陷入了沉重的悲恸之中。病榻上的方仲璇老泪纵横地吟出一副悲怆的挽联："疆场死所遂汝初心倘念平时恩勤此去也应难瞑目；钟漏余年嗟余近况更睹一门弱少自伤何以得休肩。"正如方仲璇老人这悲天哀地的泣叹，方幼璇身后一门弱少无依无靠，家道中落，厄运连连。

1930年农历三月十四日是方幼璇周年忌日。这一天，按照当地风俗，方宅举行家祭。重病在身的方仲璇一早就颤颤巍巍地来到后厅打点香案。他小心翼翼地拂去案上洒落的香灰，老眼昏花地凝望着平时不忍直视的方幼璇灵牌，当看到"孝男方祖谦、方祖让拜立"的字样时，不禁泪流满面，恸哭不已……

原来，方幼璇逝世时赖卫珂已身怀六甲。按照旧俗，如逝者留有遗腹子，可先按男丁取名，以示后继有人。于是，便按方幼璇生前意愿，为遗腹子取名"祖让"。谁知祸不单行，方幼璇入土不久，赖卫珂于 1929 年 9 月 16 日（农历八月十四日）出现腹部绞痛和大出血症状，生命垂危。家人急忙将她送往福州协和医院，发现她因悲伤过度，胎死腹中。经医院全力抢救，才保住了赖卫珂的性命。为了安慰赖卫珂，亲友们与医院商量，乘赖卫珂尚未苏醒，把一个刚被人遗弃的女婴放在她的床头以充其女。当方仲璇在家中听到这个消息时，眼前一黑昏倒在地，此后便卧床不起。后来，方仲璇为这个"调包"而来的孙女起名"静明"。

方幼璇周年忌日过后不久，方仲璇病情加重，这位名擅闽垣的中医，终于没能抵御痛失爱子带来的沉疴，于次年撒手人寰。紧接着，刚满两周岁的方静明竟也因病夭折，以其屡弱的生命随方仲璇老人而去了。

方家的厄运并没有到此为止。方仲璇病逝 4 年后的 1935 年 11 月初，方家再次接到来自军方的报丧：方幼璇的胞弟方琛中校于福建永定县病故，年仅27 岁。方琛在哥哥方幼璇的影响下，从小立志从军，于 1927 年考入黄埔军校第七期。1930 年，方琛从黄埔军校毕业后回到福州，先是在家侍奉病重的父亲，后经方声涛安排，在省政府保安处任上尉参谋。方幼璇的老同学、老战友陈维远调任福建省防军第三混成旅司令后，将方琛调至该旅任司令部上尉参谋。1934 年，方琛在一次意外爆炸事故中受伤，在家休养一年左右。1935年夏，升任永定县大队任少校大队附，当年 11 月份因旧伤复发身亡他乡，留下妻子王雨琴、儿子方祖斌、长女方静娥、次女方静波。至此，原来人丁兴旺、颇有名望的方宅已衰落不堪，方仲璇及其两个儿子先后过世，家里只有赖卫珂、王雨琴两妯娌维持着这份家业，赖卫珂主要依靠方幼璇的抚恤金和以往的一些积蓄，保障家庭生活和儿女就学。经济条件十分困难的王雨琴则只能把儿子方祖斌和小女儿方静波送进了难童教养院，自己为人缝补衣服挣点生活费，大女儿方静娥也在课余时间帮助做小工。心地善良的赖卫珂，每月都从方幼璇的抚恤金中拿出一些接济王雨琴。就这样，这两位苦命的妯娌相互扶持着，艰难地拉扯着方家两兄弟留下的 5 个儿女。

方幼璇阵亡 3 个月后，他生前所在部队——第三师改编为第六十一师，蒋光鼐为师长，戴戟为副师长；原独立旅扩编为第六十师，蔡廷锴为师长，李盛宗为副师长。1930 年 7 月，"国民革命军讨逆第十九路军"成立，蒋光鼐为第十九路军总指挥。

1932 年，第十九路军入闽。即将进驻福州，蒋光鼐更加牵挂方幼璇的家人。他于 9 月 20 日下午乘船抵达福州，21 日上午在绥靖公署会见福建省代主席方声涛、委员林知渊、省防军第三旅旅长陈维远，当日下午就派员接来方幼璇遗孤进署慰问。

10 月 9 日，蒋光鼐带领原第十一军第二十六师部分官兵前往福州东门外葫芦山方幼璇陵园致祭，并列队在墓前留影。当日蒋光鼐作《挽方玮》联一副：

> 当群狙而立，扑击竟以丧君，一蜾有余悲，乱阻何时，国无宁日；
> 顾二雏在前，鞠养还须责我，千回思往事，生离饮泣，死别吞声。①

在广东时，蒋光鼐夫人刘暮雨就与赖卫珂结为好友。第十九路军进驻福州后，她俩来往更加密切，常带孩子到怀德坊方公馆作客、打牌，有时还住在怀德坊。后来，蒋光鼐干脆把家搬到了乌石山南麓，与方宅相距仅数百米。

福建事变前，陈铭枢等人在福州筹划成立"中华共和国"相关事宜，当年方幼璇在蒋光鼐支持下置办的怀

◎ 1933 年 11 月 20 日，十九路军在福州举行"中国人民临时代表大会"

---

①蒋庆渝：《天地悠悠——我的父亲蒋光鼐》第 357 页，中国文史出版社 2007 年版。

德坊宅院发挥了重要作用。根据蒋光鼐的建议，赖卫珂把方幼璇去世后一直空置的"双塔影楼"腾出来，作为第十九路军的秘密联络点。这个书楼连接后门，可由僻静的永祚社小巷进出，以便避人耳目。当时酝酿、筹备福建事变的一些高层会晤，就是在怀德坊"双塔影楼"里进行的。1933年秋，福建事变领导层选址在于山戚公祠内"补山精舍"讨论相关事宜。

鉴于方家与鼓山涌泉寺虚云长老关系密切，蒋光鼐请方幼璇堂兄方绍赓协助联系在寺院内召开秘密会议。在虚云长老的支持下，同意提供回龙阁作为会址，后来又因安全原因改在岁寒寨进行。11月18日，李济深、陈铭枢、蒋光鼐、陈友仁、黄琪翔、徐谦、李章达、邓世增、沈光汉等10余人参加了鼓山会议，讨论了成立人民政府的时间和修正政纲政策等重大问题。福建事变失败后，方绍赓因被人告发参与"政变"而丢了官职，生活一度陷入困境。

进入20世纪40年代，方幼璇的儿女方祖谦和方静婉都到了谈婚论嫁的年龄。1941年，兄妹先后成婚。方祖谦娶姨表妹陈惠英为妻，方静婉嫁远亲吴赞祥。

◎ 1940年赖卫珂与儿子祖谦、女儿静婉合影

1942年4月2日（农历二月十七日），一阵响亮的婴儿啼哭打破了方宅的多年沉寂，方祖谦的儿子出世，给飘零中落的方家平添了不少生气，方家族长方绍赓为其取名宗珪。但好景不长，方宗珪出世仅两个月，方祖谦为躲避军队拉夫而暂避永安县。农历八月十三日，从永安传来了方祖谦不幸溺水身亡的噩耗。

在方幼璇阵亡后的十余年里，方家连丧数丁，特别是方祖谦英年谢世，使年仅6个月的宗珪一夜间成为孤孙独苗。赖卫珂悲痛欲绝。她在方幼璇阵亡后就一心向佛，在地藏寺带发拜主持女尼德钦法师为师吃长斋，法号"善心"。丧夫后再遭丧子之劫，赖卫珂万念俱灰，顿生削发为尼、聊度余生的念头。经堂长兄方绍赓和德钦法师的百般劝说，赖卫珂才答应仍为居士，在宅中设佛堂吃素念经。

　　方家连遭厄运，也引起了坊间流言四溢。这些流言都集中在民间十分重视的"一墓二厝"方面。有人说，方家的陵园里安葬着方仲璇夫妇、方幼璇和方琛兄弟，"煞气"太重，对子孙不利；也有人说，怀德坊住宅风水也有问题，据说原主高氏上代曾有女仆吊死屋中，云云。

◎ 福州金鸡山麓地藏寺

　　赖卫珂对这些传言将信将疑，便请风水先生觅地迁墓。几经反复，终选得闽江洪山桥上游一拐弯处后山。据风水先生说，这里居高临下，远眺往来船只上艄夫的摆渡姿势犹如俯首行叩礼状，可称作"日受千人拜"。

　　至于方宅，赖卫珂经多方比较，认为乌石山北麓与旧宅同处道山路西头的山兜尾白水井地段有处住宅比较合适。该住宅本为三进，原房主将其分别卖给了三位客户。方家买下了头进的三间排结构木屋，正门对着道山路，边门则开在月香弄口。这所旧房的规模与怀德坊不可同日而语，但背靠乌石山霹雳岩、道山亭、双峰梦，以及号称"天下四绝"的般若台石刻诸景，还有大士殿寺院那尊"石壁观音"护佑。周边环境清幽，文化氛围浓厚，历史上有诸多文化名人居所，福建学院、福建师专以及乌山图书馆等也在附近，堪称三坊七巷南边文昌之地。俗话说，"金厝边，银乡里"。更令赖夫人称心的是，此宅二进的新主人是与方家世交的当代著名书画金石大家陈子奋先生。乔迁新居后，赖卫珂又请王雨琴一家也搬来居住。

　　不过，乱世中的移墓迁居，似乎并没有为方宅带来安宁的生活。抗日战争期间，方宅曾遭遇贼匪入室抢劫；1946年春，月香弄一旧庙发生的火灾殃及方宅，四邻及时帮助扑救，才幸免了家业付之一炬；1948年夏，福州发生

荷戟独彷徨

百年不遇的特大洪水，方宅也难逃水患，邻街围墙和两间房屋被洪水冲垮；1949 年夏，方宅突然闯入一队衣衫褴褛的兵痞，强行"借宿"方家，并将粮食搜刮一空。火灾、水灾、匪灾、兵灾……屡经厄运、倍受折磨的赖卫珂，只能含泪跪在佛堂，不停地向观音菩萨祷告，保佑全家平安。

◎ 赖卫珂与王雨琴、方祖斌合影

1949 年 8 月 17 日，解放福州的枪炮声让方家才迎来了"病树前头万木春"。新中国成立后，山兜尾方宅的光景一年好似一年，方幼璇的后人都走上了共产党指引的革命道路。解放前方宅里仅有的两位男丁——方幼璇的侄子方祖斌和嫡孙方宗珪，先后踏上了从军之路，成为中国人民解放军的一员。方宗珪在奶奶赖卫珂的悉心养育下健康成长，他幼从怀德坊邻居、著名美术家陈子奋，擅长工笔花鸟，精于雕艺。1961 年毕业于福州工艺美术学校。当年，已分配在福州石雕厂的方宗珪应征入伍，成为解放军驻福建前线高射炮兵部队的一名战士。4 年后，他从部队复员回到福州石雕厂。此后长期从事美术设计和寿山石理论研究工作，先后出版专著十余部，成为蜚声中外的高级工艺美术师，获"特

◎ 1961 年参军的方宗珪

级名艺人"等荣誉称号。现为中国美术家协会福建分会会员、福州市工艺美术馆馆长、福州市文物管理委员会委员。历任中国宝石协会理事、中国宝协印石专委会常务副主任、中国工艺美术理论研究会理事、福建省工艺美术学会副理事长、福建省宝玉石协会常务理事兼寿山石专委会主任等学术社团职

务。方幼璇的侄儿、方琛的儿子方祖斌于 1951 年考入解放军军事干部学校，后随第十八军进军西藏，在平叛战火和坚守高原的考验、锻炼中，成长为一

名优秀的党员干部。方琛的长女方静娥，在 1949 年解放军攻入福州后战火未熄、硝烟尚存之时，就毅然加入革命队伍，进入了新生政权创办的福建人民革命大学；次女方静波也于 1953 年加入了人民公安队伍，成为新中国第一代人民警察。特别值得一提的是，方幼璇、方琛兄弟俩的军人血脉代代相传，承续至第四代，已有 7 人先后迈入了人民解放军和人民警察的行列。其他后代也都学有所成、业有所专，在各自的岗位上踏踏实实地为国家建设做出了应有的贡献。

◎ 1951 年参军的方祖斌

方幼璇将军若在天有灵，当为方家后人在新中国社会主义康庄大道上血脉传承、家业赓续、事业有成而感到万分欣慰。

荷戟独彷徨

附录一：方幼璇年表

方幼璇生平大事年表

1891 年（光绪十七年）1 岁

4 月 23 日（辛卯三月二十四日）卯时，生于福建闽县（今福州市）南门兜夏体井弄。祖父方茂竹（1830－1913）为其取乳名由灼，后父亲方仲璇（1870－1931）为其取正名绍虞，字幼璇，别署幼璠，自号玮。

1897 年（光绪二十三年）7 岁

生母游氏去世后，继母王氏对方幼璇视同己出。

1899 年（光绪二十五年）9 岁

父母送方幼璇受教于伯父方廉友（清封荣禄大夫）。

1902 年（光绪二十八年）12 岁

经伯父方廉友教授，诵毕诸经，并涉猎各种典籍。

7 月 6 日，年方 32 岁的父亲方仲璇被推举为福州第一个中医师公会副会长。

1903 年（光绪二十九年）13 岁

进入方家塔影楼书斋，师从晚清举人陈如璋修举子业。同学中有方绍赓（后留学日本，著名画家）、陈笃初（后为著名中医、诗人、画家）、吴澍（后为军人、政治活动家）等。

1904 年（光绪三十年）14 岁

在陈如璋先生的教授下，承得诗文真功和板桥画法，并研习何绍基行楷，同时师从父亲方仲璇挚友晚清秀才林承弼学习篆刻技法，以板桥行、隶入印。

1905 年（光绪三十一年）15 岁

清政府宣布次年结束科举制。经陈如璋介绍认识刚从福建武备学堂毕业的林之夏（1878-1947），并在其鼓励下投考福建陆军小学堂。

1906 年（光绪三十二年）16 岁

与塔影楼书斋同学吴澍一起考入福建陆军小学第一期。

1907 年（光绪三十三年）17 岁

在族兄方声洞等人的影响下，利用课余时间参加进步社团组织的书刊社活动，结识了同盟会福建支部文书部成员黄展云（1876-1938）。陆军小学毕业前夕，与吴澍一道加入中国同盟会。

是年，随父亲方仲璇前往鼓山，为圆寂的涌泉寺住持妙莲（1824-1907）老和尚参礼，与接任住持的虚云（1840-1959）长老相识，并结为好友。

1908 年（光绪三十四年）18 岁

9 月 10 日（农历八月十五），弟方琛（1908-1935）出生。

是年冬，进入南京陆军第四中学堂。离榕赴宁前，娶赖卫珂（1888-1978）为妻。

1909 年（宣统元年）19 岁

与时任江宁测绘学院监督的林之夏（1878-1947）、陆军中学堂教员林知渊（1890-1969）、南京第九镇第十七协三十三标二营管带林述庆（1881-1913），以及同学陈铭枢（1889-1965）、蒋光鼐（1888-1967）等交往甚密，交流民主革命思想。

1911 年（宣统三年）21 岁

4 月 27 日，族兄方声洞在广州起义中英勇就义，为黄花岗七十二烈士之一。

7 月，从南京第四陆军中学堂毕业，进入保定军官学堂入伍生队。

10 月，与驻保定第六镇参谋何遂（1888-1968）谋划参与吴禄贞（1880-1911）组织的起义。起义失败后入伍生队被解散，与同学南下镇江，担任镇江都督府参谋。

11 月，随林述庆（1881-1913）参加光复镇江和攻克江宁。

1912 年（民国元年）22 岁

1 月，随林述庆到上海，加入抵沪的福建学生北伐军，担任军事教练。

2 月，随福建学生北伐军驻训南京。

10 月，保定陆军军官学校复办，进入该校第一期步科。

1913 年（民国二年）23 岁

祖父去世，请假回榕奔丧。

1914 年（民国三年）24 岁

10 月，从保定陆军军官学校毕业。

11 月，分发福建都督府任军务课见习课员。

1915 年（民国四年）25 岁

受闽督李厚基压制，被迫为其侄当家教，补习文化。

堂兄方绍赓从日本法政大学毕业回国，与其合译《武库要言》一书。

1916 年（民国五年）26 岁

参加并通过陆军大学省级和入京考试。

1917 年（民国六年）27 岁

1 月，进入北平陆军大学第五期。

7 月，利用暑假弃学参加驻粤滇军第四师方声涛部任参谋。

1918 年（民国七年）28 岁

1 月，随驻征闽靖国军参加援闽作战，军次汕头。

11 月，广州军政府通令休战。

是年，李厚基以参谋本部通缉陆军大学失踪学员为由到方宅搜捕。

1919 年（民国八年）29 岁

3 月，因驱李未成功，对时局失望，离开福建寓居上海。

是年，开始学习研究摄影艺术，并着手撰写作专著《摄影研究》。

1920 年（民国九年）30 岁

李厚基以官禄诱方幼璇改志返闽为己所谋，不为所动，驱李之心益坚。

1921 年（民国十年）31 岁

11 月 12 日（农历十月十三日），儿子方祖谦出世。

是年，与黄展云、方声涛、林知渊、张贞、许卓然、秦望山、陈爱吾、何子扬、金仲显、吴澍等人一道在上海组织"福建自治促进会"，并在法租界贝勒路设"福建自治军筹备处"。

1922 年（民国十一年）32 岁

8 月，根据孙中山阵营指令，与金仲显、吴犹龙 3 人以商人身份潜至闽北，面说王永泉联合许崇智驱逐李厚基。

11 月，李厚基被驱出福建后，佐福建盐运使黄展云办理盐务和福建党务等工作，同时任福建自治军总司令部上校参谋。

1923 年（民国十二年）33 岁
2 月 16 日（农历正月初一）女儿方静婉出世。
孙传芳部入闽，与黄炳武率闽北民军暂退闽南。

1924 年（民国十三年）34 岁
4 月初，随方声涛组建福建民军，在大田事件中险遭不测。
4 月底，与保定陆军军官学校同学陈维远、吴仲禧同赴广州参加粤军，任
第一师第一旅第二团团附（团长为蒋光鼐）。
11 月至 12 月，驻扎肇庆训练第二团新兵。

1925 年（民国十四年）35 岁
1 月至 3 月，随部参加东征作战。佐蒋光鼐率第二团在河田、兴宁击败林
虎、刘志陆部。
6 月，佐蒋光鼐率第二团击败杨希闵、刘震寰部，收复广州。
8 月，佐蒋光鼐率第二团进驻中山剿匪，清除勾结匪帮的中山县原驻军吴
泽理部。
9 月，原第一旅第二团整编为第二十八团，蒋光鼐兼团长，方幼璇仍为团
附。
10 月开始，随部参加南征作战，讨伐军阀邓本殷部，佐蒋光鼐率第二十
八团创造了以少御多的典型战例——单水口之战。
11 月，佐蒋光鼐率第二十八团挺进八属，收复廉州。

1926 年（民国十五年）36 岁
1 月，进驻北海驻防，参加当地剿匪。
6 月至 10 月，调任第四军第十师师部参谋，随部北伐，参加了攻克醴陵、
泗汾、中洞、汀泗桥、贺胜桥和武昌城等战斗。

10 月，升任第四军第十师少将参谋长。随部转进江西。

11 月，随部攻占德安、马回岭。

1927 年（民国十六年）37 岁

1 月，调任第十一军第十师第二十九团团长。

3 月，升任第二十四师副师长，时任师长为叶挺。

4 月，挂冠回乡。其间潜心研究三民主义，开始撰写《三民主义之研究》，协助黄展云建设长乐"模范乡村"。

8 月，胞弟方琛考入黄埔军校第七期。

9 月，第十一军八闽恢复建制，奉命以该军军部高级参谋身份赴闽北，面说卢兴邦部为第十一军入闽提供方便。

10 月，佐蒋光鼐指挥所部解除新编军谭曙卿部武装。兼任福建兵工厂、福建造币厂厂长。

11 月，购买道山路怀德坊原高向瀛住宅，从夏体井祖居迁入。

1928 年（民国十七年）38 岁

2 月，调任第十一军第二十六师副师长，时任师长为戴戟。

3 月开始，随第二十六师师部驻扎钦廉。夫人赖卫珂和儿女随军同往。此间担任二十六师党部党务委员，《三民主义之研究》和《摄影回思》两部著作脱稿。

1929 年（民国十八年）39 岁

2 月，携夫人、子女前往驻高州的陈维远部，游览潘州公园，拍摄了《塔影孤帆》照片。

3 月，第十一军缩编为第三师，第二十六师缩编为第八旅，调任该旅副旅长，旅长由戴戟兼任。

是年春，根据陈铭枢要求，邀请方家好友虚云长老来广州，商谈请其主持曹溪南华寺事宜。

5月初，决意辞职，以请长假省亲为由举家返榕。取道广州等候客轮择日启航。

5月10日，得知桂军逼近广东后，主动前往第八路前敌指挥部参赞戎机。

5月19日，驰援广州的第八旅抵穗，主动归队佐戴戟指挥。

5月20日，率部赶赴花县，在白坭战斗中身先士卒，傍晚时分身中两枪阵亡。

附录二：方幼璇遗作选

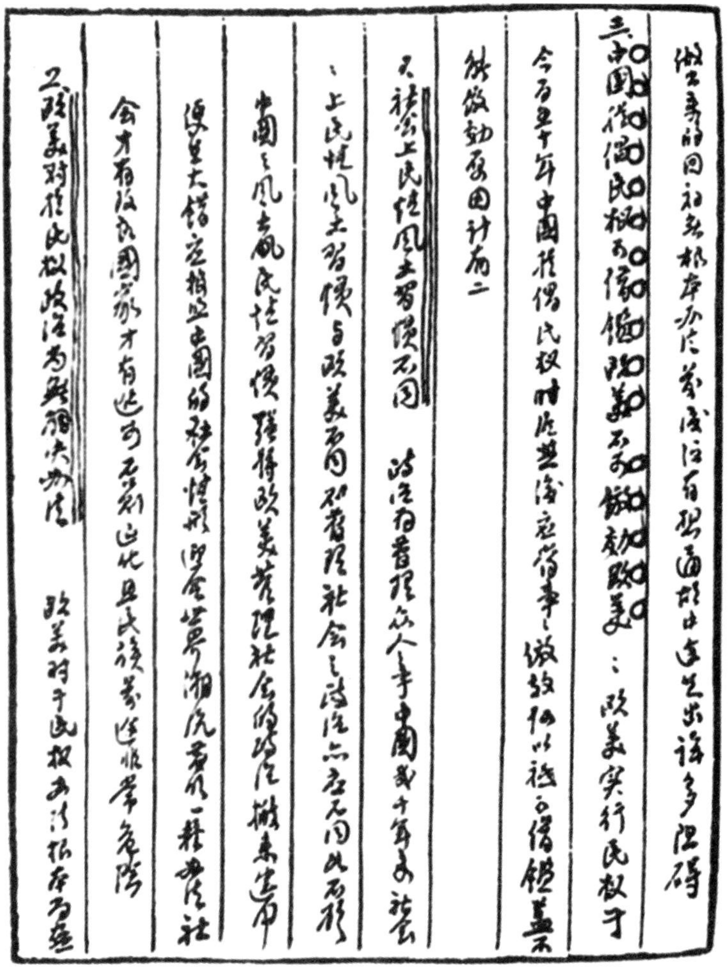

方幼璇著作《三民主义之研究》手稿

摄影研究之第二种属于技术者（物理光学的 此等作用的）

（一）摄影术

摄影术者将影物摄映拍感光片之一种方法 为艺版之藏

约其手术之程铣摹理之明昧关特械间之功制与乎著作之

摄影术特录特录拍感光片之一种方法 为艺版之藏

摄间变作同影推影像良窳甚钜且摄影手术佳劣於影

影像两殿其佳矣新为有别应拍助仰观花摄影出照见製版

不良促份影像学手能知於研究摄影推茶课学理

之如摄影术有同体系实难却校 但摄影术多同体系实难却

集厚考友佳能行门数述於冲

一摄影知动须務作代 铣稠之鞋粗石一其樓间有繁学简之菜乙

方幼璇著作《摄影研究》手稿

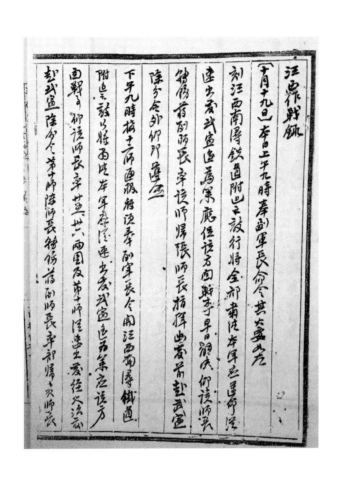

方幼璇北伐阵中日记：江西作战录

方幼璇摄影作品《塔影孤帆》

(摄于 1929 年初, 广东高州宝光塔)

荷戟独彷徨

方幼璇书画作品

方幼璇阵中日记：江西作战录

(1927 年 10 月 19 日至 11 月 6 日)

十月十九日

本日上午九时奉副军长命令，其大要如左：（注：原文为竖写，下同）：

刻江西南浔铁道附近之敌行将全部肃清，本军应遵命从速出发，武宣边为策应，促该方面战事可早日解决。仰该师长转饬蒋副师长，率该师归张师长指挥，出发前赴武宣，除分令外仰即遵照。

下午九时接十二师通报，务须奉副军长令开江西，南浔铁道附近之敌以将肃清，本军应从速出发，武宣边为策应，该方面战事仰该师长率卅五、卅六两团及第十师从速出发，经大冶前赴武宣，除分令第十师陈师长转饬蒋副师长率部属归贵师长指挥外，仰即遵照此令等因相应通报贵师长查照。

下午十时接第十二师通报，其大要如左：

一、迭接通报，江西南浔铁道附近之敌行将全部肃清。

二、我军以策应赣方友军早日解决该方面战事目的，定于本月廿五日以前到达阳新附近集中，相机再向武宣前进。

三、各部队之行进路如左：

1. 第十师（卅团、炮兵营、军医处用轮船输送外）于廿、廿一两日起由火车输送至山坡或贺胜桥，经金牛、三溪口至获田桥市盐埠头附近集中候令。

2. 第十二师部及第三十六团炮兵营（十师炮兵在内）各直属连队于廿、廿一两日由船输送至石灰窑登陆，经大冶向阳新县城集中。

3. 第三十五团已于十八日进驻鄂城，现已电令该团于廿日由鄂城经大冶向阳新前进。

4. 军部电报排及第十师军医处并第三十团之一部均随同第十二师部行进。

四、各先到集中地之部队应即派警戒部队向敌方严密警戒。

五、余在武昌师部出发时，在第十三师部行进。

附记：火车由军部与兵站商量，船只由军部与第十三师派员与兵站商量备用。

荷戟独彷徨

附：第四军出发江西部队由武昌至阳新行军日程表

队号	日期					
	二十日	二十一日	二十二日	二十三日	二十四日	二十五日
第十师（欠三十团）	山坡或贺胜桥	金牛镇	仙李桥	三溪口	获田桥市盐埠桥市	
第三十五团	碧石渡街	大冶	休息（石灰窑）	白沙铺	阳新	
第十二师部、第三十团之一部，十、十二师炮兵	武昌城	鄂城	石灰窑	大冶	白沙铺	阳新
第三十六团	鄂城	石灰窑	大冶	大王庙	阳新	

十月二十日

本师因各种补充未备，改迟一日出发。上午八时给第三十团及军医处之训令如左：

一、迭接通报，江西南浔铁道附近之敌行将全部肃清。

二、本军以策应赣方友军早日解决该方面战事目的，于本月廿三日以前到达阳新附近集中，相机向武宣前进。

我第十二师于本（廿、廿一）两日由船输送至石灰窑登陆经大冶向阳新城集中。

三、本师除由船输送外，所有第廿八、廿九两团及直属部队决于明廿一日由火车送至山坡经三溪口至荻田桥附近集中候令。

四、贵处、团之一部随同第十二师部于明（廿一）日出发，且暂归其指挥，至阳新归还本队。其关于乘船一切仰派员向十二师部接洽，听其指示可也。

又给炮兵营之训令如左：

一、二、三，三条同前令。

二、贵营拨炮兵两连随同第十二师出发并受其指挥，其关于乘船一切，仰迅速派员向十二师部接洽，听其指示可也。

又给第廿八、廿九两团之命令其大要如左：

一、二、两项同前令。

三、我师除由船输送之部队外，其余第廿八、廿九两团及直属部队拟于本、明（廿一日）用火车输送至山坡经三溪口至荻田桥附近集中候令。

四、各部队乘车规定如另表。

五、给养以金钱就地采买。

六、余随师部前进。

（一）各部队乘坐列车规定

类别	列车	
	第一次列车计二列	第二次列车计二列
装载部队	第二十八团 师属特务队一排、通信队一排	第二十九团全部 师司令部、监视队、大行李
开行时刻	上午七时	下午二时
上车地点	鲇鱼套车站	同上
下车地点	山坡车站	同上

注意：

1. 第一列车装载务于七时以前完毕。

2. 乘第二次列车部队务于下午一时到达鲇鱼套火车站候车。

3. 列车开行直达下车站停止，途中不得停留。

4. 师属特务队、通信队乘坐之车由第二十八团分配。

（二）本师出发部队编组

1. 师之司令部一部

参谋处（少校二、上尉一、书记一、录事一）；

副官处（上尉三、委员三、马目三）；

经理处（处员三、司务一、技士一、匠工二）；

政治部（主任一、职员四）；

特务队（副队长一、兵一排）；

监视队（排长一、兵一排）；

通信队（排长一、兵一排）。

2. 步兵第二十八团。

3. 步兵第二十九团。

4. 步兵第三十团之一营，附机关枪一排；

5. 炮兵两连（暂归十二师指挥）；

6. 卫生队全部。

（三）师司令部参谋、副官两处人员及职务之分配：

1. 参谋处

少校参谋许国（命令）；

少校参谋陈定武（谍报）；

上尉参谋罗少杰（图表、电报、阵中日记）；

中尉书记张范九（印信）；

录事 罗铎才（书写）。

2. 副官处

上尉副官李世乔（人事）

上尉副官左宗佑（庶务）

上尉副官李克成（通报）

上尉处员续赓年

中尉副官向寄清（行李、厨房）

十月廿一日

各部队按照乘车时刻表乘车出发，于下午六时到着山坡，除第二十八团及随同各队下车宿营外，余均在车上过夜。

七时给各部队明日出发命令，其大要如左：

命令，十月廿一日下午七时于鲇鱼套车站

一、江西方面敌情无变化。

二、我军仍以策应目的继续向阳新前进。我第十二师明廿二日由鄂城向石灰窑前进。

三、本师拟于明晨向金牛镇前进。

四、第二十八团以一部为前卫，于晨六时由山坡站循大道向金牛镇搜索前进。

五、其余为本队按第二十八团、师司令部、第二十九团顺序，由宿营地循大道向金牛前进。

六、各部队大行李在各部队直后跟进。

七、给养以金钱采买。

八、余在前卫行进。

十月廿二日

本日晨六时始依次出发，行平路六十里于下午五时到金牛镇区党部。六时给各团以明晨出发之命令，其大要如左：

一、江西方面敌情无变化。

二、我军为迅速集中定明日继续前进。

我第十二师明由鄂城向大冶前进。

三、本师拟于明日仍向花油树进发。

四、第二十九团以一部为前卫，于明晨六时由宿营地经胡家铺、袁家铺、毛家铺、邓家铺、熊家铺向花油树前进、搜索。

五、其余为本队，按第二十九团（欠一部）、师司令部、第二十八团顺序经前卫行进路前进，该晚宿营于花油树。

六、各部队大行李在各部队直后行进。

七、给养用金钱在现地采买。

八、余在前卫先头行进。

十月廿三日

本日早晨六时，始按第廿九团、师部、第二十八团顺序由金牛镇出发，行六十里，于午后五时抵花油树约两小时行十里，其行军力较前为差，减殆为被补北方新兵太多，未经训练故也。

七时给各团明晨出发命令，其大要如左：

命令（十月廿三日下午七时于花油树司令部）

一、江西方面敌情无所闻

二、我军决于明廿四日继续向阳新集中。

我十二师明日由大冶向阳新出发。

三、本师拟于明日继续向盐埠头、获田桥附近前进。

四、第二十八团准于明晨六时卅分由宿营地出发，经太平地、盐埠桥向获田桥前进，晚即于获田桥宿营。

五、第二十九团准于明晨七时卅分由宿营地出发，经二十八团行进路向盐埠头前进，晚即于该地宿营。

六、师司令部决明晨六时先第二十八团出发，向获田桥进出，期于第十二师司令部相遇磋商一切。

七、各团队大行李按行军序列归本部李副官克成指挥，在第二十九团后跟进。

八、向获田桥、盐埠头两处米食购买为难，各团设营队应当收集米食以资给养。

九、余随师部行进。

注意，本晚警戒部队由第廿九团派出，向阳新、三溪口方向警戒，其余自行设置外卫兵。

李副官世乔为设营队长，明五时卅分向荻田桥前进出发，分配第二十八及本部宿营地。

十月廿四日

本日早晨六时，师部由花油树出发，第廿八团六时卅分、廿九团七时卅分相继出发。师部并廿八团于下午一时三十分到达荻田桥，第二十九团正午十二时到达盐埠头，第卅团毛营及卫生队亦由鄂城经大冶到荻田桥会合。

十月廿五日

本日在荻田桥休息，上午九时副座偕参谋长、各团团长赴阳新十二师师会议。下午五时回接关于明日出发命令，其大要如左：

一、敌情据浙江第三师樊参谋崧甫通报此如左：

1. 陈调元之王普及毕化东队伍已移江北瑞昌，仅刘凤图部预备退却。瑞昌至马回岭间无联军部队。

2. 马回岭有颜景宗第八旅之一团。

3. 德安有颜旅一团、马登瀛一旅、上官云相一旅、陈光组一支队，马陈已与第三师结合准备退却。

4. 永修有卢香亭部第二师第三旅驻扎。

5. 涂家埠有卢香亭之第四旅及彭德铨之第六旅、第四师十五团之一部。

6. 郑俊亮、蒋镇臣、杨赓和均在牛行南昌附近，仅能自卫。

7. 白宝山已于本月廿二日在江苏独立，占领镇江，沪宁路不通。

二、本军遵照第七军长福电，拟于明廿六日由宿营地出发，赴下庄马脊坳一带集中待命。

三、各部每日行进路及宿营地点如左之规定：

日期	队号	经路宿营地点	
		经路	宿营地
十月廿六日	第十师	港口、八角亭	大坑附近
	第十二师	木石港、双港、横路铺	建坪、横路铺、黄沙坑
十月廿七日	第十师	黄沙坑、下坳	马脊坳附近
	第十二师	黄沙坑、马脊坳	下庄、双港附近

荷戟独彷徨

奉列右之命令后，经调查由荻田桥至八角亭须经河两道，大可宽百余米架桥为难，于是变更行进路线并给各团命令，其大要如左：

命令（十月廿五下午八时于荻田桥董氏祠）

一、敌情同军部令所述。

二、我军决于明廿六日由宿营地开拔，廿七日抵马脊坳附近集中待命。我第十二师明日由阳新出发到达横路铺黄沙坑附近，廿七日到达双溪桥附近。

三、本师拟明日向木石港进发。

四、第二十八团明晨六时由宿营地出发，经阳新、木石港向余家畈前进，晚即在该地宿营。

五、第二十九团明晨六时由盐埠头出发，经荻田桥向木石港随本部直后前进。

六、师司令部、第卅团之二营卫生队于明七时由荻田桥出发，经阳新向木石港前进，晚即在木石桥宿营。

七、各团部队随带粮秣一日份。

八、余在司令部行进。

十月廿六日

本日晨六时各团队陆续由荻田桥（第廿九团由盐埠头）出发，照计划经阳新向木石港前行进平路十里以过浮桥一道，徒涉湖水须费时太久，于下午五时始抵木石港，师司令部驻警局。七时给各团明日续向黄沙坑进出之命令，其大要如左：

命令（十月廿六日下午七时于木石港警局司令部）

一、敌情如昨日所得。

二、我军决明日继续向下庄、马脊坳进出。

我第十二师明日由黄沙坑出发，晚可抵下庄附近。

三、本师拟明廿七日继续进出，经下彭坳–陈贤–下露岭–双港桥–石人岭–横路铺向黄沙坑前进，晚即于黄沙坑冯家巷附近宿营。

四、各团营出发时刻、行军序列、宿营地点如左规定

行军序列	出发时刻	宿营地点
第二十八团	上午五时卅分	冯家巷
师司令部及直属部队	上午六时卅分	南庄
第卅团之第二营	上午七时	南庄
第二十九团	上午七时三十分	黄沙坑

五、第二十九团以一部为后卫，警戒本师后方，在本团大行李后行进。

六、各团营大行李在本团营直后行进并派设营部队。

七、各团、营应携一日粮秣。

八、余在司令部行进。

注意：第二十八团本晚应派一部向瑞昌方向警戒，其余团队于本宿营要道口设置外卫兵直接警戒。

十月廿七日

本日各团队依昨日规定时刻陆续出发，由木石港经下彭坳、陈贤仙、上下雾岭、双港桥、仙人岭、横路铺向黄沙坑进出，其间遇上下雾岭及仙人岭羊肠曲径，上下困难场合，马舆两行，盖上雾岭为赣鄂二省交界之山，颇为高耸，由木石港至黄沙坑计五十余里，于午后四时到达，五时给各团以明日进出马脊坳之命令，其大要如左：

命令（十月廿七日午后五时于周家村周氏祠）

一、敌情如贵官所知。

（我军决明日仍继续向下庄、马脊）

我第十二师本日已其先头第三十五团已抵王家铺。

二、本师拟明（廿八）日继续向马脊坳。

三、各团行军序列、出发时刻及宿营地点规定如左：

1. 第廿九团明晨六时出发，宿营于马脊坳。

2. 师司令部与直属部队明晨七时出发，拟宿营于下庄。

3. 第卅团第二营明晨七时卅分出发，拟宿营于下庄。

4. 第二十八团明晨八时出发，宿营于马脊坳。

行军序列照上顺序所列，第廿八、廿九两团宿营地由本部陈参谋分配。

四、第廿八团派一部任后卫，在本团行李后行进，警戒本师后方。

五、各团大行李在本团直后行进。

六、各团携带粮食一日份。

七、余在司令部行进。

注意：今晚对瑞昌警戒由廿八团派一部任之，位置于石里头附近，其余部队设外卫兵直接警戒。

十月廿八日

本日晨六时，各团陆续出发，行未五里过羊肠山，盘旋屈曲，舆马不能上，众皆步行，越山始达平地，中途接第十二师通报，该师同日向白水街进出，我师应向王家铺前进，云云。于是分令各先头之廿九团由脊坳推前王家铺，其余均在下庄宿营。下午四时三十分到着。

十月廿九日

昨夜十一时第十二师由白水街来通报，本日我师在原地休养，请副师长到白水会议云。今晨七时通饬各团队休息并整顿一切。

（友军战况）我第十四军自攻克吉水、永丰、宣黄各县后，残敌退集抚州，而刘宝彭所部六千余在距抚州约六十里之东馆秋溪等处布防。十八日进

荷戟独彷徨

攻占领两处之后，生擒营长一员、连长两员，直向抚州压迫。廿日拂晓进攻，傍晚占领抚州。缴枪二百支，机关枪一挺，生擒敌团长一、营长一、兵数十名，我军易师长简阵亡。

（敌情）据浙军周风歧师参谋攀崧埔报告，五省联军各方面兵力及其计划如左：

（一）五省联联军各方面兵力

第一方面军，福建周荫人约两师计二万余人。

第二方面军，郑俊亮第十师全部及一独立团又杨赓和之第五混成旅驻南昌、乐化一带，计三军共九团，而杨郑两部均经击破。

第三方面军，卢香亭第二师全部，彭德铨第六混成旅、颜景琮第十五团、李俊义第二十四混成旅集驻涂家埠，此系主力军最为精锐。

第四方面军，蒋镇臣第九混成旅、中央第一师仅余两营在南昌，其余闻回抚州。江西第一师仅余数百人，第二师被方本仁受编过半，只余二千余人在抚州，杨池生之中央第六师及杨如轩之中央第三师各残部均在抚州，陈修爵、谢文炳等七师长均在抚州，刘宝彭在赣东独立。

第五方面军，陈调元共三军，自带一军在瑞昌；第二军刘风岗、第三军毕化东均在范家铺，王普部在武穴。

第六方面军，第一军颜景宗兼方面军长；第二军上官云相，其人能干，但队伍不能战；第三军马登瀛共四营匪军，此三部均在建昌，每军只一旅。

预备队，浙江暂编第六混成旅在九江，江苏第一独立团在德安，即第一支队陈光组所部杨振东第七旅残部约四五百人，又第二师各团约三百人（第二师乐化、德安两役损失千四五百人，各团乃骑兵团编号）。

（二）现在计划

现于铁道沿线集中兵力，拟于我军进攻时首尾出击接应。如我攻德安，则令第一支队退永修与第六方面军会合后反攻。

（三）地形

赣省西南省境多山，且向南昌低落到南昌为一平原，占领之于军事上不利；德安四面高山，攻易守难，九江四面均湖，交通不便，为联军兵站基地。

（四）敌情

卢香亭集中船只于吴城镇，拟不利则退浙，而星子姑塘湖口三处属浙军，当我第七军进攻时，卢部均登船备走。因第七军休息一日，敌援军到故反被击破。其时浙军拟渡湖并卢夏超预备独立。从贞之一旅返浙，卢发向××之旅已先回，德安之第一支队首为浙军助已，约定由星子姑塘退浙并破坏铁道及沙河以北之桥梁。

（五）周风歧意见

我军能以数支队扰乱皖境，陈调元、王晋可藉辞回皖。我军若再攻德安，彼以空枪为号，第一支队树立三尺方上白下黑大旗，而行退却。我军攻占领德安，当即破坏铁道，疾下九江，浙军亦无法后退，因之从九江肃清残部，以少数部队留守，全力攻涂家铺，一面占领湖口，该处只有骑兵一营，涂家埠须大兵力围攻方易解决，因由涂家埠到建昌约有卢部两万五千余人故也。南昌以一部伴攻牵制之足矣。

下午二时接十二师由白水街转来军部命令，其大要如左：

一、综合各方面情报，最近逆军在南浔铁道及瑞昌附近之位置如次：

第二方面军郑俊亮所部在南昌、丰行、乐化附近。

第三方面军卢香亭部及彭德铨、李俊义两旅在涂家埠附近，为敌之主力军。

第四方面军邓如琢、蒋镇臣、张风歧、杨池生、杨如轩、陈修爵、谢文炳等残部在抚州被我军击溃后现在赣东。

第五方面军陈调元所部王普、刘风图、毕化东等残部在瑞昌武穴附近，有向安徽撤退模样。

第六方面军颜景琮、上官云相两旅，马登瀛四营及浙军周风歧部在德安马回岭（颜景琮）九江一带。

周风歧径派代表来接洽，俟我攻德安时，该部在九江响应。

二、我第二军、第三军、第十四军为右翼军，拟于十一月二日开始向南昌、丰行等处之敌攻击。

第六军为中央军亦于同日开始向乐化之敌攻击。

我第一军为总预备队，位置于奉新、安义地区，随作战进步参加决战。

我航空队在攻击时掷炸弹，破坏敌人阵地并扰乱其后方。

三、本军及第七军与独立第二师受李军长宗仁之指挥，为左翼军，以截断南浔铁路，协同右翼军及中央军歼灭敌人之目的。拟以一部对于瑞昌之敌监视，以主力向德安、马回岭方向进攻，于十一月二日开始攻击。

第七军由谢家铺经抱桐树、郭村向德安之敌进攻。到达郭村后，派一部进占朱村或袁村附近，警戒建昌之敌。独立第二师以一部于本月三十日进驻冯京铺附近，监视瑞昌之敌，掩护我军左侧，以主力经杨村、天楼下、闵家铺，取捷路向马回岭之敌攻击。

四、本军第十、十二两师以协同第七军攻占德安城，截断南浔铁道之目的，拟于十一月二日开始攻击。

五、本军各部前进路线因限于地形，统由白水街、曹村、东家巷、夏家铺、烂泥坡之道路，其每日应到达之地点如左表：

队号		区分		
		三十日	三十一日	十一月一日
第十二师	第三十六团	南田铺、曾村附近	夏家铺附近	烂泥坡附近
	第三十五团	潘坊附近	南田铺、曾村附近	夏家铺附近
	师部及炮兵团并直属部队	白水街	南田铺附近	坳下岗附近
	第十师	白水街	尖山附近	夏步水港、田家河附近

六、野战病院在夏家铺开设，白水街设立重病兵收容所，俟兵站病院到后即行撤收。

七、给养由部自办。

八、余随十二师师部行进。

注意：如见敌机时应照航空处规定记号标示之。

附：左翼军交通图纲要图

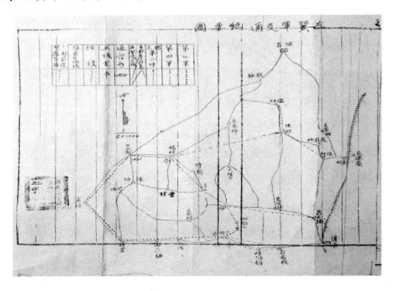

荷戟独彷徨

左翼军交通网设备区分

遵照箬溪十月二十七日计划及经过地形与后方交通状况，关于四军第十一团及独立第二师交通设备区分于后：

一、无线电通信

1. 每日早晚六时及十二时均作试机通报一次，关于第四军紧急电报由七军我独立第二师无线电就近拍发。

2. 无线电通信所在未开始攻击以前，均暂留置预备阵地，俟德安、马回岭完全克复后始移近南浔铁路。

二、电话通信

四军、七军、独立第二师各军师除战地设备自行架设外，在十月三十一日以前，四军自曾村架设至桃花树下与七军连接。并由曾村架至尖山与独立第二师连接。前进时即延至预备队位置，该线由四军派人负责管理。并在曾村设通信处一所。七军由谢家铺经上河区架至桃树下与第四军架线连接，并在三河区设通信所一所。独立第二师由白水架经杨村至尖山与第四军接线。该线由二师派人负责管理并在白水设通信所一所。

三、如占领南浔铁道即将通敌方向之线完全截断，即刻利用铁道电线（柱上有二线乃铁道电线在铁道两侧）第一线通话。

四、第二小时试机一次，如不通时各在该管理境内对向查巡修理。

五、传达队由各司令部派遣传达。

午后三时，分给各团以明日进出白水街之命令，其大要如左：

命令（十月廿九日下午三时于下庄国民学校司令部）

一、据报，赣敌之第六方面军颜景琮、上官云相两旅，马登瀛四营及浙军周凤歧部在德安马回岭（颜景琮部）九江一带，（周凤歧部经派代表接洽，俟我攻德安时该部在九江响应）。

二、左翼军（第四军、第七军、独立第二师）以截断铁道，协同右翼军及中央军歼灭敌人之目的，决以一部对瑞昌之敌监视，以主力向德安马回岭方面进攻，定于十一月二日开始攻击。

我第七军由谢家铺经抱桐树、郭村向德安正面之敌进攻。到达郭村后，派一部进占朱村或朱村附近，警戒建昌之敌。明日在X谢家铺。

独立第二师以一部于明卅日进驻冯家铺附近，监视瑞昌之敌，掩护我军左侧；以主力经杨村、天楼下、闵家铺，向马回岭之敌攻击，明日可进至冯家铺、莒洪山、蔡家镇、夏村一带。

三、我军以协同第七军攻占德安城，截断南浔铁道之目的，决于十一月二日开始攻击该敌。

我第十二师明日由王家铺向潘坊、元潭、尖山附近进出。

四、本师拟明日向白水街附近进出。

五、第二十九团明（卅）日晨六时由王家铺宿营地出发，经南田坡、白水街，向白杨堡前进，晚即于该地宿营。

六、第二十八团明（卅）日晨九时由马脊坳宿营地出发，经王家铺、南田坡，向黎村前进，晚宿营于茅坪、黎村附近。

七、师司令部直属部队并第三十团之第二营，明（卅）日晨由下庄宿营地出发，经王家铺、南田坡，向白水街前进，晚即于白水街宿营。

八、各团大行李随本团直后跟进。

九、各团携带三日份米菜。

十、余在司令部行进。

第二十八团、第二十九团、第卅团第二营、独立第二师贺部攻马回岭，自十月廿九日至十一月一日，各部进出地点如左：

	十月廿九日	十月三十日	十月卅一日	十一月一日
第一旅	冯家埔附近	行进	行进	洞霄观、夏村附近对敌警戒
第二旅	莒芝山	休息	休息	凤凰桥、孙村对敌警戒
第三旅		蔡家镇、夏村附近	休息	陈村、王庆村附近对敌警戒
第六旅	冯家铺以一部向瑞昌警戒	行进	温村以大部兵力向瑞晶警戒	
师工兵营	黄村架设温村至陈村电话			茶花堰附近安交通纲要图设电话
野战医院				闵家铺准备开设
师司令部及卫兵手枪队		闵家铺附近	休息	茶花堰

荷戟独彷徨

附：国民革命军独立第二师交通纲要图

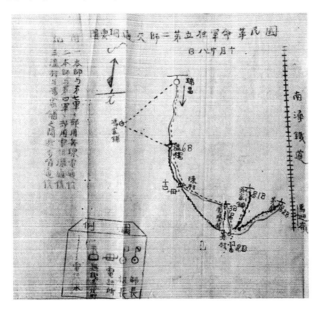

十月三十日

本日各部队依时出发，第二十九团于上午十一时到达白杨堡，第二十八团及第三十团第二营并本部，下午二时到达黎村及白水街。各地民屋绝少，宿营非常困难。六时给各团以明日向尖山进出之命令，其大要如左：

命令（三十日下午六时于白水街夏氏祠）

一、敌情如贵官所知。

二、我左翼军目的同前。

我第七军明日可到上河区附近，独立第二师可抵樟树下。

三、我军仍以协同第七军占领德安，截断南浔铁道之目的，明日继续进出。

我第十二师明日由南田铺、潘坊向夏家铺附近进出。

四、本师拟明（卅一）日续向尖山附近进出。

五、师部直属部队及第卅团第二营明晨九时出发，经白杨堡、文门——元潭向尖山前进，晚即在尖山宿营。

六、第二十八团明晨十时由黎村宿营地出发，同前项经路，向尖山进出，晚宿营于尖山西方附近。

七、第二十九团明晨十一时出发，随第二十八团后行进，晚于元潭附近宿营。

八、各团营大行李随本团直属行进。

九、携带二日份米食。

十、余在师司令部行进。

第二十八团、第二十九团、第三十团之第二营

（友军战讯）第十七军曹、杜两师，铣日于高桥、岩前、鲜水塘、冲铺、安乡等地，截击刘、李两逆，卤获亦多。第十四军谢师巧日由瑞金、龙田两处攻克古城，敌向汀洲溃退。又李与陈寒日克复南城县，陈、王两团与第二军连络同向临川猛攻。

荷戟独彷徨

十月卅一日

本日各部队依时出发，于十二时到达。因宿营狭窄，第二十八团推进至磨溪头，第二十九团在原地未动，其余照令到尖山宿营。

下午八时接第十二师由磨溪头转来军部命令，其大要如下：

一、敌情如贵官所知。

第七军明日可到达郭村附近，独立第二师可到达孙村附近。

二、本军拟明（一）日向夏家铺附近集中。

三、第三十六团于明上午七时由夏家铺向烂泥塘前进。对德安、马回岭之敌切实警戒，掩护本军集中。

四、第三十五团于明日上午八时由原地出发向夏家铺前进，即在该处停止候命。

五、第十师明日上午十时出发，向夏家铺前进，即在该处附近停止候命。

六、第十二师部及炮兵营、直属部队于明日上午七时向夏家铺前进。

七、第十二师张师长在师部行进。

注意：

1. 各部队宿营地待军部吴参谋分配后进入宿营地点。

2. 各部队不用派设营队。

3. 对于本军飞机未带白布标识，可用师旗左右摇动，然后展放地面。

下午六时发给各团以明（一）日向夏家铺集中之命令，其大要如左：

命令（十月三十一日下午六时，于尖山民屋司令部）

一、敌情如贵官所知。

第七军明日抵郭村附近，独立第二师可抵孙村附近集中。

二、我军明日向夏家铺集中。

我第十二师明日八时以前由磨溪头陆续向夏家铺进出，而第三十六团由夏家铺推进至烂泥塘向德安、马回岭警戒掩护集中。

三、本师拟明日亦由尖山宿营地向夏家铺集中。

四、第二十八团准备明日十一时由磨溪头出发，随第三十团第三营后行进。

五、第二十九团准备明日九时由元潭出发到磨溪头，随第二十八团后行进。

六、师部直属部队及第三十团第二营，明晨十时由尖山出发，经磨溪头向夏家铺前进。

七、大行李按师部、第三十团二营、第二十八团、第二十九团顺序归本部李副官世乔指挥，在第二十九团部队后跟进。

八、宿营地本部派陈参谋定武，前赴夏家铺临时分配，各团部勿须派遣设营队。

九、各团队携带二日份粮食。

十、余在司令部行进。

注意：本团飞机标识如未带有白布，则用团旗左右摇动后展放地面。

十一月一日

本日十时，各团按规定出发，行二十五里，于下午一时十五分到达夏家铺。师司令部住民屋。八时接张师长命令，其大要如左：

一、综合各方报告，敌之主力在万家垅、马回岭之线，其警戒部队之一部（约一营）在王家墩附近，德安城内仅有敌约数百人。其炮兵阵地在狮子山、象山、鲤鱼山、官山各处。

二、本军以歼灭德安城以北附近之敌，截断南浔铁路之目的，拟明晨向万家陇之敌攻击前进。

三、第三十六团黄团长琪翔指挥第三十五、三十六两团，第三十团毛营并炮兵一连，于明晨七时由陈家湾经王家墩向万家陇攻击前进。

四、第三十五团务于明（二）日上午六时以前到达陈家湾，归黄团长指挥。

五、炮兵团本晚须派出一连归黄团长指挥，其余于明（二）日上午七时以前到达陈家湾附近随三十五后尾前进。

六、第十师本晚须派出一营归黄团长琪翔指挥，其余部队为总预备队，于明（二）日上午七时三十分以前到达蔡家大屋附近集中候命。

七、野战医院在夏家铺开设，绷带所在烂泥塘开设，第十师、十二师部之担架队随总预备队前进。

八、各部大小行李均由第十二师部谢副官毅指挥，其集合地点：第十二师及直属部队、第十师炮兵营三部均在夏家铺，第三十五团在州上王家，第三十六团在烂泥塘。

九、给养由各部自行准备。

十、余于战斗开始时，在总预备队之先头，跟三十五团前进。

注意：

1. 击破万家陇之敌后，如敌向马回岭退却，则协同贺师夹击之，向八角亭、关爷庙方向退却，则追击到八角亭、关爷庙停止候命。如向德安退却，则与第七军夹击之。

2. 各部队士兵应酌减所负以便运动。

3. 各士兵应携带饭一餐。

4. 到达铁道之部队即行破坏铁道及电线。

接到右之命令，随即分发各团。之命令其大要如左：

命令（十一月一日下午九时于夏家铺民屋司令部）

一、综合各方报告，敌之主力在万家陇、马回岭之线。其警戒部队之一

荷戟独彷徨

部在王家墩附近，德安城内仅有敌数百人，其炮兵阵地在狮子山、象山、鲤鱼山、官山各处。

二、我军以歼灭德安城以北附近之敌，截断南浔铁道之目的，决明晨向万家垅之敌攻击前进。

第三十六团黄团长琪翔指挥第三十五、三十六两团及第三十团之毛营并炮兵一连，明晨七时由陈家湾、王家墩向万家垅攻击前进。

三、本师（缺第三十团毛营）为总预备队拟于明（二）日晨七时三十分到达蔡家大屋附近集中候命。

四、第三十团第二营着本晚开拔到烂泥塘归第三十六团黄团长琪翔指挥。

五、其余按师司令部、第二十九团、第二十八团顺序明（二）日晨六时由夏家铺宿营地出发向蔡家大屋前进。

六、各团大行李留置夏家铺归十二师谢副官毅指挥。

七、给养各兵携带饭一餐。

八、余在司令部行进。

注意：

1. 同十二师命令第一条注意。

2. 军野战医院在夏家铺开设，绷带所在烂泥塘开设。

3. 4. 两条同第十二师命令注意之3、4两条。

5. 集合场由各团自行选择。

关于本部规定

一、军医处归第十二师朱处长宗显指挥，担架队归黄队长立勋指挥。

二、监视队留置后方押运大行李及送饭。

三、经理处留置后方候令，修枪工匠随本部出发。

四、左副官宗佑留后方采办伙食，按时运送。

五、向副官寄清留后方办理运输。

六、大行李留夏家铺归向副官指挥。听第十二师谢副官毅指示。

七、张书记范九、罗事书留后方帮同向副官照料行李。

八、余在司令部行进。

附：赣敌职军各方面军调查表一

苏孙联军兵力、占据地点、各主官姓名、态度调查一览表

区分	主官及兵力	占据地点	最近态度	备考
第一方面军	周荫人所部二师二万余人	福建	乘机谋袭潮汕	我第一军、第四独立师与其相持于永定、上杭一带
第二方面军	郑俊彦第一师全部，杨赓和第五混成旅、梁独立团	南昌、牛行、乐化一带	共计九团杨、郑两部均经击败	我第二、三两军及十国军拟十一月二日向南昌、牛行攻击，第六军向乐化攻击
第三方面军	卢香亭第二师全部	永修	此系主力军，最精锐能战	永修、涂家埠之敌第七、四两军拟先攻下德安马回岭后再行攻击。独立第二师拟十一月二日攻马回岭
	彭德铨第六混成旅 李俊义第廿四混成旅	涂家埠		
	颜景宗第十五团	马回岭		
第四方面军	蒋镇臣第九混成旅 张凤岐中央第一师	南昌	张部仅余两营，邓部第一师余数百人，第二师被方本仁收编过半，只余二千余人，两杨陈谢四部仅残余不成师	南昌之敌由第二、三两军担任攻击。抚州于本月廿日已被我十四军攻下
	邓如琢江西第一师、第二师杨池生 中央第六师杨如轩 中央第三师谢修爝	抚州		
	刘宝题部	赣东	已独立	

荷戟独彷徨

	陈调元部	瑞昌		瑞昌由独立第二师以一部警戒。武穴之敌由第八军第三师担任攻击
第五方面军	王普第十一军	武穴		
	刘凤图第二军毕化东第三军	范家铺		
	马济业 鑫残部	广济、黄梅		
第六方面军	颜景宗第一军上官云相第二军马登瀛第三军	德安	颜与上官两部只两旅,马部四营、颜旅内一团在马回岭。马部准备退却,周部准备响应	第四、七两军拟于十一月二日攻德安之敌
	周凤岐师全部	九江		
总预备队	浙江斯烈旅	九江	陈部准备退却	九江之敌拟于马回岭德安攻下再行决定进攻
	苏军陈光组	德安		

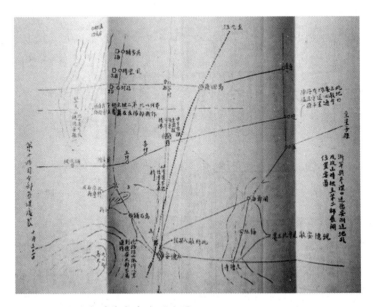

◎ 烂泥坡到德安城地形略图一

马回岭之役（十一月二至三日于汤家坂）

马回岭战役我师为总预备队，惟第三十团第二营拨属第十二师担任前线，而前线兵力之使用一日。晚，其第三十六已在烂泥坡警戒，万家陇、马回岭方面其警戒部队已进至戴家湾、陈家湾之线。同晚九时，第三十团第二营先出发到烂泥坡归三十六团团长指挥。翌二日晨七时，三十六团由烂泥坡经陈家湾、王家墩向万家陇攻击，第三十团第二营则由烂泥坡经小蔡庄程家，以一连位置芦家滩、大都经家桑、吴家桥、泗溪渡攻万家陇右侧。第三十五团于二日晨七时至陈家湾与三十六团分路经老黄泥埔铺向马回岭攻击。

我师（缺毛营）于二日晨七时三十分由夏家铺出发逐渐推进经陈家桥湾、黄埔铺抵蔡家大屋，即向万家陇方面开始作战，枪炮声甚密。时上午九时左右复进至枫林陇，江下汪家。约上午十时而攻马回岭之第十二师三十五团亦经开始攻击。下午五时推进至辛子岭前方高地。当战斗开始至下午一时枪声紧密，得十二师通报，对于左前方马回岭方面须特别注意。于是，每经停止均增派有力部队向左前方警戒，被抵辛子岭高地又接十二师训令，派一团沿铁道向马回岭右侧攻击并与第三十五团联系云，随即派第二十九团依令沿铁道进出，六时接该团长报告，若第三营已接近马回岭与三十五团之左翼联接，第二营向马回岭之右侧，侧击马回岭之敌。其团部及第一营则在周村附近之高山。同时左翼枪声忽较猛烈，又奉令将第二十八团移向左翼，以一营进出接联第二十九团之左翼。将派有力探哨与孙村附近之独立第二师联络。薄暮战斗尤为激烈，枪声杂雨声并作。

入夜，各部队均在战线。彻夜师部转移于附近之吴家村。十时第十二师通报德安已经克复，拟翌三日晨三时调第三十六团及第三十团第二营回马回岭共同扑灭该敌，转饬前线。各团严防拂晓时敌人之反攻云。随即将此情形通报独立第二师，并请其明晨六时协同夹攻。是夜枪声双方不绝。翌三日晨五时三十分第三十六团及第三十团之二营到着各归回本师。前方亦经开始进攻，随令第二十八团增加一营，接连前线之营向敌突击。全线鏖战二小时遂将马回岭之敌阵完全占领，敌一部向南康，大部向浔阳溃退。第二十九团追

荷戟独彷徨

击到马回岭以北约七千米高地而止，时正上午九时也。

是役与我交战之敌为颜景琮第八混成旅上官司云相，第十三混成旅马登瀛四营，我师计俘敌杨芸恺营长一，孔祥隆排长一，兵百余。获枪四百余支，大炮三门，机枪二挺。第十二师卤获亦多。我师伤营长毛维寿一员，以次官兵约百五十余名。

十一月三日

本日晨九时攻退马回岭之敌后，全部在铁道附近地区集合整顿，十一时接第十二师由马回岭车站所发之命令，其大要如左：

一、马回岭附近之敌经已肃清，本军任务现须向德安前进。

二、第十师第二十八团及第三十团之第二营，本日务开回至万家陇车站附近集中候命。

三、第十师第二十九团本日务开回至马回岭车站附近铁道以西地区整顿待命。

四、第十二师三十六团，本日务开至孙孤山车站附近集中候命，暂归第十师指挥。

五、第十二师第三十五团本日务开回至马回岭车站附近铁道以东地区整顿待命。

六、余率直属部队及炮兵营本晚在马回岭车站。

奉令之后随即转知所属各团按照指定地点开拔，惟因第三十六团改在万家陇宿营。故本师所属均在汤家陇以北附近村落，晚即在该地宿营。八时复接第十二师由马回岭车站五时所发之命令，其大要如左：

一、本日被我击溃之敌有一部向星子县方向退走。大部则向九江败退。

二、本军明（四）日拟开赴德安城集中。

三、第三十六团归蒋副师长指挥，明日上午七时由宿营地出发，开赴德安城附近候命。

四、在马回岭附近之部队其明日出发时间及行军序列如左。

1. 第二十九团，上午七时。

2. 第三十五团，上午八时。

3. 第十二师部，上午九时。

4. 炮兵营，上午九时半。

五、余在第十二师师部行进。

注意：第三十五团本夜应增派部队向星子县方向警戒，奉到明日出发命令之后，随从电话传知各部以左之命令。

命令（十一月三日下午九时于汤家陇民屋）

一、敌情如贵官所知。

二、我军明日开赴德安城集中，我第十二师（欠第三十六团），第二十九团明晨七时由马回岭车站陆续出发。

三、第三十六团明日晨七时由万家陇沿铁道向德安前进。

四、其余按师司令部、第二十八团、第三十团第二营顺序，明六时由汤家陇沿铁道向德安城前进。

五、大行李第二十六团则随本团直后行进。其余各部亦按行军顺序跟进。

六、余在师司令部先头行进。

十一月四日

本日晨六时将行出发，得十二师电话称德安之第七军现与卢香亭、彭德铨所部相持于九仙岭。拟调我军应援，决留第三十五团守德安，其余各团当进出援助云云。此到达德安又接李军长称其所部四团现与敌正面相持于九仙岭，早六时已派三团迂回包敌左侧，以我军为总预备队云。于是逐渐推进约三十里到驷南车站。敌因受我包围，立即解退向建昌、吴城走去。第七军跟踪尾追先头之营，迫至近建昌二十里。天已随暮，我军即在驷南车站以北铁道两傍各村落宿营。

下午九时五十分接第十二师由铁道旁二十号车房发来之命令。其大要如左：

一、今日被我击灭之卢逆香亭及彭德全所部已向涂家埠方面逃窜。

我追击先头部队今日已过樟树铺。我左翼军独立第二师今日已到沙河附

荷戟独彷徨

近，向九江压迫。我左翼军主力以迅速进攻涂家埠，俾中央军进展容易之目的，拟明五日向该敌追击前进。

胡指挥宗铎率第一、第八两旅于明日上午七时出发由驿南内建昌大道追击前进，但须注意建昌方面。

夏指挥威率第二旅第十四团于明日上午六时出发沿铁道追击前进。第十九团于明日上午六时出发经官塘清明桥、长弓桥向脚盆桥搜索前进。但队头前须多派侦探，遇敌时暂行监视迅速报告。

二、我军（缺第三十五团及炮兵一连）于明日上午八时出发，沿铁道前进其行军序列另行规定于左：

十二师部——第十二师炮兵——第十师全部——第二十六团——第十师炮兵。

三、各部队行李及伙食担各随部队后尾行进。

四、余在十二师部行进。

十一月五日

本日晨六时五十分集全师于铁道上，口传各团营如左之命令。

命令（十一月五日晨七时于铁道上）

一、二、两条同前。

三、本师行军序列按照师司令部、第二十八团、第二十九团、第三十团第二营之顺序行进。

四、大小行李亦按行军序列随后跟进。

五、余在本司令部行进。

本师出发行将十余里接李军长通报，九江已于昨晚四时占领建昌，涂家埠之敌亦已向吴城退却，追击部队有第七军已足，贵军可向九江开拔追截退往湖口之敌云云。我军随即沿铁道北进，下午五时到达德安城后，各团明日出发之命令如左：

命令（十一月五日下午七时于德安电报局）

一、昨日九仙岭被我第七军击败之敌纷向建昌退走，乘夜复合。涂家埠残敌向吴城西逃窜。

二、我军决明日向九江开拔。我第十二师本晚由德安向万家垅进出。

三、本师拟明日由德安向沙河前进。

四、行军序列按本司令部及直属部队、第二十八团、第二十九团、第三十团第二营顺序沿铁道右侧经万家垅、马回岭向沙河前进。晚即在该附近村落宿营。

五、各部队出发时间如左：

师司令部上午六时三十分；

第二十八团上午六时五十分；

第二十九团上午七时二十分；

第三十团二营上午七时五十分。

六、各部队大行李同行军序列在铁道左侧道路与部队并头行进。

七、各团设营队于明日五时三十分随本部李副官世乔出发沙河先行设。

八、给养自行携带。

九、余在本部行进。

十一月六日

本日自上午六时三十分起各团依次出发，于下午四时到达沙河车站。第二十八团及第三十团第二营宿营于沙河左近，第二十九团宿营叶家坂。六时给各团命令，其大要如左：

一、敌情如贵官所知。

二、我第十二师本日下午四时到达九江。

三、本师拟明日向九江进出。

四、第二十九团着明日上午七时由叶家坂经沙河向九江前进。

五、第二十八团、第三十团二营明晨七时在铁道附近集合完毕后，继续向九江前进。

六、行军序列按师司令部、第二十九团、第三十团之第二营、第二十八团顺序行进。

七、大行李亦按行军序列于铁道左侧路上行进。

八、各团设营队随本部李副官世乔先行前往听候分配。

九、给养就地采买。

十、余在本司令部先头行进。

附录三：纪念方幼璇题词、诗文、挽联选

时任广东省政府主席陈铭枢题词

荷戟独彷徨

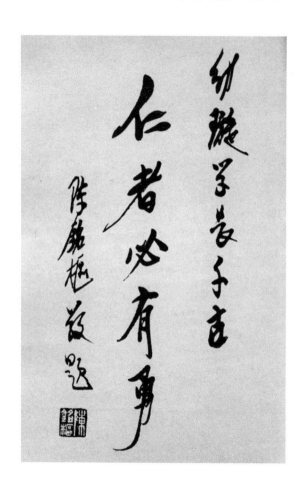

（注：仁者必有勇。幼璇学长千古。陈铭枢敬题）

陈铭枢题《方少将幼璇像赞》

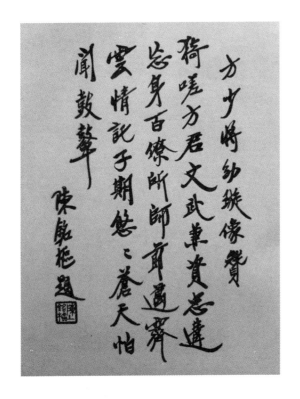

（注：方少将幼璇像赞 猗嗟方君，文武兼资；忠谨忘身，百僚所师。节迈霄云，情托子期；悠悠苍天，怕闻鼓鼙。陈铭枢题）

时任国民革命军广东编遣区第三师副师长戴戟题词

荷戟独彷徨

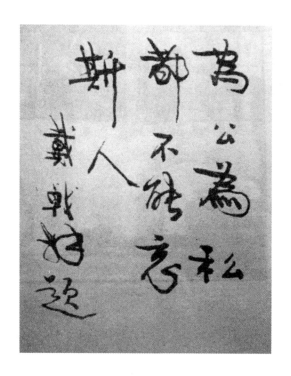

（注：为公为私都不能忘斯人。戴戟题）

《方幼璇先生哀思录》序（摘录）

戴 戟

（1929 年 7 月 24 日）

　　吾辈军人……战死沙场本分内事，曷足奇所。可贵者信道之笃与趋义之勇耳。今国内方告统一，非积极从事建设，莫由拯民生之凋弊，舍裁兵节饷以纾民力以裕国帑，又莫由谈建设也。居常与幼璇语此，每为太息时艰，激昂愤发，其轸念民艰，英毅郁勃之气，现于眉间。二十六师缩编为第八旅，幼璇恐以冗员糜饷，假省亲坚辞副旅长职。然国军之于幼璇，相须正殷倚之如左右手，岂能任其修然远引若寻常人之去留哉。桂系跋扈，称兵毒焰四流，背叛中央，虔刘我粤。幼璇适次省垣，闻之慨然曰：大憨不除难望国治，匈奴未灭何以家为！遂留赞总部戎机及第八旅驰抵广州。敌众已深入小北江，粤局岌岌不终日。幼璇不可耐，竟请命赴前敌指挥作战，声势雷动，士气百倍，以至肉搏捐生。而白坭一役遂大挫敌锋，使之一蹶不振，奠南陲而靖大难，可谓死重泰山矣。是时幼璇尚在假期，稍自退藏，谁复能议其后，而黠者弱者每有强寇当前，身任其责者，尚多方巧避苟且偷生。乃幼璇自告奋勇，前驱杀贼，贼益顽杀益力，至授命而止。其趋义争先，洵为蓄之有素，足以楷范晚近军人，呜乎烈矣！幼璇平时沉默和厚，恂恂如儒生，而临变机断神速，余常戏呼为今日张子房。孰知其跃马挥戈，摧陷敌阵，奋不顾身，又岂只运筹帏幄而已哉，呜呼幼璇得其死矣，独念国步方艰、外患日极，而元良先丧，岂惟八旅兴人亡之恸……

　　（注：原文载《方幼璇先生哀思录》）

副旅长方公传略（摘录）

陈铭枢

公讳玮，字幼璇，福建闽侯人也，生七岁受教伯叔，十三出就外傅，凡吾国往昔经典及秦汉以来诗古文辞悉授而诵读之，辄能谙记了悟。十五考入福建陆军小学，卒业后转南京陆军中学，旋升送保定入伍会。辛亥革命事起，遂至南京组织学生军响应江汉，及民国建元，乃入保定陆军军官学校。既卒业分发闽省见习，充督军署军务课办事员。公为军校高材生，任事一载意不自满，更赴北京投考陆军大学。是校为我国研究军事学之最高学府，公优游其间者三年，因得尽习其术。于时段祺瑞坏法窃据国柄，西南诸省兴师声讨，组织护法。政府发兵援闽，公从间道入粤参与戎幕，驰驱于潮汕、漳泉间者凡二年。十一年，总理蒙难走上海，许崇智督率残部入闽。公在沪奉密命至延津，招抚王永泉旅，谋逐闽督李厚基以自固。未几复随许军返粤。十三年，铭枢为粤军第一旅旅长驻肇庆，委公为第二团团附。十四年春，奉命移师赴东江讨陈炯明、林虎，旋复回师讨杨希闵、刘震环，其年八月又随南路讨邓本殷，旌旗所至，逆党震慑，诸逆以次摧灭。十五年，铭枢任国民革命军第十师师长，公任第二十八团团附，受命北伐，转战于湘鄂皖诸地。第十师扩编为第十一军，公以功升充第十师参谋长，嗣调第二十九团团长。十六年，任福建兵工厂厂长。……十一军由闽移师入粤，公奉调为军部高级参谋，于戡定祸乱多所赞划。十七年夏，十一军参谋长兼任第二十六师师长戴戟请任公为少将副师长。十八年三月，十一军奉命缩编为第三师，二十六师缩编为第三师之第八旅，公复任少将副旅长。五月，桂逆李宗仁、白崇禧、黄绍雄等勾结叛徒倾师东犯，战于清远滗江之间，粤中将士以少御多，曲部零乱几于不振。公从钦防边陲提师东赴历高罗新兴高明各属，更水道驰救。军行千四百余里，冒犯炎暑，长途遄征，备人世之厄艰，极生民之辛楚。白泥之役，公决机奋往，士气百倍，雷霆助威，争先杀贼。虽强虏已歼，而磨蝎临官，公遂于此授命，呜呼痛哉！公秉质温惠，内劲外柔，态度雍容，无疾言厉色，临机赴事则奋勉果断异于常人，前者湘鄂赣诸战役尝跃马当先，履险不避，斯亦可谓大勇者矣！公于军书旁午之暇无时不手披丛籍及从事著作，遗稿极富，正搜集名世焉。卒年三十有九，遗孤子女各一，俱在髫龄云。

（注：原文载《方幼璇先生哀思录》）

陆军中将方公幼璇事略（摘录）

高伯奇

公讳玮，原名绍虞，字幼璇，福建闽侯县人也。先世某公仕宋官铃，辖统军平蛮寇侬智高，开广南境地，爵少保光禄大夫，赐第光禄坊，子孙簪缨不绝，为闽中望族，公其苗裔也。祖讳长苞，父名宝玑，皆著美德。公生七年，妣游太夫人卒，继妣王太夫人钟爱之。九岁受小学，聪颖逾常。十二毕诸经。方氏本故家富藏书，公虽稚极喜翻阅。十三从陈孝廉如璋修举子业，赁里之塔影楼宿焉。塔影楼者，某绅之旧宅，后成崇构，四围皆山，两塔左右拱，每月出，影映于楼扉，如双烛对立以是得名。公处其中愉乐甚，每随诸兄读书过夜半。与同年友吴澍雅相爱厚。师每叹曰：吾门无冗士，若方吴二生特英异耳。时议废制科，绅富之家并遣子弟入学堂。公与吴生亦以父兄之命隶陆军小学，或疑不胜剧苦，而公益自奋，每试辄优。假日宁家向诸尊长问起居及与小弟妹叙笑，言已辄手一卷以自娱。或问之曰：若治十三篇耶？曰：否，西山真子演义耳。问今安用此，为对曰：先哲之言世寝疑为臭腐，余乃味其神奇，殆亦癖之所不能去耶。十八以第一期毕业生转送南京陆军中学，竞传数年之后，方获放归故结缡而后行。夫人赖至贤婉，公至宁久重闱称顺，公亦无内顾之忧焉。二十隶保定入伍生队，荐升陆军军官学校。适辛亥武昌起义，吴禄贞谋响应事泄被难，军校随亦解散，公与同志南下组织学生军，旋充镇江都督府参谋，多所擘画。元年，军校恢复，公又应招北上竟所学。二年，分发本省见习。时李厚基督闽，嫉军官人材强抑之，畀公军务课课员，留署中使课诸孙，苟求去祸且不测，环境充布危机，屈服二载，其时公长兄绍赓自东瀛学成归国，欢聚数月相与酬和，合译《武库要言》一书。

会北京参谋大学改称陆大，例得保送，始脱羁绊焉，时年二十有五也。又二载族兄声涛率滇军入粤驱龙济光。公乘暑假潜赴粤参与戎幕，遂不返校。未几，方公声涛奉命以靖闽军总指挥提所部拔闽，李厚基大震。同时，北京参谋本部以公失踪行文通缉。于是，派队围搜方公声涛家不获，又搜公家，复搜公之堂兄刚毅二宅。盖方氏兄弟从事革命为若辈之劲敌，因籍口公之通缉大有欲覆其全族之势。老幼四避，值面生人至不敢自道姓。时公随军抵闽边，欲潜归视父，父使阻之，始已李厚基逃，王永泉、孙传芳复相继据闽，公与同志数入内地谋驱逐之，顾时机未至多凋零。公乃寓居上海以自韬晦。未几，陈将军铭枢回粤任第一旅旅长，公亦返粤任第二团团附，勤勉职责，训练部曲，竟能以三月之新兵歼灭素称善战之林虎、刘志陆部于东江河田、兴宁一带。公精神之代价也。十四年春，陈炯明叛，率师攻石龙。陈将军举师讨伐。有间公，欲公请陈将军罢东征之议者。公以大义辟之并力赞陈将军行，卒使陈邓诸逆先后授首。十五年，陈将军任第十师师长，公奉调为师部参谋，提师北伐，转战湘鄂赣间，公参赞戎机多中肯綮。武汉既定，公以功升第十师参谋长旋调二十九团团长……十六年，铁军入闽，公任兵工厂厂长。时省库支绌万分，但公精思擘画，军实竟无绝源之憾，公不辞苦不畏难之精神，由此可见也。是年冬，十一军入粤戡乱，公奉调为军部高级参谋，旋任二十六师副师长，佐戴将军戟坐镇钦廉，时十一军正筹备成立特别党部，公复被举为执行委员兼任常务委员，一切组织训练事宜尽出公擘画，并促成党义研究会、党义训练班之组织，使官佐士兵俱深研党义。二十六师师党部能较有成绩者，公致力党务之力也。本年春，十军奉命缩编，为第三师，二十六师缩编为第三师第八旅，公复任副旅长。五月桂逆犯粤，粤中将领以少御多，与桂逆相持于清远浈江之间，公从钦廉历高罗新兴各属回师靖难，白泥一役，公身先士卒，奋勇杀敌，两受枪伤遂致殒命，呜呼烈矣。综公生平，系出华宗，秉父师之彝训，历游诸校，得友四方，贤俊昕旰提撕，如美玉之琢为璠玙，自成国器，观其总角以至于壮强，处家庭之间，孝悌约躬未始，非大圣贤之学说，巩厥初基斯能受命疆场、捐七尺以报党国，岂非所谓无求生而害仁者乎。或疑方公温文尔雅，其言若不出诸口，而陷阵摧敌勇猛倍万夫，殆不类然噫嘻此所以为方公也，盖可风矣。有弟名琛，公使之入黄埔军官学校，濒发日犹戒莫以书呈堂上，其夫人亦只禀告公随友游出，皆不敢使老父忧疑，故迄今尚未悉也。他日扶榇归乡，赖夫人携子女面若老翁，翁固深明大义者，然骤闻剧变能无晕绝而倒地耶。公被党国荣典自无歼毫之遗憾，独斯一事不免为泉下悲已呜呼。

（注：高伯奇为方幼璇堂妹夫，原文载《方幼璇先生哀思录》）

荷戟独彷徨

方副旅长像赞

公羊石年

煌煌方公，胸罗韬略；
良平善谋，跃马鄂赣。
参谋漳梅，岂其命世；
宇量高雅，惟党之寄。

乃武乃文，志薄青云；
早腾声闻，扫彼妖氛。
驱彼逆军，用集厥勋；
超逸出群，惟国之薰。

（注：公羊石年即公羊寿（1889-1940），曾任国民革命军第十一军第二十六师师长戴
戟的秘书。原文载《方幼璇先生哀思录》）

祭方幼璇文

陈铭枢

中华民国十八年六月三十日，广东省政府主席陈铭枢谨以请酌庶羞之奠，致祭于第八旅副旅长方君之灵曰：

于戏方君，八闽健者；匪惟娴阃，乃亦儒雅。髫龄投笔，壮岁从戎；名齐方叔，勇迈终童。北有大盗，窃弄国柄；西南护法，万方响应。君参戎幕，驰驱漳泉；险阻倍尝，阅时二年。悍将中叛，师徒小挫；君赴延津，崎岖颠播。越岁东征，回师南向；靡役不从，十决十荡。北伐师兴，余忝前驱；转战中原，君实与俱。顽敌方摧，共祸忽炽；君赞韬钤，卒歼妖魅。天未悔祸，丧乱纯臻；强藩叛国，毒痛其邻。咄彼桂逆，寇我疆场；敌众我寡，蹈瑕抵隙。琶江汤汤，兵气不扬；我思壮士，绕室彷徨。君自南陲，提军北渡；溽暑遄征，历诸艰苦。白坭一役，拔矗先登；怒马陷阵，群丑崩溃。雷霆奋发，反败为胜；将军死绥，见危授命。天胡斯醉，坏我长城；三军怛悼，大树飘零。嗟君平生，卷不释手；文字战功，共垂不朽。人悲君死，我惜君才；用君未竟，亦孔之哀。刊君伟烈，丰碑赑屃；僾彼岘首，千秋堕泪。我为君恸，感怆悲噫；鬼雄可作，魂兮来归。呜呼哀哉！

（注：原文载《军事杂志》第十八期"文集"第146—147页）

祭方幼璇文

蒋光鼐

　　中华民国十六年六月三十日，广东编遣区第三师师长蒋光鼐、副师长戴戟率全师官兵谨祭于追赠陆军中将第八旅副旅长方公幼璇学兄之灵而诔之曰：呜呼，国步维艰，阶平何期；前年北伐，谓告清夷。殊料军阀，恶势潜滋；连难三楚，狼貙生罴。元济飞扬，路人尽知；一朝窃发，粤祸实移。枢府决策，挞伐用施；维时贼众，危绝如丝。白马重围，五羊见羁；公从南路，千里回师。一鼓足气，奋勇搴旗；琶江血战，白泥裹尸。天阴雨湿，人啾马嘶；露布虽捷，心有余悲。追维方公，屡岁倚侬；自昔南征，鞍马驱驰。匡我不逮，以迄今兹；无役不与，无坚不摧。曩岁转战，手胼足胝；湘鄂闽赣，咸指雄麾。曲逆有计，六出皆奇；中道云亡，士论惜之。丧我良朋，夺我虎臕；涕其陨矣，泪亦双垂。久同患难，讵堪死离；尤有哀者，顾公庭帏。上有老父，中有寡妻；下有六尺，腹有遗儿。以公之德，恺悌仁慈；谓当享寿，谁曰不宜。天夺其年，则又奚辞；以公之才，生而岐嶷。兵家淹博，实赋天资；果勇沉毅，逸态雄姿。行将大用，遽折栋榱；哀斯儒将，徒忆丰仪。为公缟素，悽恻布词；韩江粗定，疾驱来归。一哭一奠，非哭其私。呜呼哀哉！

　　（注：原文载《方幼璇先生哀思录》）

祭方幼璇文

戴 戟

中华民国十八年六月三十日，第八旅旅长戴戟谨以清醴庶羞之奠，致祭于副旅长幼璇方公之灵曰：呜呼，幼璇其弃我以长逝耶，嗟人才之实难兮，伊谁为祈父之爪牙，矧国步之多艰兮。畴为触乎群邪，公敦而说礼兮。性淑慎而静嘉，洵国士之无双兮，临万众而莫哗，驱长蛇与封豕兮。马蹄遍乎天涯，余从子如靳之骖兮。日月修其已赊，公骥足之方展兮。厄岁序于龙蛇，呜呼幼璇时耶命耶，昔奸回之内垒兮。肆虺毒之潜吹，效藩镇之割据兮。忘邦国之阽危，窃潢池而弄兵兮。抉党纪而裂国，维思以邻壑兮。遂虔刘我边陲，嗾豺狼以东下兮。西江蔽其旌，贼众而我寡兮。叹当辕之难支，师徒于以小挫兮。几倾覆于白泥，余奉檄以北援兮。冒炎暑而济师，历千四百里之长途兮。极人生之艰巇，履及而剑及兮。正前敌之相持，方千钧之一发兮。幸未失乎后时，公怒发以冲冠兮。挥众而突其重围，贼愈众而战愈烈兮。终无坚之不摧，余夙谙公之素志兮。愿马革之裹尸，见危而授命兮。此南人之所以为男儿，余知公之无憾兮。伟烈行勒乎丰碑，余独愧夫后死兮。抚公之孤而涕洟，非夫人之恸而谁恸兮。更感怆而哭其私灵，爽傥其格止兮。愿尽余之一卮，呜呼哀哉！

（注：原文载《方幼璇先生哀思录》）

祭方幼璇文

方绍赓等

岁次己巳六月朔日宜祭之辰，兄绍赓、绍飏、毅，弟琛、由、炎等谨以清酌庶馐致奠于幼璇九弟之灵而告以文曰：白泥之役越数日，道途洋溢说吾弟以讨逆殁于国事，余初闻之不信，谓汝之纯谨如许，而吾叔之长厚又如此，天必不忍夺其后，使暮景见此惨变。谁知不旬日而家报至，汝果死矣，虽然人谁无死，死而大有功于国，即谓之未死，亦可所难堪者，余之心不能以汝为死。汝少就傅及长旅食四方，余亦南辕北辙，迄无宁岁。与汝相处日少，窃谓汝年方盛，而柴门聚首乐叙天伦终有其日，呜呼，人事不可料，乃如是耶！今来祭汝哭汝，而汝之魂魄知与不知，余又不得而明。然汝虽死，余之悲特与吾身相终始，呜呼哀哉！

（注：方绍赓为方幼璇堂兄，曾任福建省汀漳道视学，著名画家。原文载《方幼璇先生哀思录》）

陆军中将方公幼璇诔辞

陈培锟

　　遑岁闽城聚新军万数千人，经制饷糈巧立给养名目，籍若干日必一索，迟则叫嚣弗予将哗变，渠率恇弱不能控驭，文吏齮龁久之诉枢府檄。铁军者援闽粤第十一军，转战东南新造方锐之锋，当者辄披靡，故云间道星夜驰至，列营郊外数十里勤兵不出。一日晨起蓐食传綦严，向午捣若垒若，自骁将偏裨以至卒伍咸股栗惴惴然，束手舍持械，执讯获丑，听编遣而去。是役也，商不闭肆，士不辍学，行旅不辟途，曹署不废务，闾阎不震惊，事定官民犒牛酒相属于道曰：有吾邑方公幼璇隶所部，居间参知厥谋功为多予始从。公接殷勤通欵，曲知为旧同里居，少年颖异英发，望如谢艾者。然先是从革命钜人，奔走江汉间复折节力学为保定陆军学校、北京陆军大学毕业生者，三年居恒愤军麾不得职，诡名义争地拥兵，缘为奸利。时西南诸豪杰方随先总理倡义讨贼，即粤立护法政府，四方志士争归之。公崎岖岭海间效命，东江讨陈林，回师讨杨刘，南路讨邓，靡不曲折居前。北伐转湘鄂赣皖，时皆以力战为名用克名城多，为第十师参谋长，徙二十九团团长。自结发跃马，圆阵摧锋，号才气无双而不自负，其能盖历有年所矣，至是以援闽便宜，长本州兵工厂，予则权财政，凡飞挽有所增减缓急从，公可否辄和易以解顾十一军者，国防军也不能为，闽故听久留，一日临发就予别行矣，公亦骎骎大用矣，擢军部高级参谋，擘画最叙以少将。二师寻缩师为旅，转今职。是时桂军死力争粤边，劲旋皆出，犯清远琶江，间距粤城三十里席长围号钜万实，则九团公旧部缩编精锐，稍稍去矣，新集之众号一旅，实则一团，公谓不可恃当，不可易义，不为众寡，故□蒽先出夺隘，为守严阵钦防分敌势，继领一队东出高罗新兴易水道冒暑犯瘴，驰行千四百里抵白泥，遇敌接战陷围中突出阵动敌首尾包击，中数弹犹呼冲锋，且引且战，援绝弹尽，以佩刀刺敌肉搏，敌不得向迩陷城，相持数小时，敌退却，公亦毕命，年三十有九，时民国十八年五月二十日加酉也，呜呼痛哉。洎主将某以左翼抄回远急驰反攻追敌至三水，海陆轰击，敌不支，弃桂窜，保黔边穷蹙不可主，为粤一隅系全局。公撄死保粤，政府嘉之，旌题曰：毅烈追赠中将即圹身地碑以纪念礼也。君子曰：谋人军师败则死之，公所以处死既有勇而知礼魏然异乎，今之为将，临难苟免与朝受命而夕反颜者援春秋郎之战台鲐之败檀弓经说例，公饰终之典少未竭以单礼其何以昭忠而劝后也耶，然则闻公之风而慕公之义，亦岂此闽粤人所得，私其情不自禁尽发为感泣涕零，或各表襮如仪于公丧归念，公酷没家有慈父，凡为伤心者将见举国师干皆天以复，大夫皆望旐以号，咪士皆歌诗以咏，犹行路之人皆叹息以舞踊，妇媪皆謦以吊助，公家人悲哀予则为文以诔曰：重汪踦亡，鲁人勿殇。能卫社稷，圣人与彰。邾之役也，死在戎行。冠笄皆毁，涕泗其滂。礼之未失，义之所藏。公今逴矣，谓何以方。越骑贤子，慈父所使。戴以威弧，教忠之旨。昔在退日，妙寻通理。陵厉清浮，顾盼千里。川广自源，成人在始。率志发愤，用涉汉沚。山河失清，日月追明。群彦相逐，共和肇成。枚袂赴节，应弦遗声。不干显禄，乃学奇兵。师尹爱正，毗世作桢，谋国于众，窃国无名。云何吃狗，反噬在后。曰陈渠魁，曰林叛偶。曰杨吠尧，曰刘助纣。曰邓么僭，藏疾山薮。湘鄂赣皖，狼貙互嗾。义旌所指，以次遏丑。鹳鹅叫呼，恼我乡间。猎缨相救，负弩先驱。里鼓既靖，戎器益除。已而引去，奋翼天衢。或分方面，非复殃徒。或参枢密，于然精夫。府兵罢帅，改募骦骑。带甲元功，尔劳无弃。旅集三单，方驾振辔。羡卒为副，位在第二。人多骠鹬，天幸让卫。弨锷养锋，龙渊之器。桂管风云，白昼成昏。炎荒草木，朱夏如焚，公摇羽扇，褥暑挥军。坐次玉帐，行先戟门。保此领徼，天邑屏藩。三军凄怆，亶见归元。易名有说，礼隆义切。不挫曰毅，不挠曰烈。岠岠丰碑，穹窿南粤。万人野祭，道周素牺。入我修门，乌山之兀。山头青枫，地下碧血。

（注：陈培锟为清光绪二十四年进士，光绪三十四年赴日本留学，时任福建省财政厅厅长。原文载《方幼璇先生哀思录》）

267

幼璇中将学兄哀挽

林　劲

将星何遽殒前营，讣到闽江定震惊；
一旅挽枪鏖恶战，全军鼓角变哀声。
白垞碧血千秋事，赤马红羊五岭城；
迹比庞公围雒县，伤心流矢太无情。

我愧连岁参帷幄，决胜才疏憾独多；
感旧昔曾同鸰砚，怆怀有甚唱骊歌。
犹怜李敢高乔在，无奈共姜节柏何；
烈子逆知成伟器，英灵长傍越王佗。

（注：林劲，国民革命军第三师八旅参谋长，原诗载《方幼璇先生哀思录》）

哭幼璇同学

顾清选

三略六韬学不穷，平生师弟廿年中；
挥戈返日心成铁，报国捐躯气贯虹。

春草茫茫人代谢，落花寂寂水西东；
白头垂泪谁知我，倚剑崆峒志已空。

（注：顾清选，时任黄埔军校高级编译官。原诗载《方幼璇先生哀思录》）

挽幼璇学兄

吴 澍

惜别自乡关，裘葛瞬两易；
回忆少年时，总角交莫逆。
负笈记前游，剪烛西窗席；
同学复同军，得聆君教益。
八载历征尘，戎机共擘画；
劳燕忽分飞，天涯近咫尺。
同辈多腾达，独君奋鹏翮；
秉钺绾军符，虎贲勤于役。
铁军声誉隆，人言羡啧啧；
后先同回闽，首造君邸宅。
相见喜如狂，音容犹曩昔；
卢李分外亲，盘桓数晨夕。
工厂甫履新，赴粤期又迫；
话别太匆匆，思君肠转百。
尺素常飞来，后会期再获；
束装正言旋，即日附归舶。
讵知此桂系，变生出肘腋；
战云漫羊城，讨贼躬负责。
弹雨枪林间，愿以头颅掷；
一鼓即荡平，群丑皆敛迹。

为国卒捐尸，裹尸以马革；

噩耗忽遥传，报道君易篑。

双雏未长成，失怙哀甚剧；

倚闾有衰亲，两鬓如霜白。

捧笺未忍读，泪痕已狼籍；

订交近卅年，从此幽冥隔。

（注：吴澍，时任福建省水上公安局局长，原诗载《方幼璇先生哀思录》）

挽幼璇学兄

林云康

塔影楼中月上时，弟兄弦诵共怡怡；
课余爱研芭蕉本，志尚当年已足奇。
行矣江湖甫结缡，从兹南北遂奔驰；
英雄本色宜如是，不为新婚苦别离。
世乱男儿要远图，六经读罢更阴符；
书生绰有知兵略，除却诚斋抗手无。
香火玄门解用功，曾将行止叩仙翁；
细思采石矶头偈，定数分明在此中。
六月孤军出海隅，瘴云如火路崎岖；
可怜弹尽援垂绝，犹此登碑杀贼呼。
誓扫妖氛保粤疆，何期武曲忽韬光；
凯旅一夕收余烬，颂德丰稗屹道旁。

（注：林云康，福州著名诗人。原文载《方幼璇先生哀思录》）

挽方玮

蒋光鼐

（1932 年 10 月 9 日）

当群狙而立，扑击竟以丧君，一暝有余悲，乱阻何时，国无宁日；
顾二雏在前，鞠养还须责我，千回思往事，生离饮泣，死别吞声。

（注：此联为蒋光鼐于 1932 年 10 月 9 日上午率十九路军诸将领赴福州东门外葫芦山方氏墓茔致祭方幼璇时所写，原载蒋庆渝著《天地悠悠》）

挽联（轴）选录

陈铭枢：

大敌已摧成事无忘死事烈；

良交难得用君未竟惜君才。

陈济棠：

一战扫万数凶锋东粤又安身殁大功成既痛同袍尤惜子；

诸军奉三民主义西征奏凯时艰名将重每闻鼙鼓又思君。

蒋光鼐：

风雨久同舟信君学养天资当共俦侪宁宇内；

叛徒胡太忍哀我股肱良友愿推孝养慰忠魂。

戴戟：

越二千里赴难同来杀贼不顾身自分本皆必死；

感十余年艰危与共成君未了志相期无负平生。

掣地寇飞来幸赖公同赴疆场一鼓荡平安粤局；

昊天胡不吊独夺我前方良将三军追悼共怆神。

何应钦：

出帏幄以建旌麾方恃海曲设防永宁边壤；

闻鼓鼙而思将帅讵料岭南歼逆忽损元勋。

宋子文：
马革裹忠骸百战征袍留碧血；
燕颔肃遗像千秋史笔表丹心。

孔祥熙：
烈气贯长虹歼敌足寒群虏胆；
英风厉末世杀身共仰六师雄。

蔡廷锴：
廿载订金兰忆当年赣皖讨孙湘鄂讨吴溯思百战相随勷我机宜如手足；
一朝捐玉躯痛此后父母失依子女失怙说到万缘未了吊公那事不伤心。

林森（时任国民党中监察委员、立法院副院长）：
古今名将问几人能得白头死所沙场还算福；
江汉同僚伤近日多成隔世兵尘海宇待谁清。

方声涛（时任福建省代主席兼军事厅厅长）：
十余年劳苦功高戎幄曾襄袍泽凤深苔契感；
数千里死生路异葬车未会鼓旌如听薤歌哀。

何遂：
以白坭岭望惠城青史乘中应合传；
论吾闽人勤国事黄花岗外几斜阳。

陈维远：
始讨闽继讨邓桂终讨逆百战殊勋何期遭值磨宫地号白坭传落凤；

居同邑学同师职同袍泽半生夙谊又际艰危时局声闻鼙鼓倍思君。

黄展云、黄翼云：
南霁云有保障之功嘬箭英灵自是千秋宜俎豆；
王彦章以孤军而困铁枪骁勇岂因一死挫威名。

陈衍（著名诗人，"同光体"闽派诗人领军人物）：
裹尸真马革；
满腹枉龙韬。

沈演公（林则徐女婿沈保桢嫡孙，曾任孙中山大总统府秘书）：
边徼提师誓死竟能回国运；
山阳闻笛感时不仅怆邻人。

高向瀛（著名诗人，时任福州商务印书馆经理）：
陷阵庶尽孝；
归元当如生。

陈福敷（即陈笃初，系方幼璇堂姐夫，著名中医、画家、诗人）：
不永其年亦异哉溯从绮岁至今共信性情能独尽；
得死于义无伤也念及白头在上定知魂魄有难安。

方仲璇（方幼璇父亲）：
疆场死所遂汝初心倘念平日恩勤此去也应难瞑目；
钟漏余年嗟余近况更睹一门弱少自伤何以得休肩。

移孝能明光哲训；
立名无愧丈夫身。

方绍赓、方绍飏（二人为方幼璇堂兄）：

遭家多难弟兄半坐饥躯忆兵间前岁还乡才得联床同促膝；

为国而劳疆场不为虚死奈堂上暮年哭子何堪剪纸与招魂。

方琛（方幼璇胞弟，时为黄埔军校第七期学员）：

凌厉变风云勇矣执戈此地曾传先世绩；

精诚昭日月悽然归榇故乡莫解老亲情。